RETIRÉ

PAYÉ

LA SAGA VILLENEUVE

MARTINE CAMUS

UNE DYNASTIE QUÉBÉCOISE EN F1

Les Éditions
LA PRESSE

Catalogage avant publication de Bibliothèque et Archives nationales du Québec et Bibliothèque et Archives Canada

Camus, Martine

La saga Villeneuve Une dynastie québécoise en F1

ISBN 978-2-923194-38-7

1. Villeneuve, Gilles, 1950-1982. 2. Villeneuve, Jacques, 1971- . 3. Formule 1 (Automobiles). 4. Coureurs automobiles - Québec (Province) - Biographies. I. Villeneuve, Joann. II. Titre.

GV1032.V54C35 2007   796.72092'2714   C2007-940670-X

Auteure
Martine Camus

Revision linguistique
Brigitte Fournier

**Conception graphique
et page couverture**
Bernard Méoule

Infographie
Nathalie Perreault

Photos de la couverture :
Gilles Villeneuve :
Armand Trottier,
Archives *La Presse*

Jacques Villeneuve :
Alain Roberge,
Archives *La Presse*

Circuit :
LAT Photographic
RenaultF1

Remerciements
Merci au Musée
Gilles-Villeneuve
ainsi qu'aux Amis
du Grand-Prix de
Trois-Rivières pour
les photos retraçant
la vie personnelle et
professionnelle de
Gilles Villeneuve.

Les Éditions La Presse

Président
André Provencher

Directeur de l'édition
Martin Rochette

Adjointe à l'édition
Martine Pelletier

Dépôt légal – Bibliothèque et
Archives nationales du Québec, 2007

Dépôt légal – Bibliothèque et
Archives Canada, 2007

2e trimestre 2007

ISBN 978-2-923194-38-7
Imprimé et relié au Québec

Les Éditions

LA PRESSE

Les Éditions La Presse
7, rue Saint-Jacques
Montréal (Québec)
H2Y 1K9

1 800 361-7755

REMERCIEMENTS

Que soient ici remerciés Joann Villeneuve pour les heures consacrées à l'évocation de souvenirs et d'analyses, Patrick Tambay, auteur d'une émouvante préface, Gérard Ducarouge, Jacques Deshaies, ainsi que les auteurs de livres, du magazine et du journal consultés : *Gilles Villeneuve*, de Gérald Donaldson, *Gilles et Jacques Villeneuve*, de Pierre Lecours, *Le livre d'Or de la Formule 1*, Renauld de la Borderie, *Auto hebdo* et le quotidien belge *Le Soir*.

PRÉFACE DE **PATRICK TAMBAY**

Mais quel honneur, quel bonheur, que d'émotions à l'idée de plancher quelques instants sur cette préface qui concerne des **amis**, des personnages, des pilotes que j'ai tant aimés et respectés…

Que de plaisir et d'émotion vous devez avoir ressentis, chère Martine, en écrivant ce livre et en revenant sur les épisodes de leurs extraordinaires carrières respectives…

Que de joie, de tristesse, de sentiments forts vous devez avoir découverts à travers le regard d'une épouse, d'une mère à l'évocation de tant et tant de souvenirs d'une vie si riche de passion, de bonheur et de drame…

Je pense à tous ces souvenirs que vous allez faire, et que vous faites déjà, renaître en moi… En nous, en tous ceux qui ont vécu cette époque et qui vont redécouvrir, ou découvrir, à travers le regard de Joann, les épisodes de la vie intense et passionnante de son mari et de son fils!

… Les émotions, les craintes, les joies, les espoirs et les angoisses de vivre auprès d'un homme, d'un époux, cette vie de risques et de sacrifices, puis cette réussite inachevée, ce drame indescriptible, pour ensuite revivre, probablement d'une autre manière cette fois, avec les sentiments d'une mère : de nouvelles angoisses, de nouvelles craintes, de nouveaux espoirs et enfin… le bonheur de la réussite de son fils conquérant ce que son père rêva d'obtenir…

« Je me souviens… »

Nous allions voir passer le Rallye du Var, dans le sud de la France... Et tout petit déjà, Jacques, à l'arrière de la Fiat 131, s'accrochait aux montants des portières et criait à Gilles, en pleine attaque sur les routes de l'arrière-pays : « Plus vite, papa, plus vite! »

... Plus tard, un soir de novembre, dans ma cuisine...

Un jeune homme, au sortir de trois saisons d'apprentissage en F3 italienne : « Dis-moi, Patrick, que dois-je faire? Continuer en Italie, partir en Angleterre, ou aller au Japon? »

À la fois sidéré et inquiet par cette volonté farouche de réussir dans cette vie, cette carrière de pilote de course qui lui avait enlevé son père, je m'entends répondre : « Si ton désir est si fort, alors vas-y, le plus loin possible, va au Japon et affirme haut et fort ta volonté d'y parvenir à tout prix dans la difficulté de l'éloignement, coupe le cordon... **deviens Jacques et montre-leur...** »

Plus tard encore... Au soir d'un Grand Prix du Japon, avec cette force tranquille et volontaire qui le caractérise, la réunion et l'union de deux personnes qui, ensemble, allaient réussir un extraordinaire parcours d'amitié, de fraternité et de réussite, Jacques et Craig, ce confident, ce *coach*, ce « pote », et, peut-être... un peu... ce second papa?

Gilles... mon ami, homme d'honneur, de sincérité et d'authenticité, pilote d'une générosité et d'une témérité uniques, promis aux plus grands résultats, disparaîtra un jour en accomplissant sa passion avec sa fougue et son intensité légendaires...

Jacques… Jeune homme que j'ai vu grandir, à la fois si discret et si solide dans ses motivations et ses ambitions, si sûr de son talent et si volontaire pour achever un jour ce que papa n'avait pas eu le temps de terminer… y parviendra!

Alors, la saga des Villeneuve terminée!?!

Mais non. JV2, Jules Villeneuve, premier fils de Jacques, vient de voir le jour et la saga continuera, j'en prends le pari… de père en fils, de génération en génération, car ils ont ça dans le sang… À suivre donc, et c'est peut-être, chère Martine, votre fils Albert – à moins qu'il ne se prénomme Florian! – qui en écrira la suite…!?!

Patrick Tambay

Note : Patrick Tambay est ex-pilote de Formule 1 de la belle époque où sept Français participaient aux Grands Prix. Tour à tour sociétaire des équipes Ensign, McLaren, Theodore, Ligier, Ferrari, Renault et Lola-Haas, Patrick s'est imposé aux Grands Prix d'Allemagne 82 (il pilotait la Ferrari 126 C2-turbo n° 27 à partir du GP de Hollande) et San Marino 83. Il est viscéralement attaché au chiffre 27, celui de Gilles Villeneuve, de l'amitié indéfectible.

CHAPITRE 1
LE BLÉ EN HERBE

Cette saga, vraisemblablement, n'aurait jamais pu s'écrire sans la rencontre de deux êtres – Gilles Villeneuve et Joann Barthe – complètement détachés des biens de ce monde. Deux jeunes gens passionnés et profondément amoureux, naturellement. Pourtant, cette fusion et cette irrésistible marche, envers et contre tout, vers la réussite, ne sont pas nées d'un mémorable coup de foudre réciproque digne d'un conte de fées.

« Je ne peux même pas dire que nous nous sommes connus à telle occasion, raconte Joann. Nous nous sommes vus plusieurs fois avant de sortir ensemble. Pour commencer, nous nous sommes ratés... Ma sœur cadette, Louise, était la petite amie d'un copain de Gilles. Elle insistait pour que je me joigne à eux en fin de semaine, le soir. " Il sera là ", me glissa-t-elle un jour avec malice. Cette rencontre arrangée ne m'enthousiasmait pas. Cette semaine-là, je suis restée chez moi. La semaine suivante, pour lui accorder enfin ce plaisir, j'ai accepté de passer la soirée avec eux. Cette fois, l'absent était Gilles! Ses copains m'ayant vue et appréciée lui ont rapporté que j'étais mignonne et sympathique...

« Le jour où nous avons enfin été présentés, aucun de nous ne fut impressionné. Comme quoi une grande histoire d'amour peut commencer sur pas grand-chose. À l'époque (fin des années 60), on se retrouvait dans la discothèque d'un petit village entre Joliette et Berthierville. C'était organisé sans l'être, comme ça se passe assez simplement quand on a 16 ans. Lui était un peu plus âgé. Difficile de s'imaginer que l'on va rencontrer l'homme de sa vie de cette manière! Rare à cet âge, mais pourquoi pas? »

Quand même, il trouve à son goût cette brunette aux cheveux longs et aux yeux d'une indéfinissable couleur : bleus sur fond de ciel pur, verts par la magie d'un vêtement ou lors d'une marche dans la forêt, pratiquement gris, très clairs, quand la santé n'est pas à son meilleur.

« Désolée de l'avouer, ni lui ni moi n'avons été impressionnés… De toute façon, mes histoires d'amour ne sont jamais parties d'un coup de foudre. Jamais! D'ailleurs, il avait une copine et quand je l'ai su, il était hors de question que nous sortions ensemble. Nous avons pris des distances pendant quelque temps, puis il est revenu vers moi. À 16 ans, on prend son temps pour se connaître. Personnellement, ayant grandi dans une maison où il n'y avait que des filles, je n'avais aucun critère, c'était la découverte, sans hâte. »

Gilles avait des cheveux mi-longs à la mode de l'époque. Avec ses yeux d'adolescente, il ne lui paraissait pas particulièrement jeune comme pourront le croire et s'en étonner tous ceux qui le côtoieront à ses débuts en motoneige. « Sincèrement, il me paraissait " vieux " ! Presque deux ans de plus, quand on est adolescent, c'est quelque chose. À 25 ans, deux ans de plus ça ne se voit déjà plus! »

Que désirait-il alors faire de sa vie? De la musique ou plutôt de la course automobile? « Il n'y avait rien de prévu. Il faisait de la musique, plein de choses, mais aucun plan précis ne concernait sa vie ou sa carrière. Un peu plus tard, quand il a commencé à courir en motoneige, j'étais déjà avec lui. Il le faisait simplement parce que ça l'amusait! Ensuite, il s'est rendu compte que, finalement, il pourrait peut-être gagner sa vie en courant. »

Joann trouvait Gilles petit, bien qu'ils étaient tous deux de la même taille : 1 m 67 (5 pi 6 po). La faute : lui portait des sandales plates et elle des chaussures à talons! « Il était mignon mais petit. Et puis, il ne parlait pas beaucoup. En fait, il préférait s'amuser avec ses amis. Les semaines et les mois passant, je faisais toujours partie de la bande alors que les autres changeaient de copines. Ainsi, impossible d'avoir une amie. »

En plus d'être jolie, Joann était gaie et optimiste, à l'image des jeunes filles de son âge. Gilles la trouvait plutôt indépendante, volontaire et raisonnable. « Raisonnable, je l'ai toujours été. » Cette qualité vaudra de l'or dans sa vie future. Épreuves et privations n'affecteront jamais son moral et elle soutiendra toujours l'homme de sa vie avec le sourire, en l'encourageant à faire tomber les obstacles pour aller toujours plus loin.

Joann est née dans un petit village du Connecticut, état américain au sud du Québec, de parents canadiens. Son père a quitté le foyer alors qu'elle était dans sa sixième année. C'était une époque où les couples divorçaient peu ou pas; où la rupture était perçue d'un autre œil qu'aujourd'hui par l'entourage.

« La vie était difficile pour Georgette, ma mère, qui du jour au lendemain s'est retrouvée seule avec quatre enfants : mon frère aîné, Richard, moi en deuxième position et deux sœurs plus jeunes, Louise et Suzanne, la dernière en bas âge. Maman, ce qui n'arrangeait rien, était parfois souffrante et ne pouvait travailler comme elle l'aurait souhaité pour nous élever.

« Ce n'est pas pour cela que j'étais raisonnable. C'est dans ma nature. Ma plus jeune sœur l'était moins, pourtant nous vivions sous le même toit. Très tôt, j'ai pris plaisir à faire des travaux de couture. À l'époque, cela me permettait de contourner mes petits moyens financiers pour être toujours à la mode. Encore aujourd'hui, cette activité d'aiguille me détend. Plus que de jongler avec les outils de cuisine. Là, franchement, ce n'est pas mon jardin secret. Je ne fais pas l'effort de cuisiner si je suis toute seule. Je m'y mets uniquement quand il y a du monde à la maison. Pour faire plaisir.

« L'absence de mon père? On me demande si j'en ai souffert… Que dire sinon que je n'en sais rien! Probablement, mais c'était inconscient. Cette vision du parent manquant est inculquée à l'enfant, beaucoup plus que ce dernier pourrait le ressentir. Un père ou une mère ne manque pas s'il n'y a pas une grande personne qui le souligne à un enfant! À partir du moment où un enfant grandit dans un environnement agréable et affectueux, avec des repères, où sont les difficultés? Maman s'occupait de nous, nous n'étions pas plus mal que d'autres. On ne peut pas manquer de ce que l'on ne connaît pas. Parce que, même quand mon père était présent, il n'était pas là! Il ne s'occupait pas de nous. D'autres personnes autour remplissaient ma vie. Son absence ne m'a pas perturbée tant que ça. D'autant que nous sommes revenus au Canada lorsqu'il est parti. D'abord à Montréal, puis à Joliette.»

Joliette… Berthierville, à quelque 25 kilomètres de distance. Deux familles se sont rencontrées par adolescents interposés et ont produit une belle histoire de générations qui profitera à la fois au Québec et au sport automobile mondial.

Mais avant, bien avant, qui sont les pionniers qui ont eu l'honneur d'être à la base des familles Villeneuve et Barthe au Québec? «Des recherches généalogiques ont été faites dans Internet par d'autres Villeneuve résidant au Québec, indique Joann. Il semblerait que le premier Villeneuve à avoir posé pieds sur le sol canadien se prénommait Mathurin et venait de l'île de Ré, face au port français de La Rochelle. Quant aux Barthe, ils viendraient des Pyrénées, où ce patronyme est légion. Du côté de ma mère, une aïeule était indienne. De quel clan, quelle tribu? Faire des recherches prend énormément de temps. À l'époque, peu de personnes se souciaient de connaître ses racines.»

L'enfance d'un petit prince

Mathurin Villeneuve se déplaçait sans doute à vélo dans la campagne québécoise. Son lointain descendant, Gilles, allait connaître une gloire mondiale au volant de voitures atteignant des vitesses vertigineuses. Mais si, plusieurs années plus tard, on a pu dire que du sang de course coulait dans ses veines, comment un jeune garçon studieux et ayant à cœur d'obtenir de bonnes notes à l'école a pu se transformer en un adolescent épris d'une façon si démesurée de vitesse, de défis à la limite du véhicule utilisé, et de lui-même?

Pas plus haut que trois pommes, Gilles (né le 15 janvier 1950 à Saint-Jean-sur-Richelieu), est fasciné par la machinerie de l'entreprise de construction de ses oncles maternels. Ces mastodontes crachant de la fumée noire lui inspirent à la fois peur et admiration. Ils l'attirent et influencent tous ses jeux. Il peut jouer des heures et des heures avec ses petits camions et ses bulldozers dans un carré de sable aménagé par son père Séville à l'arrière de leur maison de Richelieu, à l'est de Montréal. Plus les jouets qu'on lui offre ressemblent aux géants qu'il observe sur les chantiers, plus le petit Gilles les manœuvre sans ménagement en imitant le vacarme produit par les vrais, construisant routes et ponts selon l'humeur du moment.

Les jeux d'action ne constituent pas son seul plaisir. Il peut se transformer radicalement en un enfant réfléchi et soigneux. Dès qu'il met la main sur un appareil oublié dans un coin, il s'applique à le démonter pour le remonter aussitôt. Les plus complexes sont ses préférés. Observateur, curieux, minutieux et méthodique, il s'en sort toujours avec brio, n'oubliant aucune pièce et se réjouissant dès que le tout se remet à fonctionner.

À l'école, Gilles est ce que l'on peut appeler un très bon élément. Il est vif, motivé et appliqué; il aime se classer devant les autres. Une note insatisfaisante le remplit de honte et de rage. Il rentre alors chez lui en larmes. Avec le recul, on peut déceler dans cette attitude l'une des premières manifestations de son esprit de compétition, tout comme ses rallyes à vélo et ses courses à pied aux abords de sa maison. Personne ne doit le devancer!

L'année de ses huit ans, la famille Villeneuve – agrandie d'un petit frère de trois ans son cadet, Jacques – aménage à Berthierville, petite ville située entre Montréal et Trois-Rivières.

Leur nouveau logis est une vieille maison de campagne entourée de champs. Pour Gilles et ses nouveaux camarades du coin, il s'agit d'un site propice aux escapades. L'été, il parcourt la campagne à fond de train au guidon d'un vélo et, l'hiver venu, il partage ses loisirs entre les parties de hockey sur la rivière glacée et les descentes vertigineuses sur la neige. Les conditions hivernales ne le confinent pas à la maison. Au contraire, il s'habille chaudement, sort affronter la tempête, s'amuse à foncer sur les bancs de neige avec tout ce qui lui tombe sous la main. Rien ne l'arrête!

Les mois, les années passent. L'école n'est plus au rang de ses priorités. Ses parents l'ont inscrit au Séminaire de Joliette, à une vingtaine de kilomètres de sa nouvelle demeure. Il a horreur de la vie de pensionnaire. Alors qu'il goûtait une certaine liberté avec ses amis de Berthier, le voilà soumis à une discipline sévère. Totalement réfractaire aux règles strictes de l'institution, il en souffre beaucoup. Accourir, se mettre en rang deux par deux au son de la cloche l'irrite au plus haut point. Aux repas, il trouve toujours la nourriture « immangeable ». Quand il rentre chez lui les fins de semaine, il profite du garde-manger de Georgette, sa mère, et glisse quelques provisions dans son sac. Son meilleur repas est le petit-déjeuner, quand il peut étaler – en cachette – du beurre d'arachide sur des tranches de pain. Et puis, parce qu'il a peu mangé au déjeuner, il doit combattre une petite faim qui lui tenaille l'estomac jusqu'à la collation. Il peut enfin se gaver de biscuits rapportés de la maison. En fait, Gilles ne se nourrit bien que la fin de semaine, lorsque sa mère lui prépare ses plats préférés : steak haché ou poulet trônant sur de belles frites dorées et odorantes.

Accordeur de pianos itinérant, Séville, père de Gilles, est souvent parti; ses déplacements sont fréquents et parfois longs. C'est son épouse, Georgette, qui gère la maisonnée à sa guise. Courageuse et volontaire, elle compense de son mieux l'absence du père et trouve même le temps d'exécuter des travaux de couture à domicile pour des entreprises montréalaises. Une famille toute simple, appréciant les petits bonheurs de la vie et inculquant aux enfants des valeurs solides comme l'honnêteté, la franchise et le respect d'autrui. Les Villeneuve sont plus que ravis lorsque Séville saisit l'occasion de démarrer un petit commerce avec sa femme.

Dans l'harmonie et le *jazz band* de son collège

Très jeune, Gilles s'intéresse au piano, encouragé et aidé par son père. Puis, les goûts évoluant à l'adolescence, il se met à l'étude de la trompette. Détestant les demi-mesures, il annonce un jour à ses parents qu'il veut devenir musicien. Et pourquoi pas concertiste en s'entraînant intensément? À force de peaufiner un don réel, il atteint un excellent niveau. Mais sa recherche perpétuelle de la perfection lui fait craindre de ne jamais atteindre son but. Plutôt que de risquer un échec, il prétexte une douleur aux lèvres et se contente d'une participation remarquée à l'harmonie de son collège, et dans le *jazz band* constitué d'une poignée d'élèves. Un bon moyen, en plus, d'échapper à la rigueur de la discipline! Après le Séminaire, il passera une année au Collège Sainte-Rose pour apprendre les premiers rudiments de la publicité.

La compétition? Aussi loin qu'il se souvienne, il a vu son père conduire vite et dépasser toutes les voitures qui le précédaient. Certes, Séville n'a jamais eu les moyens de s'acheter les derniers modèles de voitures sport, mais il écrase de si bon cœur la pédale d'accélérateur que ses fils, pris au jeu de la vitesse, lui crient sans cesse : « Plus vite, papa! Dépasse-le!» Les enfants Villeneuve, naturellement, atterrissent très tôt sur les genoux de leur père, les mains sur le volant. L'un des plus beaux souvenirs de Gilles est ce jour d'été où Séville lui laisse « conduire » sa camionnette Volkswagen achetée neuve pour les besoins de la petite entreprise familiale.

Son apprentissage de la vitesse rapide en solo commence, naturellement, sur un vélo. À neuf ans, ses parents lui en offrent un à 10 vitesses. Il a tôt fait d'apprendre à en tirer le meilleur parti et se rue partout à son guidon, peaufinant ses premiers exercices d'équilibre et de dérapages; sans parler des courses avec les fils des voisins… Lui le plus souvent en tête!

Les véhicules à quatre roues ont cependant sa préférence. Pour le moment, il n'est autorisé qu'à déplacer ceux de la famille dans l'allée de la maison, mais il insiste tant que Séville, un jour, le laisse rouler… en fait, foncer, au volant de sa camionnette qui en a vu d'autres, sur les chemins limitant les champs alentours. Il s'amuse à pousser violemment les ballots de paille et rit aux éclats en les faisant exploser, avant de s'éloigner dans un nuage de poussière.

Dans ses moments plus calmes, Gilles se consacre à son autre passion : la mécanique. Ingénieux, imaginatif faute de posséder le nécessaire pour obtenir le résultat recherché, il décortique, récupère, dépareille puis assemble avec une patience d'ange. Qualité rare pour un jeune de son âge, il développe très tôt une vision générale du travail achevé. C'est ainsi qu'il entreprend un jour la construction d'un véhicule hybride en adaptant quelques pièces de la tondeuse à gazon à un châssis en bois.

Sa première vraie voiture, une très vieille MGA rouge, est achetée par son père cent dollars à un voisin trop heureux de s'en débarrasser aussi facilement. Gilles n'a que 15 ans. En attendant son permis de conduire – encore une longue année d'attente! – il ne peut s'aventurer plus loin que le pourtour de la maison. Son père est inflexible. Par contre, il lui donne carte blanche pour s'exercer à la mécanique.

À 15 ans, on fait de plus grosses bêtises qu'à 10… Séville s'est acheté une Pontiac Grand Parisienne de 1966 à 3 000 ou 4 000 \$. La tentation de l'emprunter est forte pour Gilles. Il faudra être discret. D'abord, se faire faire en cachette un double de la clé de contact, puis attendre le moment propice pour sortir l'essayer. Une nuit, lorsqu'il estime père, mère et frère profondément endormis... Gilles, accompagné d'un copain, s'approche de la voiture sur la pointe des pieds. Les deux complices ouvrent délicatement les portières, s'installent et démarrent en faisant le moins de bruit possible. Ils ont en tête d'aller à Joliette. Au volant, Gilles prend de plus en plus d'assurance et bientôt dépasse les limites... du raisonnable sur cette section de route sinueuse. La pluie tombe à verse, la chaussée est glissante, il rate bientôt un virage et la Pontiac s'enroule autour d'un poteau!

Dans l'insouciance de l'adolescence, ont-ils eu le temps d'avoir peur? Chanceux, notre héros s'en est tiré avec une douleur au genou, qui ne l'a pas empêché de rentrer à pied – heureusement, l'accident s'est produit non loin de chez lui – et de se glisser, pas très fier mais sans bruit, dans son lit sans réveiller personne. La sonnerie du téléphone se charge de réveiller la famille : la police apprend à Séville que sa voiture, probablement volée, a été retrouvée en piteux état au bord de la route. Gilles aura le courage d'avouer sa faute...

Et passe un paisible troupeau de vaches...

À 16 ans et permis de conduire en poche, il est libre de prendre la clé des champs. L'aîné des Villeneuve, qui a finalement toujours eu une voiture à sa disposition, peut aller faire la cour à Joann en MGA noire, son nouveau véhicule. Sur la route qui mène à Joliette, de même qu'en traversant le village de Saint-Thomas, il ne respecte pas les limites de vitesse. D'ailleurs, il s'est interdit une fois pour toutes de regarder les panneaux! Un soir, alors qu'il fait la course avec le conducteur d'une Dodge, passe un paisible troupeau de vaches... une centaine de mètres devant son capot. Sauve qui peut! À fond les freins! L'embardée impressionnante de l'auto noire conduit Gilles tout droit à l'hôpital de Joliette pour une longue série de points de suture à la tête.

Une Skoda remplace bientôt la MGA. Naturellement, il la pousse à fond sans retenue, s'amuse comme un petit fou et partage sa passion pour la vitesse avec qui veut en profiter. Les amateurs de vitesse qui le connaissent à Saint-Thomas, par exemple, l'attendent régulièrement pour une traversée fulgurante du centre du village, style rallye!

Son attirance pour la course et pour le pilotage à la limite – l'extrême limite dans le cas de Gilles Villeneuve – croît de jour en jour. Il modifie ses voitures pour aller toujours plus vite et gagner dans les épreuves d'accélération et les slaloms auxquels il participe à bord de sa Mustang de 1967 dans les environs de Berthier et de Joliette. Faire la course, oui, mais surtout gagner devient peu à peu une obsession, une exigence dont le feu le dévore, attisé par le vent d'une fierté personnelle. Joann l'accompagne désormais partout et fait toujours preuve d'une patience infinie. Elle l'aide comme elle le peut, l'encourage, le réconforte, veille à ce qu'il ne manque de rien durant ces journées parfois interminables. Sa première *fan*…

C'est décidé, il ne sera jamais un universitaire ni un grand musicien ni même un ingénieur mécanique. Manquant de discipline et de motivation pour la théorie pure, il délaisse très vite ses cours par correspondance. Gilles préfère de loin l'action, la pratique, la découverte en solitaire, ce qu'il fait quotidiennement en décortiquant suspensions et moteurs, en se creusant la cervelle pour tester des solutions susceptibles d'améliorer les performances de sa voiture ou pour réparer les dégâts mécaniques à la suite d'un accrochage. Il ne ménage jamais ses efforts, recommençant son ouvrage jusqu'à l'atteinte de la perfection.

Il aime rouler sur des routes sinueuses et prendre des virages serrés. C'est pourquoi il emprunte si souvent la route truffée de virages entre Berthier et Joliette. Non seulement il y rejoint la jeune fille qu'il aime, mais il essaie toujours de battre son record de la veille en dépit des contraventions pour excès de vitesse. Il a déjà une belle réputation chez les policiers, qui ne se privent pas de lui faire la morale, et dont certains, en dehors des heures de travail, se surprennent à apprécier ses exploits. Quoi qu'il en soit, ils gardent aujourd'hui le souvenir du plus poli des contrevenants. Il ne contestait jamais ni les kilomètres/heure – au contraire, fier d'apprendre qu'il avait été pris à telle ou telle vitesse! – ni le montant des contraventions.

La première fois que Gilles assiste à des courses de monoplaces et à une épreuve de Trans Am sur circuit, il se délecte totalement, tétanisé sur son coin de gradin. C'est l'extase! En étudiant attentivement les méthodes de freinage des meilleurs, il est convaincu qu'il pourrait – lui, le simple amateur, le parfait inconnu – faire un petit peu mieux qu'eux dans les passages les plus délicats. Malheureusement, ces voitures lui sont inaccessibles, faute de moyens financiers. Il décide alors de gagner un peu d'argent en faisant de petits boulots dans le clan familial, donnant un coup de main à ses parents ou travaillant pour l'entreprise de ses oncles maternels, où il pourrait d'ailleurs gagner convenablement sa vie. Mais seul le milieu de la compétition l'attire, cristallise son envie de réussir. Du moins d'essayer.

CHAPITRE 2
LES ANNÉES MOTONEIGE

Un jour d'automne 1967, Gilles a donc 17 ans, son père a l'idée géniale d'acheter une motoneige. Créé à l'origine par Bombardier dans une optique utilitaire sur les vastes étendues de neige et de glace du grand Nord, ce véhicule par ailleurs très rapide, a vite été propulsé dans le domaine sportif par quelques inconditionnels des sports de glisse, coureurs et spectateurs. Sur les pistes enneigées et glacées de la région et même de tout le Canada, il donne lieu à de belles courses et poursuites pendant les longs mois d'hiver. Ce sport, accessible aux jeunes gens pas très fortunés, emballe immédiatement l'aîné des Villeneuve. Il s'empare sans tarder de la motoneige récemment acquise par Séville pour participer à de belles courses-poursuites dans les villages voisins de Berthier. Sa fougue aidant, il remporte un succès immédiat!

L'hiver suivant, il remet cela! Gilles Ferland, ami de la famille et dépositaire de la marque Skiroule, prête une motoneige un peu plus puissante au jeune homme prometteur. Sans peur et sans reproche, guidé par ses yeux de lynx, Gilles file à vive allure dans le brouillard de neige pulvérisée par ses adversaires et se distingue à chaque rencontre.

La saison 69-70 s'amorce pour le mieux puisque l'usine Skiroule l'engage comme pilote-mécanicien. Grâce à ce double emploi, associant primes de classement et poste de technicien, ses finances s'améliorent et il envisage d'épouser sa fidèle Joann. Le 17 octobre 1970, le mariage intime, célébré à grands coups de klaxons, met de l'ambiance dans les rues de Joliette. Sur son trente et un, Gilles profite de l'occasion pour faire une nouvelle démonstration de pilotage au volant d'une Mustang orange prêtée par un ami.

Joann a quitté l'école depuis quelque temps. Elle attend un heureux événement pour le mois d'avril prochain. La vie est vraiment belle quand on est amoureux et que l'on ne demande pas la lune matériellement.

« Je portais une robe blanche, toute simple, se souvient Joann. Notre mariage a été décidé à la dernière minute. La journée s'est écoulée à cent à l'heure. Il y a eu une cérémonie religieuse à l'église, suivie d'une noce où ont été invitées une centaine de personnes, parents et amis. »

Seule restriction à la fête, une bonne partie du budget du jeune couple est déjà engagée dans la saison 70-71 de motoneige. Économies draconiennes en vue! Toutefois, ce projet a déjà du plomb dans l'aile! Deux ou trois jours avant de se marier, Gilles avait appris que Skiroule voulait limiter ses participations au Canada alors qu'il escomptait courir également aux États-Unis, où les épreuves rapportent davantage. Il refuse d'en rester là, maintient ses positions et se retrouve sans guidon pour la saison en plus d'être sans emploi. Conscient d'être investi de nouvelles responsabilités avec l'arrivée prochaine du bébé et profitant d'un vif succès populaire, il propose ses services à d'autres constructeurs. Motoski répond en lui offrant un débouché élargi : une espèce de « guidon » semi-officiel avec participation à ses frais de déplacements. Cette année-là, le phénomène de Berthier fait disparaître assez souvent ses poursuivants dans un brouillard de neige et devient champion du Québec et vainqueur de la série mondiale 440 cm^3 de l'État de New York.

Jacques, dont les bruits de moteur ont bercé toute la gestation, vient au monde le vendredi 9 avril 1971. La famille, qui commence à prendre forme, a besoin d'un nid. Gilles a sa petite idée : trouver une maison mobile de 22 mètres (72 pieds), qu'il paiera à crédit. Son emplacement ne se discute même pas. Il l'installe sur de petits blocs de béton, dans un champ situé juste en face de la maison de ses parents. Ainsi, pendant ses absences, Joann sera moins seule. Il fait lui-même l'installation de la plomberie, de l'électricité, bref, de ce qui est essentiel pour y vivre avec un bébé et remet à plus tard la construction de petites marches d'accès. En attendant, un gros bidon d'huile désaffecté placé devant la porte d'entrée fera très bien l'affaire.

L'installation convient assez bien pour la période estivale, mais l'hiver, Joann s'en souvient encore, l'équipement est un peu trop rustique, voire rudimentaire. La tuyauterie a tendance à geler quand le vent mauvais s'engouffre entre les blocs de béton. Au-dessus, les occupants sont alors privés d'eau. Pour éviter cette situation, Gilles se procure un chalumeau à gaz. Et comme il s'absente régulièrement, il apprend à Joann comment s'en servir et à quels endroits l'utiliser.

« Si je n'avais pas appris à me débrouiller seule, nous n'aurions pas eu d'eau au robinet. Je parvenais à me faufiler entre les blocs de béton et la maison. Du coup, aujourd'hui, je peux bricoler, plus rien ne me fait peur. »

Avec le recul, on serait tenté de dire que la légende Villeneuve était déjà en route. Mais Joann, la jeune mariée et mère qui travaillait fort pour offrir à ses hommes un semblant de vie normale, défait ce cliché. « Gilles était… personne, quand je l'ai épousé. Nous étions un couple banal et sans le sou, comme beaucoup de jeunes. Après, par le travail, les sacrifices que nous avons partagés, notre vie au service d'une même passion, la légende a pu prendre corps. Gilles n'avait pas fait de grandes études, il était sans travail. J'épousais un homme que j'aimais, point. J'aurais été tout à fait heureuse peu importe son métier. Il n'y avait pas de projet précis, mais on s'est donné la main pour arriver à quelque chose. Séparément, quelle aurait été notre existence? Une autre femme aurait-elle accepté de vivre avec deux jeunes enfants sans l'envoyer travailler pour s'appuyer sur un salaire régulier? Le miracle a été favorisé par la combinaison de deux personnes qui avançaient dans la même direction sans se poser de questions. Deux inconscients? Gilles, à son grand bonheur, avait la liberté de s'amuser. J'aimais ça, donc je m'amusais aussi, et l'on faisait en sorte que l'on puisse manger! Si notre assiette était invariablement remplie de jambon-purée, ce n'était pas grave. Les gens ont eu du mal à imaginer qu'avec une attitude semblable, nous nous soyons retrouvés un jour dans l'immense villa de Monaco… En fait, les biens matériels n'étaient vraiment pas importants pour nous. Ce n'était pas un critère dans nos choix. Appelons cela une suite logique à ce que l'on avait vécu. »

Heureusement pour ces jeunes qui avaient besoin de soutien, de chaleur, et surtout pas de critiques pour essayer d'aller plus loin, Séville et Georgette Villeneuve, leurs plus proches voisins, étaient très « famille ». « Cela donne une base à des enfants, un équilibre dans la vie. C'est très important pour construire l'avenir. »

Les parents de Gilles ont mis au monde des enfants passionnés. L'étaient-ils eux-mêmes? « Peu importe ce que nous sommes, on ne décide pas d'avance ce que feront nos enfants, dit Joann. Je le vois avec les miens : Jacques, Mélanie et Jessica. On a beau leur donner strictement la même éducation, leur perception de ce que nous leur offrons est différente. La passion vient beaucoup de la liberté qu'on leur accorde dans le choix de leur propre orientation. Cela n'a rien à voir avec les gènes. Donner à ses enfants la liberté de choisir produit souvent des adultes beaucoup plus passionnés, responsables à leur façon. Ils s'épanouissent à leur guise et se donnent à fond dans le milieu qu'ils préfèrent. Le contraire en fait des frustrés qui n'iront pas chercher la lune. C'est ma conception de l'éducation. J'ai l'impression que leurs parents leur ayant donné cette liberté de choix, Gilles et Jacques, son frère cadet, sont devenus des passionnés, des personnes entières. De mon côté, j'ai toujours ressenti et apprécié cette liberté de choisir ce que je voulais faire de ma vie. Liberté entre guillemets car il y a d'indispensables et d'inévitables règles de vie à observer. Cette liberté est essentielle à l'épanouissement personnel. »

De plus, quelquefois, d'heureuses circonstances peuvent entrer en jeu… Si Séville n'avait pas, un jour, eu l'idée d'acheter une motoneige, Gilles serait-il quand même devenu pilote automobile?

« Je n'en sais rien. C'était vraiment sa destinée, je crois. La motoneige fut le point de départ de quelque chose, mais elle n'était pas en rapport direct avec la course automobile. Elle lui a juste permis de s'amuser à faire de la course sur la neige et la glace, de développer son goût de la vitesse, du risque, du dépassement de soi-même. Parallèlement, dès qu'il a eu une voiture entre les mains, il a commencé à la trafiquer! La motoneige a été un plus dans sa façon de conduire, de maîtriser admirablement les dérapages. Il a su mettre à profit ce savoir-faire dans des conditions extrêmes, mais aucun lien direct avec la suite de sa carrière. Il ne raisonnait pas en se donnant un schéma à l'instar des jeunes pilotes d'aujourd'hui dans la tête desquels tout paraît programmé : karting puis telle et telle autre formule de promotion. Cela n'existait pas dans sa tête. Il n'a pas grandi dans une famille où la course automobile faisait partie de la culture. Elle est entrée dans sa vie après que quelqu'un lui en ait parlé dans le paddock. C'est venu d'une rencontre, d'une suggestion. »

Et à aucun moment, quelles qu'étaient les conditions de la vie du moment, ce qui allait être la destinée de Gilles n'a été sujet à discussions, voire à critiques, dans son entourage. Séville sera toujours solidaire de Gilles. Une seule fois, et à contrecœur, il a dit à son fils : « Maintenant, mon gars, il faut que tu arrêtes. Tu dois travailler pour ramener de l'argent au foyer. »

« À ce moment-là, nous étions complètement démunis, souligne Joann. J'ai dit à Séville : " Écoutez, si c'est ce qu'il veut faire, ce n'est pas grave, laissons-le faire. Nous nous arrangerons toujours." Bien sûr, à l'image de tous les pères, il avait insisté, auparavant, pour que ses fils travaillent convenablement à l'école, mais il ne les a pas harcelés afin qu'ils choisissent un métier. De la même façon, une génération plus tard, je n'ai obligé aucun de mes enfants à se tourner vers un métier en particulier. »

Séville et Georgette avaient leurs occupations : elle faisait des travaux de couture, chez elle, pour des compagnies. Et Séville, qui avait arrêté ses lointains déplacements pour accorder des pianos, était chargé de l'approvisionnement en tissus, bobines de fils, etc. puis livrait les travaux de sa femme et collectait l'argent. Seul dérivatif : un arrêt dans une taverne, sur le chemin du retour, où il partageait un pot avec un copain.

Parallèlement à ses parties de mécanique, à ses recherches de pièces ou d'aides, Gilles aménage un vieux bus scolaire mis au rancart dans une casse des environs. Sa fameuse « Grosse Bertha » peinte en rouge aux couleurs du constructeur Alouette l'accompagnera partout où il ira courir. Il y installe un coin cuisine et des couchettes à l'avant, un garage-atelier à l'arrière.

Désormais, sur les pistes de motoneige, ce pilote timide, simple, mais dégageant déjà beaucoup de charisme, au visage juvénile encadré de cheveux mi-longs à la mode d'alors, est attendu comme le loup blanc. Trop fort, trop spectaculaire, trop courageux, il devient le chouchou des spectateurs. L'hiver 1971-1972 s'achève sur un titre de champion du Québec après qu'il ait signé 10 victoires sur 14 courses à bord de son engin conçu par Alouette. À quatre reprises, il a été stoppé par des ennuis de transmission. Cette faiblesse, d'ailleurs, l'a occupé à travailler sur le système entre les épreuves pour arriver à le fiabiliser. L'autre force de Gilles par rapport à des équipes beaucoup plus struc-turées et argentées... Sans cesse, il est à l'affût de nouvelles idées susceptibles de le faire aller plus vite et sans anicroches. Même si c'est au prix de nuits de labeur!

Grâce à la « Grosse Bertha », pratique et économique, la sai-son suivante s'engage sous de meilleurs auspices. Il court plus, plus loin. Ses victoires et places d'honneur lui rapportent quel-que 5 000 $. Les organisateurs se l'arrachent car sa seule pré-sence assure quasiment tout le spectacle! Il devient champion du Canada 72-73 toutes catégories, et sa cote est en hausse. Peu de temps après, un autre petit membre se joint à la famille avec, cette fois, un trousseau rose bonbon : Mélanie. Elle pointe son petit nez le 26 juillet 1973.

« Heureusement, reconnaît Joann, Gilles a pu être présent à la naissance de chacun des deux enfants. Il a choisi le prénom de notre fils, moi celui de notre fille ! »

Un autre que Gilles Villeneuve, sur le point de devenir père pour la deuxième fois, aurait sans doute – à regret – abandonné la compétition pour trouver un emploi dans la région et se consacrer à son rôle de père responsable et pourvoyeur de la famille.. Mais Gilles est trop dévoré par le feu de la passion pour faire demi-tour en si bon chemin. Il se sent capable d'aller plus loin, encouragé par sa *fan* de la première heure, Joann. Bien qu'elle soit très réaliste, elle ne veut surtout pas être un fardeau avec ses enfants. Elle se surprend parfois à rêver à des jours meilleurs, du moins plus faciles, grâce aux activités sportives de son mari.

Gilles se forme à la piste

Un ingénieur de chez Skiroule parle à Gilles de courses en monoplace tant et si bien que cela lui donne le goût d'essayer. Il se rend à l'évidence qu'avant d'envisager quoi que ce soit, il doit obtenir un permis dans une école de conduite. Ce sera celle de Jim Russell, basée sur le circuit du Mont-Tremblant, et fonctionnant sous la direction de Jacques Couture.

Réservé, comme toujours, le petit nouveau ne fait pas d'éclat durant les cours théoriques. Il sait pour l'avoir appris sur le tas, mais se tait. Sur la piste, il se révèle tout de suite beaucoup plus doué que les autres élèves de sa classe. Grâce, entre autres, à l'expérience acquise sur la route sinueuse entre Berthierville et Joliette, il aligne des chronos très rapides, réguliers, et laisse entrevoir une belle courbe de progression. Même s'il est devenu la référence des instructeurs, il demeure très attentif à leurs explications et se montre le plus motivé des élèves. Meilleur de la sélection en Formule Ford puis de celle à bord des voitures personnelles (pour sa part, une Ford Capri), il repart avec son permis en poche et l'énorme considération des moniteurs.

La monoplace de l'école, version réduite de celles qui hantent ses nuits et nourrissent ses rêves, l'a emballé. Il achète le vieux châssis d'un « pilote/mécanicien/artisan-constructeur », dans lequel est installé un 1500 cm^3 de fabrication anglaise, et dispute le championnat provincial québécois de Formule Ford 73. Sans complexe devant bien plus expérimentés et mieux équipés en matériel que lui, il se classe troisième à la fin de la première course. Déjà vainqueur en coupant la deuxième ligne d'arrivée!

La voiture conçue par Jean-Pierre Saint-Jacques est loin d'être une jeunesse. Sur papier, elle ne donnerait à personne l'envie de miser un dollar sur les chances de son nouveau pilote, par ailleurs débutant. Mais elle a au moins le mérite de bien résister aux nombreux dérapages et excès de fougue de Gilles! Celui-ci passe un été de rêve avec peu de mécanique à faire entre deux épreuves, ce qui lui laisse le temps de préparer sa prochaine saison de motoneige. Il gagnera sept courses sur dix et aura l'insigne honneur d'être déclaré champion du Québec de For-mule Ford et jeune pilote de l'année. Il a surtout conquis les spectateurs avec son pilotage haut en couleur, sa fougue et son adresse au combat. Ils ignorent que ce jeune père n'a aucun droit à l'erreur s'il veut poursuivre sa route...

Toujours aussi ingénieux et à présent très inspiré par la tech-nologie des monoplaces, Gilles s'est concocté un nouveau « bolide des neiges » pour la saison 73-74, sur la base d'un mo-dèle Alouette de l'année précédente. Deux ponts arrière, une suspension à triangles, deux skis à l'avant, un moteur de 650 cm^3 et un *look* d'enfer avec un habitacle clos et profilé. Équipée de cette manière, la motoneige de Villeneuve attire l'attention des curieux et provoque des attroupements. Puis Gilles et son bolide faisant régulièrement la preuve d'une incontestable supériorité d'adhérence sur les parcours les plus délicats, les espions de la concurrence se mêlent aux badauds. Cette formule gagnante fera école dans l'histoire de la motoneige sportive nord-américaine.

Mais pour en arriver là, Gilles a dû puiser dans ses énormes ressources de volonté et de confiance en ses possibilités. Alouette, le constructeur, n'étant pas au sommet de ses finances, il s'est débrouillé seul pour mener son projet à bien. La théorie étant une chose, la pratique lui causa quelques difficultés dès la phase d'élaboration. À cours d'outils, l'honnête homme qu'est Gilles se surprend à en glisser quelques-uns, indispensables, sous son manteau en sortant de chez Canadian Tire, se jurant qu'un jour, dès qu'il serait financièrement tiré d'affaire, il rembourserait le détaillant! Il l'a d'ailleurs fait plus tard, au sou près.

Après de fréquentes séances de mise au point dans les environs, le voilà reparti au volant de la « Grosse Bertha » pour sa saison au Canada et aux États-Unis, accompagné d'un mécanicien. Il s'absente parfois jusqu'à un mois, laissant Joann, Jacques et Mélanie aux prises avec des problèmes dus à la rigueur de l'hiver dans la maison mobile, malgré l'assistance des parents de Gilles, pas toujours disponibles à cause des obligations de leur commerce. Par la force des choses, Joann devient experte dans le maniement du chalumeau et des contorsions sous sa maison pour dégeler les tuyaux.

Joann se débrouille

Cet hiver-là, le Québec connaît des chutes de neige particulièrement abondantes. Souvent, au moment de sortir le matin, Joann voit un amoncellement immaculé qui entrave la porte de la maison mobile. Parfois, un voisin vient à sa rescousse et lui fraie un passage jusqu'à la route, à grands coups de pelle. Parfois aussi, sans voiture pour faire ses courses, elle fait appel aux voisins ou à ses beaux-parents.

Un de ces matins où tous les bruits sont étrangement feutrés, elle a rendez-vous avec le pédiatre. « J'appelle un taxi puis ouvre la porte pour évaluer la quantité de neige tombée dans la nuit. Énorme! Le chauffeur arrive, attend sur la route tandis que j'ai toutes les peines du monde à me frayer un chemin jusqu'à lui, les petits dans les bras, le sac en bandoulière. Va-t-il se décider à me venir en aide? Non, le pauvre bougre fait des gestes d'impuissance. Il n'a pas de bottes! » En extirpant tant bien que mal une à une ses jambes du banc de neige, Joann ne peut s'empêcher de penser : « Il fallait que ça arrive quand Gilles n'est pas là! »

Les primes provenant des superbes résultats de Gilles sont aussitôt englouties dans la préparation des courses suivantes. Pour faire vivre sa petite famille, Joann doit se contenter d'un fond de porte-monnaie. Loin, le pilote ne pense, ne respire et ne fonce que pour gagner. Convaincu de ce qu'il vaut, il ne doute pas une seconde que son travail et ses sacrifices paieront un jour, et qu'il rendra au centuple ce qu'il doit aux siens.

Gilles a beau ressentir une grande satisfaction de voir sa réputation grandir auprès du public, des organisateurs et des médias, au fur et à mesure que l'échéance du championnat s'approche, il vit toujours frugalement. Pendant ses grandes manœuvres à travers le vaste continent nord-américain, la « Grosse Bertha » accumule les kilomètres et continue de lui rendre d'immenses services. L'espace réservé à la « vie » dans son véhicule diminue sans cesse au profit de la section « technique ». Au point qu'une caravane s'avère bientôt nécessaire pour abriter ses courtes nuits, et celles de son mécanicien. Joann est leur invitée d'honneur à l'épreuve d'Eagle River (Wisconsin) où il remporte finalement le titre mondial en 650 cm^3. C'est une récompense bien méritée pour les époux Villeneuve : plus précisément pour le talent et la motivation de l'un et la patience d'ange et l'abnégation de l'autre.

Les 13 000 $ de revenus ne font pas long feu. Une fois les dettes remboursées, il ne reste plus grand-chose pour le budget familial. La vie continue. Pourtant, Gilles désire terminer l'année 1974 sur les circuits. Il en meurt d'envie! Mais plus en Formule

Ford, si possible. Seule l'étape au-dessus l'intéresse : la Formule Atlantique. C'est pour lui une voie plus valorisante et médiatique vers la discipline de ses rêves : la Formule 1. Son point faible est bien sûr l'argent. Pour ce qui est du reste, il se sent de taille à rivaliser... et même à en montrer à la concurrence. Cependant, pour y parvenir, il a une montagne d'obstacles sonnants et trébuchants à surmonter! Un autre que lui se dirait, une bonne fois pour toutes, que c'est impossible! C'est alors qu'il apprend qu'un pilote, Kris Harrison, monte une structure de course : l'écurie Canada.

Gilles ne prend même pas le temps de se monter un dossier de presse. Ni d'envisager un courrier. Il fonce se présenter à cette personne, par ailleurs équipementier pour la compétition. Juste avant, il commande une combinaison de pilote, quelques accessoires et se lance : « Je recherche un volant en Formule Atlantique! Avez-vous idée de ce que cela peut coûter? » Évaluation faite, Kris Harrison lui glisse qu'effectivement, il cherche un pilote. Mais pas un néophyte.

Sentant le vent tourner en sa défaveur, Gilles lui demande simplement, en prenant congé, de bien vouloir téléphoner à Jacques Couture, son ancien instructeur. Évidemment, les éloges pleuvent en faveur de l'ancien élève Villeneuve. Il a la carrure pour compléter l'équipe. Le sempiternel « On vous téléphonera » aura bientôt une suite. Gilles revoit Kris, l'accord est vite scellé, une généreuse poignée de main tient lieu de contrat.

La maison contre une voiture!

Cependant, le plus difficile reste encore à trouver : sa contribution financière pour l'importation de deux châssis March 74B, un minimum de deux moteurs Ford Cosworth 1600 cm^3 type BDA, et sa participation à quelques courses, ce qui veut dire environ 50 000 $! Colossal pour qui n'a pas un sou. Pour conserver sa crédibilité, Gilles s'efforce de ne rien laisser paraître sur son visage et s'engage illico presto à verser 20 000 $ d'acompte. Après avoir pris congé d'Harrison, il se pose la question cruciale : où trouver cet argent? Une seule solution s'impose : vendre sans tarder la maison mobile, seul bien de valeur du jeune couple, bien qu'elle ne soit pas encore entièrement payée.

C'est ce qu'il s'empresse d'ailleurs de faire avec beaucoup de ruse. Il emprunte sur sa valeur avant de la vendre sans en souffler mot à la banque. Reste à annoncer la nouvelle à Joann le soir en rentrant... La diplomatie n'étant pas son fort, il s'exclame dès la porte franchie :

« On déménage!

– Ah bon? O.K. Et on va où?

– J'en sais rien!

– Eh bien, pourquoi on déménage, alors?

– Parce que j'ai vendu la maison! »

Du Gilles Villeneuve tout craché!

« Sur le coup, je n'ai pas paniqué. Et pourtant, les enfants étaient encore petits. »

La maison mobile est rapidement vidée de ses meubles et de ses occupants et prend la route pour une nouvelle destination. Gilles peut apporter son chèque à Harrison. Mais où vont désormais vivre Joann, Jacques et Mélanie? Le jeune père ne se complique pas la vie avec ça. Chez les parents, pour tout de suite, puis en logement... Mieux : ils l'accompagneront sur les circuits dans la camionnette paternelle qui tirera la caravane! Bien sûr, Joann en a vu d'autres. Mais le choc de l'épisode éclair de la vente lui a déclenché une migraine dont elle a du mal à se débarrasser.

« La perte d'un toit n'était pas un problème vital. Gilles devait réussir ce qu'il avait entrepris et je me suis dit que l'on se débrouillerait toujours! Si on a une grosse maison, on fait avec. Si elle est petite, c'est pareil. Pas de maison? On pourra toujours trouver un lit pour dormir. »

Joann et Gilles étaient faits l'un pour l'autre! Qui d'autre aurait pu percevoir quelque chose de positif dans pareille situation, avec des enfants en bas âge? « Ce genre de situation ne m'a jamais stressée. Le manque de biens matériels ne me dérange pas ni ne me déprime. Ce n'est pas gênant pour moi. C'est sûr qu'une belle maison avec le confort, c'est bien. Mais ce n'est pas un besoin essentiel. Pour moi, l'indispensable, c'est d'être bien avec quelqu'un. Sous une tente ou ailleurs, c'est un peu pareil. Plus tard, lorsque nous avons déménagé en Europe, j'ai gardé cette philosophie. Quitter ma région, mon quartier, mon pays et mes amis ne m'a pas dérangée outre mesure! Nous étions tous les quatre, avec Gilles et les enfants. Une autre page du livre s'ouvrait, simplement. Être réorientée dans la vie de tous les jours – d'autres diraient déboussolée – ne me réclamait aucun effort. Bien sûr que nous nous sommes privés! J'aurais fait certaines choses différemment si l'on avait eu plus d'argent, ou si j'avais eu d'autres besoins. Mais, sincèrement, ce n'était pas important. Ça ne me rendait pas malheureuse dans la mesure où mes priorités n'étaient pas matérielles. »

En attendant, les jeunes Villeneuve ont un peu vécu chez les parents, puis ont loué un appartement, et redéménagé dans un autre. « Autant de passerelles pour aller ailleurs. Nous ne le vivions donc pas comme quelque chose de catastrophique. Nous nous réconfortions en nous disant que nous aussi, nous aurions une maison plus tard, que nous résiderions ailleurs, qu'importe! À partir du moment où l'on vivait la même situation avec le même état d'esprit, en parfaite communion, ce n'était pas compliqué! Je n'ai jamais eu l'impression d'être dans un mauvais épisode du feuilleton de la vie. Et je m'en étonne encore aujourd'hui puisque, avec le recul, on pourrait parler de " galère ". Tout me paraissait normal puisque j'allais dans le même sens que lui! Et que j'y croyais autant que lui...»

Les Villeneuve sont endettés jusqu'au cou lorsque débutent les essais privés de Saint-Jovite. Confondant mise au point et compétition, le bouillant Gilles endommage passablement sa March en sortant deux fois de piste. Réparée, la 74B jaune et blanc n° 13 aux couleurs de Schweppes débute allègrement le Challenge Player's 1974 de Formule Atlantique sur le circuit de Westwood, en Colombie-Britannique : troisième place! Ce sera son meilleur résultat de la saison. Des problèmes techniques divers mais surtout un accident à Mosport (Ontario) le 1er juillet auront raison des grandes espérances du Québécois.

Avec des pneus bien usés par son style de *rallyeman* à l'attaque absolue, Gilles ne pouvait négocier un virage sans se mettre en dérive des quatre roues. Jusqu'au moment (neuvième tour) où il s'écrase contre le rail de sécurité. Il est aussitôt conduit au centre médical du circuit. Le médecin fronce les sourcils, fait la grimace. Il diagnostique deux belles fractures à la jambe gauche. Joann, qui parle couramment l'anglais depuis sa plus tendre enfance aux États-Unis, traduit en français. Gilles souffre, mais refuse d'y croire. Dans sa tête, les fractures signifient l'immobilisation plus ou moins longue, bref la fin d'un rêve, et le début de la fin pour qui n'a plus un sou. « Si tu négliges de te faire soigner, ce sera pire », lui fait remarquer Joann. À l'hôpital où il consent de se rendre, les radios confirment le diagnostic du premier médecin. Il en ressort avec un énorme plâtre, qui l'emprisonne de la hanche jusqu'au pied. Il assiste tristement en fauteuil roulant, la jambe bien raide, à la prochaine épreuve (Sanair), où un jeune pilote le remplace déjà.

Comme toutes les femmes de pilotes, Joann s'inquiète pour la vie de son mari lorsqu'il court mais elle s'applique à ne rien laisser paraître. Lui-même ne pense jamais à la sortie de route qui pourrait lui causer des blessures. Chaque saison de moto-neige, il lui arrive de voler au-dessus du tapis blanc glacé à plus de 100 km/h... et de retomber brutalement. Alors...

À son retour à Berthier, impatient, énervé, bougon, il fait le tour des médecins susceptibles de réduire son plâtre. Le plus avant-gardiste d'entre eux s'exécute. Genou et cheville libérés, il travaille à sa rééducation avec acharnement tandis que le petit Jacques, à quatre pattes autour de lui, s'amuse à pousser des voitures miniatures en imitant le bruit des moteurs, plutôt heureux d'avoir son père bien à lui! Gilles a une idée fixe : reprendre le volant de son bolide le plus vite possible pour le plaisir de piloter, pour les primes et pour les points au championnat. Il sait très bien qu'il doit auparavant réussir le fameux test d'extraction d'urgence de l'habitacle en quelques secondes. Pourquoi ne pas essayer à Saint-Jean, prochaine étape du championnat?

Jusque-là, il n'a pas ménagé sa peine pour activer sa convalescence. Après avoir rectifié le plâtre plusieurs fois à coups de marteau avec le concours de Joann, il multiplie les mouvements propices à lui restituer toutes ses sensations. Il boitille, grimace, se tartine d'onguent et se masse, qu'importe! Pire, pour éviter que sa jambe s'ankylose durant le long déplacement vers l'est, il décide de conduire lui-même jusqu'au circuit sa Ford Mustang à transmission manuelle. Dans son habitacle, hélas, ses multiples et gigantesques efforts ne sont pas couronnés de succès. Impossible de réussir l'examen sous l'œil impassible des commissaires... C'est trop tôt, la mécanique musculaire ne veut rien entendre!

Ce n'est que six semaines plus tard qu'il reçoit le feu vert pour reprendre le volant de sa monoplace à la course d'Halifax, en Nouvelle-Écosse. Pas encore tout à fait remis, souffrant toujours aux freinages et aux accélérations, il « survit » à un tête-à-queue et se classe courageusement septième. L'ultime épreuve de Trois-Rivières au Québec, ne lui rendra pas le sourire. Le premier tour n'est même pas bouclé qu'il percute la voiture d'un pilote en difficulté devant lui.

Saison clairsemée, abrégée, douloureuse, dettes accumulées... Pour couronner le tout, l'assurance-chômage lui réclame des sommes d'argent indûment perçues parce qu'il a empoché des primes en motoneige. D'autres que lui auraient sombré dans le plus noir pessimisme. Gilles, au contraire, demeure positif. Il a le pied dans une discipline majeure pour son avenir et il se dit qu'il vient de manger son pain noir. La chance va nécessairement tourner!

« Avec le recul, estime Joann, je me dis que si j'avais été une personne différente, nous n'aurions pas accompli tout ce que l'on a fait avec un tel degré d'intensité. Ce n'était même pas de la folie ou de l'inconscience, dans ma tête c'était simplement intense. On mordait dans le présent à pleines dents. Une femme plus soucieuse du confort de sa famille l'aurait obligé à travailler, comme c'est le cas chez... tout le monde. Ne serait-ce qu'en pensant aux enfants. Il aurait été frustré de devoir partir chaque matin chez un patron, n'aurait pas été le pilote automobile qu'il a été et aurait surtout vécu très malheureux. Si je n'avais pas accompagné sa vie, serait-il ou non devenu Gilles Villeneuve, le pilote Ferrari? Personne n'a la réponse. Personne ne sait s'il serait allé jusqu'au bout de sa volonté sans soutien inconditionnel. Ce dont je suis certaine, c'est qu'il a pu jouir d'une totale liberté pour accomplir sa marche vers la F1. » Joann était, est encore aujourd'hui, une femme passionnée. Deux passions unies écrivent une belle histoire...

Commander tout de suite, payer plus tard....

Grâce à sa réputation de pilote spectaculaire, Gilles peut se permettre à présent de demander plus d'argent aux organisateurs pour sa seule présence. Souvent leader et vainqueur avec sa suspension « maison », il se spécialise dans les épreuves d'Amérique du Nord grassement payées tandis que Jacques, son cadet, également très rapide, s'en tient aux courses québécoises.

Ses revenus de l'hiver sont naturellement économisés pour être réinjectés en Formule Atlantique. Même si Gilles lui a coûté cher de réparations et de pneus, Kris Harrison a foi en son potentiel. Il reconduit son accord verbal pour la saison 75. Hélas, l'option écurie Canada s'évapore par l'abandon de deux commanditaires du côté Villeneuve, et ce, quasiment à la dernière minute. La famille fait aussitôt bloc autour du pilote, et Joann, qui rêvait encore secrètement de le voir trouver un boulot et une stabilité dans la région, se surprend à lui remonter le moral. Elle va même jusqu'à lui faire une proposition à la « Gilles Villeneuve » : « Commande tout ce qu'il faut : voiture, moteur, pièces de rechange. Nous verrons plus tard comment payer tout ça. »

Gilles qui, la mort dans l'âme, envisageait de jeter défini-tivement les armes, ne se le fait pas redire. March 75B et moteur Ford BDA sont commandés en Angleterre sur-le-champ. La saison peut commencer… sauf que le nerf de la guerre manque cruellement malgré une aide providentielle de Skiroule, son commanditaire en motoneige. Gilles, partant en solo tel le plus pur des amateurs, devra se mesurer à des équipes bien plus aisées financièrement, expérimentées et organisées, disposant de pneus, de pièces et de moteurs de rechange à volonté. Et des mécani-ciens comme s'il en pleuvait! Gilles mettra largement la main à la pâte pour aider un seul mécanicien sur les circuits, un autre plus typé motoriste entre les courses. Car cet unique moteur, il faudra bien l'entretenir, le reconditionner, bref, s'arranger pour qu'il tienne le coup jusqu'à la dernière épreuve! Joann s'occupera de l'intendance, du chronométrage et de la surveillance des enfants. La camionnette Villeneuve tirant la remorque Skiroule surmontée de la March prend enfin la route...

Curieux, inventif, appliqué, déterminé, Gilles était totalement passionné par la course. On pouvait lui faire confiance, elle ne serait jamais mal placée. Il donnerait toujours tout, et même un peu plus, pour gagner. « La passion faisait partie de son person-nage. C'est probablement son caractère passionné qui m'a attirée lorsque j'avais 16 ans. Je n'aurais jamais pu remarquer quelqu'un qui n'aurait pas eu cette flamme dans l'œil. Certaines femmes préfèrent un homme tranquille, pantouflard, qui reste à la maison et rassure... cela ne faisait pas partie de mes attirances inconscientes. Que ce soit le pilotage, la mécanique ou des tas d'autres choses, il était toujours animé par la passion. S'il n'y avait pas eu le feu de la passion dans ses yeux, il n'y aurait pas eu d'histoire entre nous. »

La saison 75 commence par une 15e place, alors que la victoire revient à un pilote de son ancienne écurie Canada. Ce résultat médiocre ne reflète en rien sa valeur personnelle. Gilles en est persuadé. Ce ne sont pas les pilotes qui le battront mais plutôt leur matériel servi par des moyens royaux, pensée typique des plus grands pilotes en attente de pouvoir s'exprimer pleinement. Il y met tellement de cœur à Westwood, transcendé par un beau circuit sinueux, qu'il termine cinquième. Nettement mieux.

À Gimli, la piste est noyée par la pluie. Voilà l'occasion rêvée de surclasser ses adversaires dans ces conditions effroyables qui se moquent bien de la qualité des châssis. Les riches comme les défavorisés s'y retrouvent pratiquement à égalité de chances. Tous peuvent vaincre avec un gros cœur, une faim de reconnaissance ou encore sortir de piste tant les pièges sont nombreux. Foncer dans le brouillard de l'eau pulvérisée n'est pas un gros problème pour Gilles, habitué à ce genre de visibilité nulle en motoneige. Rester sur la piste est autrement plus délicat. Cela nécessite une méfiance de chaque instant et le goût de maîtriser son véhicule sans cesse sur le point d'aller se planter dans le décor. Ses seuls repères sont les balises orange l'invitant à freiner aux abords des virages.

Un véritable festival de tête-à-queue se déroule évidemment sur la « patinoire ». Gilles n'est pas le dernier à en faire mais sa grande adresse le maintient en lice et le propulse de la 19e à la... première place. Incroyable : il franchit la ligne d'arrivée avec 15 secondes d'avance sur l'Américain Bobby Rahal! Dans des conditions aussi pitoyables que son budget, le « Petit Poucet » a triomphé des barons de la Formule Atlantique. La pluie se moque de l'argent et du nombre de mécaniciens; elle préfère le talent, le courage et l'adresse. Le rendez-vous de Saint-Jovite lui donne une nouvelle occasion de faire démonstration de ses talents. Il s'approprie la deuxième place avec seulement six secondes de retard sur le vainqueur Forbes-Robinson alors que des ennuis mécaniques l'empêcheront de faire mieux que la 14e place à Halifax.

Avec la fin d'août arrive le Grand Prix de Trois-Rivières (hors-championnat) où, traditionnellement, sont invitées quelques étoiles de la discipline reine, la Formule 1. C'est l'occasion rêvée pour le Québécois de se faire remarquer, non seulement sur place, mais encore de l'autre côté de l'Atlantique car les plus éminents patrons d'écuries jettent immanquablement un œil sur les résultats. Cette opération « séduction » ne sera malheureusement pas menée à terme en raison de sérieux problèmes de freins. N'empêche, Villeneuve a fait sa marque lors des essais qualificatifs, se plaçant juste derrière les Français Jean-Pierre Jarier et Patrick Depailler, respectivement sur Shadow et Tyrrell, lorsqu'ils participent à leur discipline habituelle, dont ils ne sont pas les moins talentueux. Les esprits retiendront qu'il existe un jeune Canadien extrêmement rapide.

Gilles termine le Challenge Player's, à nouveau remporté par Bill Brack, en cinquième position. Progression significative malgré ses moyens matériels et humains réduits à presque rien. Suit une haletante saison 75-76 de motoneige (36 courses) avec un palmarès éloquent : 32 fois vainqueur, une fois deuxième, trois abandons sur défaillance mécanique. Et de très bienvenues primes de récompense. Avec l'arrangement qu'il a obtenu de Skiroule – une somme forfaitaire pour ses frais de déplacements – il a pu s'acheter la caravane offrant le confort nécessaire pour y vivre avec sa famille.

Admiration et confiance réciproques

Son succès retentissant de 1975 lui a valu des propositions de plusieurs équipes, dont l'écurie Canada pour l'exercice 76 de Formule Atlantique. Skiroule est toujours partant. L'avenir se présente pour le mieux. Naturellement, son ancienne équipe a sa préférence malgré une divergence de vue avec le *boss* Harrison. Gilles, lui, dépenserait une fortune pour aller de l'avant tandis que Kris a tendance à programmer le strict nécessaire pour les essais et les achats de pièces ou de pneus. Pour rien au monde il ne mettrait en péril sa structure de course. Le jeune Villeneuve y a ses repères. Le recrutement d'un ingénieur hors pair lui garantit, entre autres, une monoplace très bien réglée. Il signe très vite, début octobre 75.

Une discussion technique avec Ray Wardell, cette perle rare britannique destinée à *booster* sa monoplace, a suffi à convaincre Gilles qu'il est l'homme de la situation et le plus expérimenté pour mener à bien sa délicate conquête du titre. Transfuge de l'écurie March F1, Ray a travaillé avec Ronnie Peterson et Niki Lauda, d'excellents pilotes. En le voyant foncer à Trois-Rivières, il s'est dit que le jeune Québécois n'est pas un pilote parmi tant d'autres. Il a vite décelé en lui une virtuosité le plaçant au-dessus du lot des bons coureurs. De plus, il est dépourvu de complexes par rapport aux célébrités et motivé en diable! Pourtant, cet œil de pro l'a jugé dans une épreuve où les difficultés mécaniques l'ont accablé. Ce petit bonhomme dépourvu de moyens, assisté dans les stands par un seul mécanicien, mais si audacieux et adroit dans les méandres de la piste, l'a fortement impressionné. À tel point que la future présence de Villeneuve dans l'écurie Canada l'a incité à accepter l'offre de Kris Harrison de la même manière que Gilles a saisi dans l'engagement du Britannique l'occasion de parvenir à ses fins! En fait, des intérêts mutuels bien compris…

« Gilles connaissait ses limites, il avait besoin de découvrir celles, absolues, de tous les engins qu'il conduisait. Dans ces exercices périlleux, ses bornes étaient sans commune mesure avec celles des autres pilotes », a confié Wardell à Gerald Donaldson. Un garçon toujours prêt à faire la course, dans n'importe quelles conditions et jusqu'au bout de ses peines, à laisser partir sa monoplace sur deux roues dans les virages, comme s'il s'agissait d'un vélo, marque d'un gars qui a du cœur au ventre, d'un équilibriste-né.

Le Québécois était lui-même en admiration devant la virtuosité de pilotage du généreux Suédois Peterson. Ce dernier était en quelque sorte son idole depuis qu'il l'avait vu à l'œuvre au Grand Prix du Canada 71, sur le circuit de Mosport. Il se reconnaissait dans ses actes de bravoure! Défiant la pluie au volant de sa March-Ford, Ronnie avait exécuté une remontée à couper le souffle jusqu'au commandement de la course, qu'il avait perdu en heurtant un concurrent plus lent. Nez complètement écrabouillé il s'était courageusement cramponné à la deuxième place jusqu'au drapeau en damier.

À peine réunis, Ray Wardell enseigne à Gilles Villeneuve – le plus attentif des élèves – toutes les ficelles des réglages et des stratégies sportives. Ce dernier a l'instinct, le *feeling* de Peterson, le fougueux, et l'approche technique de Lauda, l'ordinateur. Un pur bonheur pour le maître, qui restera, avec Mauro Forghieri et Antonio Tomaini – ses futurs ingénieurs chez Ferrari –, les hommes qui ont le plus compté dans sa carrière de pilote.

À part une mise en bouche aux 24 Heures de Daytona (Floride) où Gilles s'est révélé très rapide – cette fois au volant d'une Chevrolet Camaro – avant d'abandonner la partie (moteur), la saison 1976 sur circuits se déroule comme le plus beau des rêves. Toujours premier à s'envoler, il triomphe régulièrement, parfois avec le meilleur tour, sauf à Westwood (Colombie-Britannique) où la défaillance de son carburateur entraîne celle de son moteur, et la sortie de route. Que ce soit au Canada ou aux

États-Unis, il croise le fer et neutralise des figures de la Formule Atlantique comme Forbes-Robinson, Brack, Klausler, Cobb, Roos, Pumpelly, etc. Gilles Villeneuve et sa March 76B verte figurent tout au haut des classements. La saison semble filer inexorablement entre les doigts de ses adversaires.

Heureux en compétition, Gilles est aussi comblé sur le plan familial puisque Joann, Jacques, Mélanie le suivent partout grâce à la caravane garée dans un coin du paddock, un peu à l'écart. Princesse, le berger allemand, veille sur toute la troupe. Jacques, déjà cinq ans, Mélanie, bientôt trois ans, passent le plus clair de leur temps à jouer autour de leur maison sur roues, le premier sur un tricycle. Les enfants s'amusent souvent avec des petits riens trouvés ici et là qu'ils transforment au gré de leur imagination. Lorsqu'ils ont épuisé toutes les ressources de leur esprit, Joann leur propose de monter dans la caravane pour dessiner et colorier un circuit, une monoplace, des mécaniciens au travail, etc., des éléments qui constituent leur décor habituel, auquel ils ne prêtent apparemment aucune attention.

Un travail d'équipe

C'est aussi l'époque où, de la Nouvelle-Écosse à la Colombie-Britannique, soit de l'océan Atlantique à l'océan Pacifique, de région en région à travers les vastes étendues nord-américaines, les enfants peuvent contempler le plus riche, le plus enthousiasmant livre de géographie à la faveur des pérégrinations paternelles. Ces longs déplacements ont un air de vacances également pour Joann, qui abandonne son tablier de cuisinière et l'incontournable menu de Gilles – steak/pommes de terre/tarte au sucre/eau – pour le hamburger-frites arrosé de coca-cola glacé servi dans un *fast food* en bordure de l'autoroute. Un absolu régal pour lui!

« En fait, nous ne faisions pas souvent halte dans les restaurants, souligne Joann. Je faisais surtout la cuisine dans la caravane, ou le *mobile home* par la suite. On partait du point A et on voulait arriver au point B sans perdre trop de temps. Sauf si le déplacement prenait plusieurs jours. Gilles conduisait, il avait besoin de se dégourdir les jambes. De toute façon, il n'appréciait pas les restaurants, n'aimait pas sortir en général, sauf pour se rendre sur un circuit. En dehors de la compétition, il préférait avoir le nez au-dessus d'un moteur ou faire la course avec des copains dans la campagne. Dans ce cas, même les intempéries ne le gênaient pas. Se planter dans la boue et essayer de s'en sortir était un plaisir immense pour lui. De toutes les étapes de notre vie, cette époque de la caravane allant de circuit en circuit regroupe mes meilleurs souvenirs. Nous travaillions ensemble, dans la même foulée, dans un but commun et suprême : arriver à percer. »

À force de faire parler de lui de l'autre côté de l'Atlantique, Gilles a titillé la curiosité de Ron Dennis, qui préside alors aux destinées d'une écurie de Formule 2. Grâce à un échange promotionnel entre les organisateurs du Grand Prix de Pau, dans le sud-ouest de la France, et ceux de Trois-Rivières, une invitation est lancée au jeune Québécois prometteur. Bien sûr, il ignore tout de ce tracé en ville, de ses virages périlleux, du relief du parc Beaumont, encore moins la March F2 à moteur Hart qui lui est prêtée, mais il affronte sans se démonter des pilotes comme Arnoux, Tambay, Cheever, Laffite, etc. et s'attribue une très honorable 10e place de grille. En course, il se bat avec les mieux placés quand la surchauffe de son moteur l'oblige à l'abandon. Villeneuve n'est plus un lointain cousin d'outre Atlantique. Il n'a pas failli à sa réputation de gâchette rapide. De plus, il a noué un début d'amitié avec Patrick Tambay.

Après une nouvelle épreuve victorieuse de Formule Atlantique à Gimli (Manitoba) à la mi-juin 1976, des difficultés financières frappent le commanditaire Skiroule et, par ricochet, l'écurie Canada, déjà pas très riche. Kris Harrison négocie avec les organisateurs de Mosport – où se tiendra la prochaine course – l'augmentation du cachet prévu à l'origine pour son étoile montante… mais peine perdue. Le circuit était, il y a peu, à deux doigts de la faillite… Gilles doit se résigner : pas assez d'argent, pas de course. Cette fois, ni Joann ni les enfants ne peuvent le sortir de son abattement. Malheureux comme les pierres, il songe à ses deux championnats. Le canadien et l'américain se présentaient pour le mieux. Va-t-il les perdre pour une simple question d'argent?

La présence de l'écurie sur l'épreuve de Saint-Jovite, dans les Laurentides, est le fruit de diverses contributions, dont celle de l'Américain John Lane, inconditionnel ami de la famille Villeneuve depuis cette époque. La rencontre de Gilles et John – expert en négociations financières – avait été favorisée par Ray Wardell. Pas chaud au départ à l'idée de commanditer l'écurie Canada, le New Yorkais avait répondu « présent » à l'invitation de Wardell sur les circuits californiens pour une simple aide (anodine?) au chronométrage. Il y avait contracté le virus de la Formule Atlantique, admirait les prouesses et la manière de vivre de Gilles, à tel point qu'il avait lui-même vendu sa magnifique maison californienne pour acheter une caravane grand luxe. Puis il avait embarqué femme, enfants, chiens et, depuis, la famille Lane vivait dans le voisinage des Villeneuve sur les circuits. Dans cette situation de crise, John a proposé d'acheter les deux March de l'écurie en fin de saison. Il trouverait bien à les monnayer à des amateurs impressionnés par les feux d'artifice de Gilles.

Gilles repart comblé de Saint-Jovite. Non seulement, il y a décroché la première place de la grille, mais il a gagné et s'est approprié le meilleur tour. Basé sur sa succession de magnifiques résultats, son discours à la presse est une lapalissade : « J'ai toujours cru que le meilleur moyen d'arriver à être champion est de gagner le plus grand nombre de courses. » Qu'on se le dise : le Québécois n'est pas du genre marchand. Les ribambelles de places d'honneur ne l'intéressent pas. Si déraper pour maîtriser sa monoplace est son plaisir, gagner est son obsession.

Ses tracas ne se sont pas envolés pour autant. Voilà que Skiroule se retrouve carrément en faillite… et il reste trois courses à disputer. Deux afin de clore ses championnats et le Grand Prix de Trois-Rivières pour battre les vedettes européennes de la Formule 1. Harrison demeure inflexible : sans argent, on oublie la fin des championnats!

Heureusement, un autre bienfaiteur entre en scène : Gaston Parent. Par l'intermédiaire de Robert Saint-Onge, chargé du marketing de la brasserie Molson, commanditaire du Grand Prix de Trois-Rivières, Gilles obtient un rendez-vous avec cet homme d'affaires montréalais à la tête de plusieurs entreprises. Au demeurant, ce PDG n'est pas branché « sport automobile ». Il ne s'intéresse qu'au football, au hockey et à la chasse en Afrique. S'associer avec une jeune pilote? Il n'y a jamais pensé. Oui mais, celui-là, lui rapporte-t-on, a quelque chose de très spécial. Il est très fort, au point de pouvoir arriver assez vite au firmament des épreuves de monoplaces. Et porter très haut les couleurs du Québec dans le monde entier!

Perfusions pour un futur champion

De nature curieuse et prudente, Parent accepte de le rencontrer, bien décidé à ne pas ouvrir pour autant le cordon de sa bourse. Le grand jour est arrivé : il passe sans prêter attention devant un adolescent assis à la réception. C'est pourtant lui que l'on fait entrer bientôt dans son bureau. Surmontant sa timidité – son avenir est en jeu – Gilles se « vend » à merveille, sans avoir travaillé son coup, c'est-à-dire avec naturel, franchise, donnant des détails de sa vie familiale de bohème en caravane, laissant surtout entrevoir une colossale détermination. Oui, il veut tout gagner, sur la terre canadienne comme aux États-Unis, et tenter sa chance en Formule 1! Seulement, il a besoin de 5 000 $ afin de participer à l'ultime manche de son championnat canadien, près d'Halifax. Il faudrait que cette somme parvienne au siège de l'écurie, basé à Toronto, avant trois jours... Un virement est envoyé sur-le-champ.

Même pas une semaine après cette rencontre, Gilles conduit sa March toute de blanc vêtue et ornée d'une énorme fleur de lys (emblème du Québec exécuté par l'une des sociétés de Gaston Parent) sur le premier emplacement de la grille de départ du circuit de Nouvelle-Écosse. En course, il est invincible, précédant Bill Brack de 16 secondes sur la ligne d'arrivée, et ne lui accordant même pas la consolation du meilleur tour. Par cette victoire, Gilles Villeneuve remporte le Challenge Player's de Formule Atlantique avec 48 points de plus que le Suédois Bertil Roos et empoche une bourse de 10 000 $. Il en remet 3 000 à son écurie et propose de rembourser Gaston Parent avec les 7 000 restants. Refus de ce dernier : « Garde ton argent, rembourse tes propres dettes. »

Le pilote revient tout de suite à la charge avec son naturel juvénile et désarmant. Cette fois, il lui manque 12 000 $ pour participer au Grand Prix de Trois-Rivières et conclure le *challenge* américain de Formule Atlantique à Atlanta. Le Grand Prix du Canada de F1 se disputant à Mosport, Trois-Rivières revêt une grande importance pour le Québec. Encore plus sans doute pour l'insatiable Gilles, qui échangerait bien toutes ses victoires 76 pour celle-ci! Dès leur première rencontre, Gaston Parent réfléchit au meilleur moyen d'aider ce poulain. Il trouve rapidement une formule originale de dons financiers alimentés par des entreprises et des particuliers. Le fonds Villeneuve est créé sans tarder et les 12 000 $ nécessaires au double objectif du pilote recueillis à temps.

Le grand jour (5 septembre) approche. Les invités-vedettes F1 et F2 européens sont prêts à tâter de la Formule Atlantique :

le Britannique James Hunt, en bonne voie de décrocher le titre mondial de F1 pour McLaren, l'Australien Alan Jones, pilote Surtees, le Français Patrick Depailler (Tyrrell), l'Italien Vittorio Brambilla (March), Patrick Tambay et José Dolhem, (demi-frère de Didier Pironi), tous deux encore en F2, etc. La monoplace affectée à Hunt n'est autre que la deuxième March 76B de Gilles Villeneuve, également préparée par l'écurie Canada. Mais son comportement est cent fois plus docile que celui de la voiture n° 69 commanditée par Direct Film (merci le fonds!) du Québécois.

Non, Gilles, en contre-braquage permanent, n'en rajoute pas pour briller par le spectacle et épater la galerie au risque de tout perdre dans un accident. Il ne fait que sauver les meubles en se rattrapant aux derniers millimètres de la piste, archi-motivé, bien décidé à ne laisser que des miettes aux stars. Que sa voiture épouse à la perfection les méandres du tracé lui rendrait un fier service. Mais il a un mal fou à s'inscrire dans les virages. De plus, il multiplie les glissades, frôle trop souvent les murs de béton et fusille ses pneus. On les lui remplace et le voilà signant illico le meilleur temps au nez des vedettes! À ce petit jeu, il aura d'ailleurs le dernier mot. Mais il n'en reste pas moins que cette monoplace n'est pas franchement au point!

Une nouvelle inspection minutieuse est faite la veille de la course jusqu'à tard dans la nuit. On finit par dénicher un défaut datant probablement de sa sortie de route du mois de juillet à Saint-Jovite, où il tournait en essais privés quelques jours avant la course. Une seule solution semble encore possible à quelques heures de la course : l'adoption de jantes plus larges à l'arrière. Solution de dernier recours, mais pas de nature à favoriser un comportement idéal; il s'en aperçoit d'ailleurs aux essais préparatoires du matin.

Jacques Deshaies, chroniqueur automobile natif de Trois-Rivières, se rappelle de manière succulente : « Sa tenue de route était si fantaisiste que pendant les essais, Gilles était allé trouver

Jean-Guy Roy, responsable en ce temps-là du montage de ce circuit non permanent que l'on appelait le Petit Monaco puisqu'il se déroulait dans les rues de la ville et le long du fleuve Saint-Laurent : « Est-il possible de rajouter une petite bande d'asphalte dans l'un des virages du circuit? » Celui que l'on nomme aujourd'hui Depailler...

« Gilles, en dérapage contrôlé des quatre roues, sortait large et perdait un peu d'adhérence. Pendant la nuit, on a rajouté cette bande d'asphalte pour satisfaire ses besoins et lui permettre de mieux performer. Un pilote sur trois ou quatre qui tentaient la même manœuvre, au même virage, sortait de piste. Pas Gilles. Il avait vraiment ce talent de conduite « sur glace » et aurait fait un excellent pilote de rallye. Il possédait beaucoup de dextérité en contrôle intensif. Il allait concrétiser le rêve d'à peu près tout le monde au Québec. »

L'opportunité de sa vie!

L'incroyable se produit aussitôt le départ donné. Gilles se propulse comme un boulet et accomplit une course superbe devant les invités de renom, particulièrement Hunt et Jones, deux futurs champions du monde de Formule 1, James en octobre sur une pente du Mont-Fuji (Japon), Alan en 1980 sur Williams. Ne s'accordant aucun *joker*, aucune excuse – c'est l'opportunité de sa vie! – Gilles utilise sa bonne connaissance du circuit et de la voiture ainsi que son pouvoir d'évacuer la pression. Sa détermination à gagner, doublée des encouragements de son public – plus de 30 000 spectateurs – l'ont transcendé! Suprême récompense, il fait son tour d'honneur avec le drapeau en damier en guise de trophée. Son coéquipier du week-end, à vrai dire un peu déboussolé par un manque de puissance par rapport à sa McLaren, restera bouche bée devant tant de talent et de sang-froid. Il est tellement impressionné par cette graine de champion qu'à la première occasion, il en touchera deux mots à Teddy Mayer, son patron chez McLaren : « Il faut le mettre sous contrat, et vite ! »

Saisi par le jugement si élogieux de James Hunt, Mayer s'exécute, demandant qu'une rencontre ait lieu avec ce phénomène une fois la saison F1 achevée. Le pilote de Berthierville a le sentiment que ses efforts ne seront pas vains. Il a désormais un conseiller, Gaston Parent, émerveillé par ce qu'il a vu au bord du circuit de Trois-Rivières. Reste la course de Road Atlanta (Géorgie) à disputer deux semaines plus tard. Premier de grille, cavalier seul et le tour est joué : le voilà aussi champion IMSA (International Motor Sports Association) de Formule Atlantique avec 80 points, loin devant son plus grand rival (Price Cobb, 45 points), à l'image de la version canadienne. Neuf victoires, un abandon, un forfait en 11 courses, à ce stade de sa carrière, il n'a plus rien à prouver sur ses terres.

« La saison 1976 fut sa meilleure au Canada. Une année idyllique à part le moment où il a connu d'importants problèmes d'argent, son commanditaire étant en faillite. Nous avons réellement craint que son prodigieux élan soit coupé. On désirait arriver quelque part. Maintenant, il était temps de rêver, de penser à la F1, mais pas uniquement à elle. Ce n'était pas le but, mais seulement une des disciplines où nous pouvions aller. Gilles n'avait pas de plan de carrière comme c'est le cas pour les pilotes européens. Et les évènements, les résultats, les circonstances ont fait que la Formule 1, bientôt, allait être cette ouverture. Mais il n'y avait évidemment aucune garantie. Juste un océan entre la Formule Atlantique et la F1 ». Au propre comme au figuré.

« La vie est faite de choix. À un moment donné, il suffit d'en faire un en particulier pour aboutir à quelque chose. La vie nous amène là où nous devons aller. Les options, au départ, sont aussi bonnes les unes que les autres. Il suffit de prendre la bonne.

Pourquoi plus celle-là qu'une autre? Qui le sait, faute d'en connaître tous les paramètres? Et voilà que ce choix, ce jour-là, s'avère judicieux. Bien sûr, nous sommes plus ou moins maîtres de notre destin mais certaines décisions s'imposent dont nous ignorons tout ou presque. Il y a donc une part de hasard, de jeu, et d'irrationnel. »

Gilles, qui a la responsabilité de subvenir correctement aux besoins de sa famille qui a tant galéré avec lui, n'a pas d'état d'âme à l'idée de quitter sa patrie pour réussir. Aller au bout de son rêve, le faire partager aux siens, vibrer encore et toujours, si possible plus fort... D'autant qu'à 26 ans bien comptés – on le croit alors seulement âgé de 24 ans –, il ne doit pas traîner en route. James Hunt, le nouveau lauréat de la F1, n'a pas trois ans de plus. Niki Lauda, à peu près un an de moins, se trouve précisément entre deux titres mondiaux (75 et 77). Enfin, le Sud-Africain Jody Scheckter, futur champion 79, court en F1 depuis le début des années 70. Le temps presse. Selon Joann, il s'était rajeuni de deux ans un peu avant d'envisager d'aller courir en F1 car il craignait que son âge rebute les patrons d'écuries.

« Aujourd'hui, ces patrons se penchent carrément sur des berceaux pour renouveler leurs pilotes. Ils se sont transformés en véritables chasseurs de tête, recrutant dès le karting avec l'espoir de faire le coup du siècle à très bon prix. S'ils avaient eu la même attitude à l'époque de Gilles, ce dernier n'aurait jamais fait de la Formule 1. Ils seraient passés à côté d'un talent et d'un homme extraordinaires. »

Présent sur les circuits de Mosport et de Watkins Glen, où se déroulent les manches canadienne et américaine de la F1 en octobre 76, le timide Gilles – grelottant dans sa veste sport – se tient à l'écart de la caravane que son ami John Lane a mis à la disposition de l'équipe McLaren en ces deux occasions. De la fenêtre, John l'aperçoit dans le paddock américain et lui fait signe de monter. Il discute un peu mécanique avec Teddy Mayer et James Hunt, mais est trop réservé, trop gêné pour aborder la question d'un éventuel recrutement. Ce sujet s'imposera à la fin de la saison, après que James ait été couronné champion mondial et que McLaren ait échoué, à neuf points de Ferrari.

L'entrevue tant attendue par le petit gars de Berthierville se déroule à Colnbrook, à cette époque la tanière de l'équipe McLaren, près de l'aéroport international d'Heathrow. Il est accompagné de Robert Saint-Onge, délégué par Gaston Parent trop occupé par ses multiples affaires. Teddy Mayer, le malin petit bonhomme, et John Hogan, « super banquier » de Marlboro, le fidèle commanditaire de l'équipe anglaise, proposent d'aligner pour Gilles, en 77, une troisième McLaren aux côtés de James Hunt et de l'Allemand Jochen Mass. Il est question d'un minimum de quatre Grands Prix pour commencer, peut-être ceux du Canada et des États-Unis en prime, d'essais privés tout au long de la saison et même de courses de F2. Bien sûr, une option est prévue pour 1978.

Certes, la saison proposée est incomplète, mais avec la perspective des essais et des épreuves de F2, cela représente une belle occasion d'apprendre la façon de travailler d'une grande équipe, les petits secrets du matériel et de la mise au point. Et, bien entendu, il lèverait le voile sur bon nombre de circuits européens. Il signe enfin pour 25 000 $ et devient, par le fait même, un pilote payé pour courir. Pour lui, c'est royal! Il est tellement enthousiasmé d'avoir jeté une base de l'autre côté de l'Atlantique qu'il n'a même pas songé à négocier quelques milliers de dollars de plus en faisant valoir les autres propositions reçues. En effet, Brabham est intéressée, de même que la nouvelle écurie de Walter Wolf, Autrichien d'origine, arrivé au Canada voici 16 ans avec 7 $ en poche. Il est à présent citoyen canadien et millionnaire après avoir réalisé quelques affaires juteuses dans l'industrie pétrolière et la construction. Brabham? Il n'apprécie pas du tout les manières « business/pognon/pouvoir/intrigues » de Bernie Ecclestone, le patron. Quant à Wolf, il préférait apprendre sur de bonnes bases, avec une équipe expérimentée.

Gilles est persuadé d'être entré en Formule 1 par la bonne porte et se frotte les mains à l'idée de tirer un trait sur la compétition de motoneige, qui était son pain quotidien et celui de sa famille jusque-là. Non, il ne se gèlera plus les mains ni le nez par -20 °C. Finie la corvée de recherche de petits commanditaires à la solidité précaire.

CHAPITRE 3
1977 : L'ANNÉE FOURRE-TOUT

Toujours avide d'expériences, de primes et de connaissance des circuits, Gilles s'envole pour une tournée en Afrique du Sud de la mi-janvier à la mi-février. Quatre courses sur une Chevron de Formule Atlantique... très mauvaise, un bon tour d'horizon du circuit de Kyalami et le revoilà au Québec, attendant patiemment un signe de l'écurie McLaren. Le temps passe, pas d'essais pour lui. Encore moins de courses de F2. À quand ses débuts en Formule 1 ? Ce sera, en principe, pour le Grand Prix de Grande-Bretagne à Silverstone... le 16 juillet prochain. D'ici là, beaucoup d'eau aura coulé sous le Tower Bridge de Londres. Que faire d'utile en attendant ? Les organisateurs le réclament partout au Canada. Il n'a qu'à embrayer sur les habituelles courses de Formule Atlantique et remettre en jeu son titre 76 dans le Challenge Labatt, du nom du nouveau commanditaire principal.

Seul problème, mais de taille : Kris Harrison et Ray Wardell, persuadés d'avoir réellement perdu leur pilote vedette, se sont lancés dans l'importation et la préparation de moteurs Ford. Ils recommandent chaudement leur ancien poulain à Dave Morris, d'Edmonton (Alberta), qui a fait la démarche inverse. Le « sorcier » est devenu patron d'une nouvelle écurie, MRC. Problème! Le budget de Direct Film est insuffisant pour que Villeneuve dispose de deux March 77B-Ford. Un autre pilote – payant – est recruté. Un bon, jeune, sans complexe, dévoré par l'ambition. Gilles obtient cependant le privilège de se rabattre sur la monoplace du jeune si jamais la sienne se trouvait en difficulté. À vrai dire, c'est un certain Keke Rosberg qu'il entend bien devancer!

Le jeune Finlandais embauché par Fred Opert – importateur de Chevron – a la réputation d'un pilote extrêmement rapide, agressif et courageux, bref, de la même trempe que Villeneuve.

Une saison difficile, prévoit ce dernier, d'autant plus que Ray Wardell n'interviendra pas directement sur sa monoplace. La saison débute à Mosport avec une autre contrariété : les deux March 77B de sa nouvelle équipe sont arrivées d'Angleterre trop tard pour être suffisamment préparées. Ce travail est effectué pendant les essais et Gilles donne tellement le maximum au volant en fin de séance qu'il arrache la position de tête avec plus d'une seconde d'écart sur le viking, que l'on connaît aujourd'hui en tant que père de Nico Rosberg, le pilote titulaire de l'écurie Williams/Toyota F1.

En course, Gilles et Keke se livrent un étourdissant duel. Leurs roues se touchent à plusieurs reprises. À un certain moment, la March, un peu trop bousculée, sort de piste et repart à la poursuite de la Chevron, qui s'immobilisera pour bris de moteur. Gilles poursuivra sur sa lancée et décrochera la deuxième place à 14 secondes de Price Cobb avec le meilleur tour de course en prime.

« Nous nous battions durement, mais loyalement, se rappelle le moustachu. À vrai dire, j'essayais souvent de le rattraper! Cette fois-là, je ne me souviens pas de l'avoir poussé délibérément hors de piste. »

Moteur cassé à Gimli (Manitoba), Gilles réalise le meilleur temps de grille à Edmonton. L'âpre duel de Mosport reprend de plus belle, à coups d'audaces et de fracas de roues. Gilles est souvent devant, Keke juste derrière, osant parfois le côte à côte dans les virages. À un moment, un dur contact les fait sortir de piste, chacun de leur côté. Retournant sur l'asphalte, ils reprennent leur course-poursuite. Du très beau spectacle! Gilles triomphe tandis que Keke confie sa Chevron cabossée à ses mécaniciens. « À croire que Gilles n'a jamais peur! » Il dira plus tard qu'il abordait toutes ses courses comme s'il avait un défi personnel à relever.

Rosberg profite de l'absence de Villeneuve à Westwood (Colombie-Britannique) pour s'imposer. Pendant ce temps, le Québécois goûte à la F1 du côté de Silverstone, en Angleterre.

Le fameux coup de fil d'Angleterre que Gilles attendait comme le Messie est survenu quelque temps avant la 10e manche F1 1977 prévue à Silverstone le 16 juillet, circuit où la fameuse Renault à moteur turbo devait aussi faire ses débuts. Aussi excité qu'inquiet de devoir évoluer loin de son monde, il ne s'était pas fait dire deux fois de traverser l'Atlantique, tous frais payés. Quelques jours d'essais privés très sérieux l'avaient investi d'une grande confiance. Le rideau pouvait se lever sur le point fort de sa carrière!

Pour commencer, sa McLaren MK23 de 76 n° 40 à moteur V8 Ford Cosworth eut du mal à affronter correctement les virages. Trop sous-vireuse! Tout en cherchant à atténuer ce défaut avec ingénieur et mécaniciens, Gilles ne pouvait s'empêcher de mettre les gaz à fond. Il éprouvait toujours ce besoin hâtif de connaître les limites d'une machine de course avant même d'en comprendre le fonctionnement… Naturellement, il n'a pas perdu sa chance de se faire remarquer dans ce pays de modérés avec ses courageux tête-à-queue. Pourquoi en abuser, lui demanda-t-on? « Parce qu'on ne peut pas connaître les vraies limites d'une monoplace si l'on ne cherche pas à les dépasser! » Gilles se qualifia neuvième, ce qui était respectable pour un début sur fond de dépaysement complet. Il était même fou de joie et très fier à l'idée de partir de la cinquième ligne au côté de son idole, Peterson (Tyrrell P34), qu'il avait précédé d'un dixième…

16 juillet 1977. Jour de Grand Prix, première grande bataille pour le Québécois. Remonté de quelques places, il peut espérer terminer quatrième, et donc de marquer ses premiers points, lorsque son inexpérience lui joue un tour. Léo Wybrott, son chef mécanicien, explique : « Je lui avais énuméré tout ce qu'il devait avoir à l'œil pendant l'épreuve. J'avais seulement oublié de lui dire de ne jamais se soucier des manomètres, de garder le pied

au plancher quoi qu'il arrive... » Tout à coup, Gilles aperçoit l'aiguille du thermomètre d'eau pointée à son maximum. « Mon moteur va exploser », pense-t-il. Il rentre au stand , s'extirpe de sa monoplace, enlève son casque, se dirige vers Wybrott, penché sur le tableau de bord, constatant que le manomètre délire tout seul. Il renvoie Gilles illico dans l'arène. Pour avoir perdu du temps, il finira 11e à deux tours de Hunt. « Après la course, poursuit le responsable de sa monoplace, je lui ai recommandé que, dans un cas similaire, à l'avenir, il devrait rester en piste et foncer jusqu'à ce que ça pète. »

Malgré cette erreur, McLaren restait toujours sur sa bonne impression. Cela n'a pas empêché Mayer de lui préférer Patrick Tambay pour la saison 1978. Et de ne pas lui envoyer aucune convocation pour les derniers Grands Prix 77, dont il avait pourtant été question. Heureusement, M. Ferrari en personne songeait sérieusement à engager ce surprenant petit gars, son pilote Niki Lauda ayant été pressenti par l'écurie Brabham.

Dernières rumeurs d'Europe

Ce début en F1, Gilles retrouve ses marques à Halifax où il achève les essais avec la position de tête. Malheureusement, il sort de piste au 19e tour, laissant la victoire à Brack. Au championnat, ce n'est pas la joie. Il a glissé à la cinquième place...

Arrive l'épreuve de Saint-Félicien dans la région du Lac Saint-Jean, où quelques pilotes européens sont invités. On y voit ainsi Didier Pironi, un jeune Français prometteur, en lice sur une Chevron de Fred Opert. Raison de plus pour sortir le grand jeu! Connaissant des soucis aux qualifications, Gilles est obligé de surconduire et s'imprime sur le muret bordant la piste. La séance est interrompue pour dégager sa monoplace abîmée. Dave Morris demande à Richard Spénard de céder sa voiture à son coéquipier, ce qui n'est pas très bien perçu par le sacrifié. Gilles en fait un excellent usage, ne se préoccupant absolument pas de savoir à qui étaient destinés les réglages : *pole position,* qu'il transformera en victoire le lendemain. Il n'en est pas peu fier! Gilles et Didier ont lié connaissance et le Français lui a rapporté les dernières rumeurs d'Europe. Ferrari aurait des vues sur un certain Villeneuve et sur Eddie Cheever, jeune Américain vivant en Italie. Il est question de tests pour les départager. Gilles croit qu'il s'agit d'une blague. De toute façon, il est sous contrat avec McLaren, bien que les propositions de courir de l'équipe anglaise n'affluent pas.

Dans l'incertitude la plus complète quant à son avenir, Gilles n'est pas dans sa meilleure forme au moment de se rendre au Grand Prix de Trois-Rivières, où l'attendent de pied ferme Depailler et Laffite, mais aussi Rosberg. Il se qualifie en position de tête mais la course ne tournera pas en sa faveur.

En fin d'épreuve, un accident entre deux retardataires nécessite la sortie de la voiture de neutralisation, le temps que la piste soit parfaitement dégagée. Un instant d'inattention à regarder dans son rétroviseur les voitures qui l'escortent suffit pour qu'il manque le drapeau vert invitant à reprendre les hostilités! Trois concurrents en profitent pour le dépasser. La catastrophe à quelques tours de l'arrivée. Il essaie quand même de les rattraper, s'énerve, fait un tête-à-queue et achève la course en quatrième position derrière Cobb, Holmes et Depailler.

La dernière épreuve de Formule Atlantique se tenant à Québec est décisive pour le titre 77… Celle qu'il ne faut pas rater, satisfaction personnelle oblige, mais aussi parce qu'il y a une bourse alléchante sur la ligne d'arrivée! Pas moins de sept candidats peuvent y prétendre, dont trois sérieusement : Brack, Villeneuve et Rosberg. Pour rehausser le spectacle, Depailler et Laffite sont également à leurs affaires. Disputés sur un nouveau tracé qui serpente dans le Parc d'expositions de la Vieille Capitale, les essais du pilote de Berthier sont très mouvementés.

D'abord, il tombe nez à nez avec une monoplace qui vient juste d'effectuer un tête-à-queue. La March est trop abîmée pour lui permettre de bien se qualifier. Gilles se rabat donc sur la voiture de Spénard, qu'il faut un peu préparer avant de la lui confier. Très pointilleux, trop au goût du pilote, les mécaniciens tardent à le lâcher. Harnaché, de plus en plus impatient – les minutes s'écoulent, il n'en reste plus guère – Gilles s'énerve. Quand il reprend la piste, enfin, avec pratiquement plus de temps pour améliorer sa position sur la grille de départ… il touche un mur et doit se contenter du troisième temps.

Pas de quoi le tranquilliser pour une compétition de cette importance. Heureusement, la course prend des allures de débâcle… pour les autres. Rosberg commet une faute de pilotage puis endommage sa monoplace en heurtant Rahal; Brack a des embrouilles avec son embrayage. Pour finir, Rahal, qui aurait pu gagner, doit observer un arrêt à son stand. Le plus chanceux de tous, Gilles Villeneuve, remporte à la fois la course, le titre pour la deuxième année consécutive, et surtout les dollars! Résultat du championnat : 114 points pour Villeneuve contre 92 à Rahal et 87 à Brack. La concurrence s'est révélée effectivement plus dure que l'année précédente.

Vue de l'extérieur, cette vie itinérante de circuit en circuit, de région en région, avec femme, enfants et bon chien de garde, paraît bien fantastique. « Je cuisinais et offrais à manger aux mécanos parce qu'à l'époque, les équipes ne se déplaçaient pas avec leurs grosses caravanes et un cuisinier spécialisé. S'ils ne venaient pas se restaurer chez nous, ils ne mangeaient rien de toute la journée, ou quelques casse-croûte. Je me disais que tant qu'à faire la cuisine pour nous quatre, autant la faire pour tout le monde! Cela partait d'un sentiment d'entraide, de camaraderie. Seulement sympathique et normal. De toute façon, Gilles n'appréciait pas vraiment de voir sa caravane envahie par d'autres que sa famille ou ses amis proches. C'est sûr que l'on riait, que l'on plaisantait... On s'amusait plus en ce temps-là qu'aujourd'hui dans un paddock de course. Simplement parce qu'il y avait moins d'argent en jeu et que cela incitait les gens à s'entraider. Il y avait beaucoup moins de responsabilités, de pression. Les joyeuses tables... c'était plus dans cet esprit-là!

« Pour ce qui est des bons copains, nous n'avions ni le temps ni les moyens financiers d'entretenir des relations suivies avec eux. Quand il pouvait revoir ses copains de toujours, ceux qui partageaient sa passion pour la mécanique et la conduite rapide, Gilles était heureux. Mais ce n'était pas souvent possible. »

De toute façon, la culture de l'amitié réclame un minimum de relations sociales. Or, en dehors des besoins de la compétition, Gilles n'en voyait pas l'utilité, préférant se coucher pas trop tard car le travail technique l'attendait le lendemain matin. Il passait pour un gars sympathique car il parlait à tout le monde dans le paddock.

Même avec le temps, la passion tenaillait toujours autant Villeneuve. Les bruits, les odeurs, les sensations le transportaient de bonheur. On eut, par la suite, tout le loisir de s'en rendre compte. Il adorait faire hurler et martyriser ses pneus pour sentir l'odeur du caoutchouc brûlé et voir s'élever une fumée bleutée. Balancer sa voiture – berline ou monoplace – à l'entrée des virages pour ensuite la rattraper quel que soit le cas de figure imposé, sortir d'un virage en crabe, entendre les pneus grincer, arracher l'asphalte ou se délecter du grondement d'un moteur mis à la torture... c'était tout Gilles!

Jacques Deshaies confirme le peu d'importance que l'argent avait pour le pilote de Berthier. « Il n'avait qu'une priorité en tête : la vitesse, sa grande passion! Bien sûr, il lui avait toujours fallu trouver de l'argent pour courir en Formule Atlantique, mais il n'était pas obsédé par le bas de laine. Il avait besoin d'une somme d'argent pour une saison? Il se débrouillait pour en trouver. »

Parallèlement à la Formule Atlantique, et toujours en attente de convocations de la part de McLaren, Gilles « meublait » son emploi du temps en pilotant quelquefois une grosse Dallara de Walter Wolf dans la série américaine Can-Am. Encombrante pour qui vient de la monoplace, mais terriblement puissante avec son moteur Chevrolet 5 litres, cette voiture ne lui laissera pas un souvenir impérissable puisque, sur quatre courses, trois se solderont par un abandon pour cause mécanique.

Au cours d'un week-end d'Endurance et de Can-Am à Mosport, soit cinq semaines après ses débuts F1 à Silverstone, il a croisé Teddy Mayer, le patron de McLaren, venu superviser la BMW pilotée par Ronnie Peterson et David Hobbs. Le patron comprit l'impatience du jeune Québécois : « Si une proposition vous parvenait, n'hésitez pas à la saisir », lui conseilla-t-il. Son honorable prestation de Silverstone n'avait donc pas empêché Mayer de lui préférer Patrick Tambay, comme le disait la rumeur. Tout à coup, le ciel lui tombait sur la tête! Restait, effectivement, une chance avec Ferrari. Mais il n'osait y croire. Trop belle. Trop tout...

Vrais débuts en Formule 1

Installé devant son poste de télé, les yeux rivés sur le Grand Prix de Grande-Bretagne, le *Commendatore* avait décelé un sacré tempérament chez ce débutant au courage et à la générosité extraordinaires. Il s'était dit que ce diamant brut pourrait être peu à peu poli en champion dans son équipe. Sachant que Lauda, en froid avec lui, ne ferait pas de vieux os dans sa *Scuderia*, il avait demandé à sa secrétaire de trouver le numéro de téléphone de ce Villeneuve, de l'appeler et de lui passer l'appareil.

La voix féminine annonçant M. Ferrari ne pouvait pas mieux tomber dans la caravane du jeune couple garée sur l'emplacement de l'ancienne maison mobile, en face de la maison paternelle. Le moral, qui était au plus bas, reprend aussitôt des forces. Évidemment que Gilles serait heureux, et même comblé, de piloter une Ferrari! Même dans ses rêves les plus fous, il n'a jamais foncé sur un circuit au volant d'une monoplace rouge… Enzo Ferrari désire le connaître et lui propose de le rencontrer dans son bureau, en Italie, dès que son emploi du temps le permettra. « Les frais de votre déplacement vers moi vous seront remboursés », avait souligné le vieil homme. Belle élégance.

À l'été, Gilles et Gaston décident de passer par l'Angleterre pour liquider l'affaire McLaren avant de poursuivre leur voyage européen vers l'Italie, où M. Ferrari en personne songe sérieusement à engager ce surprenant jeune homme, son pilote Niki Lauda ayant été pressenti par l'écurie Brabham.

Teddy Mayer est « désolé » devant ces Canadiens exigeant le respect du contrat portant sur les trois derniers Grands Prix de la saison 77 à Watkins Glen (États-Unis), Mosport (Canada) et Mont Fuji (Japon), tous trois meublant le mois d'octobre. Il ne peut satisfaire Gilles. Il reste que ce dernier a un fil à la patte avec cette option pour 78. Gaston Parent négocie, Mayer consent : Villeneuve peut signer avec Ferrari mais renonce à ses 25 000 $. L'option 78 est effacée. Finalement, Mayer paiera 6 000 $ au pilote, qui commençait à être sérieusement mal à l'aise dans ces discussions de marchands de tapis. Il serait parti depuis longtemps, abandonnant tout l'argent sur la table, s'il s'était trouvé seul face au *boss* de McLaren.

La deuxième partie du saut européen concerne des négociations plus enthousiasmantes. Gilles et Gaston sont introduits dans le fameux bureau du patriarche de Maranello suivant un protocole inspiré du Vatican. Mais, habitué aux discussions franches et peu sensible au cérémonial, le jeune homme s'exprime librement, comme s'il s'adressait à n'importe quel grand-père. Sauf que celui-là, tout comme lui, ne respire et ne vit que pour la compétition.

Né deux ans avant la fin du XIXe siècle, pratiquement comme la course automobile, Enzo était issu d'une famille très simple de Modène, dont le père était ferronnier. Il avait débuté dans la vie comme chroniqueur de football pour la presse locale. Trois évènements l'ont bouleversé et ont tracé les grandes lignes de son existence : la guerre de 14-18, la course automobile découverte à Bologne à l'âge de 10 ans, enfin, la mort de son fils adoré, Dino.

À cause de cette fichue guerre menaçante, mais probablement aussi parce qu'il n'était pas un fils de famille, Enzo n'avait pas usé son fond de culotte sur un banc de l'école. Simple muletier dans un régiment spécialisé dans le transport de troupe et de matériel, il avait été démobilisé à 20 ans pour raison de santé. La perte de son père et de son frère avait encore plus noirci cette époque. Enzo se sentait seul et désespéré, sa candidature chez Fiat, à Turin, n'ayant pas été retenue.

Très jeune, lorsque son père l'avait amené voir une course, il avait éprouvé une profonde émotion. Le milieu automobile l'attirait toujours et il ne se fit pas prier lorsqu'un petit constructeur de Milan l'invita à essayer ses voitures. Il avait participé à quelques courses, était entré chez Alfa-Romeo comme vendeur... pour finir pilote. Puis, après quelques péripéties, naquit Ferrari-Alfa, puis Ferrari tout court du jour où il devint constructeur à part entière plutôt que préparateur des Alfa-Romeo.

Quelques années après la guerre, sur un circuit où il courait, Enzo fit la connaissance des parents de Francesco Baracca, héros de batailles aériennes, qui avait servi dans la même escadrille que son pauvre frère Alfredo. Ils lui avaient offert ce jour-là l'insigne du Cavallino Rampante (le cheval cabré) que portait fièrement l'avion de chasse de leur fils avant d'être abattu. Très touché, Enzo Ferrari en avait fait le symbole de son écurie dès sa création, en 1930. Il avait simplement fait ajouter un fond jaune, la couleur de sa chère ville de Modène.

Le deuil le plus cruel qu'il dut affronter fut celui de son fils Dino emporté, à 24 ans, en 1956, par la dystrophie musculaire. Il en fut tellement abattu, choqué, qu'il fut à deux doigts de se suicider et traversa une période mystique. L'homme à qui l'on prêtait un cœur de pierre n'était en fait qu'un tendre dissimulant farouchement ses sentiments...

Enzo Ferrari et Gilles : un attachement privilégié

« C'était un grand monsieur, se souvient Joann. Quand je l'ai rencontré à mon tour, j'ai été frappée par cet homme imposant, à la personnalité calme et tranquille.

« Quand il aimait quelqu'un, il l'aimait profondément, mais s'arrangeait pour masquer ses sentiments. Par pudeur masculine, par l'éducation reçue? Je crois qu'il a beaucoup aimé Gilles. Je crois aussi avoir été la première femme de pilote à qui il ait offert un petit cheval cabré serti de diamants. Nous étions à Fiorano dans le petit salon de sa maison à volets de bois rouge bordant la piste. Marco Piccinini est descendu du bureau de M. Ferrari et m'a présenté un écrin en cuir marine. En l'ouvrant, j'ai été surprise par les scintillements de ce petit cheval. Devant notre surprise, Marco dit en souriant : " Il vaut plus qu'une Ferrari. " Difficile de comprendre la valeur de ce cadeau. Ce geste avait été suscité par l'aide que Gilles avait apportée à Jody afin qu'il triomphe au championnat 1979. Le *Commendatore* avait beaucoup apprécié sa loyauté.

« Ce monsieur si vénéré en Italie avait un attachement privilégié à Gilles. Cela était inspiré par sa personnalité, sa façon d'être : honnête, franc, droit. Si je fais une erreur, j'en porte la responsabilité. Si elle incombe à la voiture, je le souligne aussi. Avec Gilles, il savait exactement ce qu'il en était. Il adorait par-dessus tout sa combativité. Enzo Ferrari a toujours eu un faible pour les pilotes courageux, braves, qui ne baissaient jamais les bras.

« Il entretenait une affection toute particulière pour Gilles et son entourage. La candeur de mon mari le touchait. Il était surpris de l'absence de mesquineries, de calculs chez lui! Il admirait ses valeurs peu communes, même s'il pouvait être d'une dureté atroce, Enzo. Avec Gilles, jamais il n'a été dur et cassant. Je crois qu'il lui a pardonné beaucoup plus de frasques qu'à ses autres pilotes. Au tout début, devant ses fréquentes sorties de pistes, il a fait preuve d'une grande patience. De même que pour les pièces et les organes de la voiture qu'il martyrisait en " tapant dedans ", Il préférait exiger toujours plus de robustesse de la part des concepteurs et fabricants. Il ne lui serait jamais venu à l'idée de demander à Gilles plus de pondération... »

Le Québec apprend la nouvelle

Villeneuve est tellement content d'avoir été remarqué par cet homme qu'il aurait signé les yeux fermés son précontrat. Gaston Parent essaie de « gratter » un peu plus que prévu, notamment pour couvrir les frais de déplacements de sa petite famille. Pour rien au monde, le jeune homme ne voudrait changer ses habitudes ni sa façon d'être. D'abord très étonné par cette requête – on n'a encore jamais vu un clan familial suivre un pilote sur tous les circuits du championnat du monde – le *Commendatore* consent. Pour le reste, ce qui concerne les gros sous, Gilles est de plus en plus dans ses petits souliers. S'il était là, tout seul avec cet auguste patron, c'est certain qu'il aurait déjà tout accepté!

Tout est consigné en marge de ce qui va prendre l'allure d'un véritable contrat à signer en fin d'après-midi, y compris les revenus du pilote : 75 000 $ pour la saison, un intéressement (25 %) aux commandites de la voiture, la liberté de négocier sa combinaison avec des commanditaires personnels, enfin 15 000 $ pour participer aux frais de la famille. Splendide promotion de discipline, de matériel, qualité de vie et, non la moindre, régularité de travail. Courses, mais également essais!

À Modène, les rituels de Ferrari ne trompent personne. Enzo dînant léger et se couchant tôt, comme il convient à son âge, a confié ses hôtes à son bras droit, Ennio Mortara. Le repas dans l'incontournable restaurant dédié à la gloire du Cheval Cabré est l'occasion, pour le patron, d'obtenir le premier autographe d'un tout nouveau Villeneuve. On se passe le mot, du serveur au barman, puis de l'extérieur on accourt à sa table! Un peu plus tard, Gilles et Gaston regagnent leur chambre de l'hôtel Fini, réservée par Ferrari! Grâce au téléphone, tout le Québec est bientôt averti de l'heureuse nouvelle. Certains avec force détails. Le sommeil sera court. « Nous dormirons mieux dans l'avion! », plaisantent les deux hommes.

Le lendemain matin, première conférence de presse près de Carlos Reutemann, pilote argentin de la *Scuderia*. Puisque l'heure est aux grandes nouvelles, l'annonce est faite que Gilles Villeneuve pilotera une troisième Ferrari au prochain Grand Prix du Canada, puis au Japon dans la foulée. Toute expérience est bonne à prendre. La saison prochaine, ce sera le véritable envol.

Quelles motivations ont poussé Enzo Ferrari à recruter un débutant en Formule 1? « J'ai pris la décision d'engager Gilles Villeneuve car je suis convaincu qu'avec une préparation bien adaptée il est possible – à condition qu'il existe une prédisposition et un talent naturels – de " construire " un pilote. » Une intuition, une émotion ont aussi guidé son choix. Gilles est d'un petit gabarit, tout comme Tazio Nuvolari, pilote qu'il admirait beaucoup autrefois. Toujours à l'attaque, dans n'importe quelle situation! « Jusqu'au-boutiste » comme le Canadien. Gilles est, pour l'homme aux cheveux blancs, sa réincarnation tout crachée. « Je suis un émotif, avouera un jour Enzo Ferrari. J'ai constaté dans la vie que nous sommes portés à prendre des décisions à la suite d'émotions et non pas à la suite de froids raisonnements. »

C'est l'occasion de faire connaissance avec la presse italienne du sport automobile et de la région. Puis, pour amuser tout le monde – mais devinez qui est le plus heureux? – le futur pilote de la *Scuderia* se glisse dans une 312T2 et s'enfuit sur les accélérations endiablées de son Flat 12 de 3 litres, non sans avoir accordé un magnifique tête-à-queue à tous les badauds. Gilles s'agite tellement sur le circuit « maison » qu'il est déjà l'heure de passer par le département plasturgie pour cause de siège baquet. Le temps manque, on ne peut en mouler un en bonne et due forme. Le gabarit du Québécois est plus proche de celui de Lauda que de Reutemann. Ils en saisissent un sur l'étagère de l'Autrichien, le bricolent, le rembourrent de mousse et le confient à leur nouveau pilote. Cela fera l'affaire et, surtout, son nouvel occupant peut rentrer avec au Canada.

Avion complet? Pas pour un pilote Ferrari!

Le retour à Montréal s'engage mal. Gilles et Gaston tombent pile dans l'une de ces innombrables grèves qui paralysent souvent les avions sur le tarmac. Pour qu'ils aient plus de chances de s'envoler au plus tôt, on les conduit à Rome par voiture. L'accompagnateur-homme d'affaires raconte : « En raison de la grève, le hall de l'aéroport était bondé de candidats au départ. Je propose à Gilles de faire enregistrer son encombrant siège. " Surtout pas! Dans les soutes, on balance paquets et bagages sans ménagement. Et, qui sait, on pourrait le voler? " »

Comme tous les avions affichent complet, les deux hommes s'adressent au chef d'escale… qui confirme l'évidence. Soudain, notre homme s'aperçoit qu'il a devant lui le nouveau pilote de la *Scuderia*. D'un coup, bien sûr, tout change, tout entre dans le domaine du possible. Même un surclassement gracieux en première classe dans le prochain avion pour Montréal, avec l'autorisation de faire suivre l'encombrant paquet en cabine! Pendant tout le vol, les agents de bord n'arrêteront pas de faire des pieds et des mains pour offrir une coupe de champagne à l'heureux élu du « pape » de Modène. « Non, sans façon, répond invariablement le passager chouchouté, insensible aux jolies petites bulles blondes : je ne bois que du coca et du soda. »

Inimaginable! Alors que le passage chez Ferrari était réservé aux pilotes F1 ayant déjà fait étalage de leur savoir-faire dans la discipline reine, lui, le petit Canadien de la lointaine Formule Atlantique pouvait entrer par la grande porte de la légendaire équipe! Pire, dès le Grand Prix du Canada, il héritera de la monoplace de M. Lauda, fraîchement assuré de la couronne 77. Depuis quelque temps, les relations de l'Autrichien avec le *Commendatore* tournaient au vinaigre. Niki avait du mal à digérer la mise à pied de son fidèle mécanicien Ermanno Cuoghi, accusé d'avoir facilité ses démarches secrètes avec Brabham, et s'était offusqué qu'une troisième monoplace soit alignée pour un débutant. L'écurie n'avait pas les moyens humains de contenter tout le monde, pensait-il. Devant bientôt rejoindre la formation anglaise, Lauda a tout bonnement déclaré forfait pour les deux dernières courses.

Réglée au goût fin de l'Autrichien, c'est-à-dire aux antipodes de ce qu'apprécie Gilles friand de dérives et de larges glissades, la « molle » Ferrari du nouveau est menée de mains de maître sur le circuit de Mosport où elle fait le régal des spectateurs en tournoyant sur elle-même comme une folle à plusieurs reprises. Il obtient le 17e temps de qualification pour cause de sortie de piste le vendredi et de pluie le samedi. Gilles se sort les tripes le dimanche, mais sa remontée, survoltée, est entravée par deux tête-à-queue et la rupture d'un demi-arbre. Sans doute a-t-il trop demandé à sa mécanique en repartant de sa deuxième figure libre!

Piloter pour Ferrari sur ce circuit de Mosport qu'il connaît bien n'a rien changé aux habitudes de Gilles Villeneuve. La caravane, Joann, les enfants et le chien ont suivi, au grand étonnement de la presse spécialisée qui n'a encore jamais vu de pilote F1 bohémien, une chambre dans les plus grands hôtels étant toujours réservée par l'équipe... Les temps ont changé. Aujourd'hui, mode est revenue aux luxueuses, extensibles et surpuissantes auto-caravances venues d'Amérique. Curieusement, mais est-ce vraiment une surprise, c'est Jacques Villeneuve qui l'a réactualisée, puis ses copains ont suivi. Coulthard, Button, Barrichello... Ils sont une bonne demi-douzaine à sillonner l'Europe de Grand Prix en Grand Prix ainsi..., par chauffeur interposé, tout de même.

Aucun bouleversement, donc, pour les Villeneuve. « Je vis en caravane par commodité, confie le pilote aux journalistes les plus curieux des choses de la vie. Je n'aime pas me séparer de ma famille. Bien sûr, ma femme préférerait que je fasse un autre métier. Mais elle a toujours eu le mérite de me remonter le moral, de m'encourager. Elle m'écoute attentivement et je lui demande souvent conseil : j'ai une confiance absolue en elle. »

En Formule 1, comme dans les disciplines inférieures, Joann entoure Gilles de sa présence discrète, silencieuse quand c'est nécessaire dans le compte à rebours de la course. Elle préside sans s'imposer, sans ajouter de stress, aux préparatifs. Et lorsque Gilles, au dernier moment, prend congé d'elle, c'est invariablement avec les mêmes mots : « Attends-moi, ça ne sera pas long. »

Comme toutes les femmes ou mères de pilotes, le moment de la course qu'elle redoute au-delà de tout est le départ, source de dangers dans le tumulte et parfois le cahot. Mais elle essaie de chasser son inquiétude en se disant que Gilles est l'adresse même, capable de se sortir des situations les plus épineuses. Elle lui fait confiance.

Au Japon, il ne parvient pas à faire progresser les réglages pour obtenir une digne qualification. Sa recherche insatiable des limites de la voiture augmente sa collection de tête-à-queue et la presse transalpine s'interroge sur la dernière inspiration d'Enzo Ferrari. Le dompteur et la machine rétive ne sont pas sur la même longueur d'ondes. Dernière solution pour Gilles : laisser libre cours à son gros cœur en début de course pour remonter le peloton! Fidèle à son savoir-faire, il freine au tout dernier moment pour surprendre ses adversaires, et cela fonctionne plutôt bien jusqu'au moment où Peterson (Tyrrell), son maître, à présent son étalon, est sa prochaine proie.

Sauf que Ronnie n'est jamais le dernier à pratiquer le freinage-suicide, encore moins lorsqu'il a le feu aux trousses. La manœuvre du Canadien lancé en bout de ligne droite à plus de 260 km/h est un brin trop enthousiaste. Sa roue avant gauche escalade la roue arrière droite du Suédois et la Ferrari, devenue avion, retombe lourdement au-delà du rail de sécurité. Le drame. Un commissaire de piste et le photographe qu'il tentait de faire déguerpir sont tués sur le coup. D'autres personnes sont blessées par des débris. Indemne, Gilles regagne les stands, casque à la main, sans regarder le spectacle de désolation derrière lui. Aurait-il le courage de reprendre le volant plus tard s'il voyait la triste réalité?

Il doit cependant rester au Japon quelques jours pour les besoins de l'enquête policière. Il est finalement déclaré non coupable, principalement par le fait que les deux malheureuses victimes se trouvaient dans une zone interdite. Dès son retour en Europe, convocation d'Enzo Ferrari! « J'avais une peur bleue d'être viré... »

Gilles explique en détail ce qui s'est passé et attend les foudres du vieil homme. Mais ce dernier lui donne l'absolution et lui conseille de chasser au plus vite les images noires...

La page 1977 est tournée. Ayant l'appui de M. Ferrari, le petit bonhomme ne doute pas. « S'il m'a engagé, c'est parce qu'il juge que je pourrai être à la hauteur. Cela n'arrivera pas du jour au lendemain. J'ai besoin d'un maximum de temps pour courir dans de bonnes conditions. Certains me considèrent comme un nouveau Lauda? Ça ne veut rien dire. J'espère seulement avoir le même succès que lui. Pour le reste, mon nom est Gilles Villeneuve! »

Pour la présentation de la Ferrari T3 au moteur à 48 soupapes, dont la puissance maximum atteint, dit-on, les 510 ch, Enzo Ferrari glisse aux invités au sujet de son « jeune » : « Il ne faut pas condamner un pilote parce qu'il a eu la malchance de sortir de piste en course. Fin octobre 78, nous jugerons la façon dont il aura évolué. Pour ma part, j'attends confirmation du talent qui nous a été signalé. »

CHAPITRE 4
1978 : « L'ACROBATE »
FRANCHIT LES LIGNES D'ARRIVÉE

Peu à peu, Gilles prend conscience qu'il vient de franchir la porte du saint des saints plus que d'une « simple grande » écurie de Formule 1. Pour les Italiens, Ferrari est une institution, un monument sacré où chaque jeune de la péninsule rêve de travailler. Même dans le plus modeste des ateliers. Contribuer à faire la moindre petite pièce de cette voiture rouge est un service rendu à la nation; une fierté personnelle, un honneur; la reconnaissance éternelle de la famille, du quartier, du village. Ferrari alimente les discussions de comptoirs, de banquettes de trains, les bavardages de cours d'écoles. Les dimanches de Grands Prix, tout un pays retient son souffle et ne désire qu'une chose : voir une voiture de Maranello battre à plate couture une rivale *inglese*. Brabham, Tyrrell, Lotus, McLaren, Williams... ces équipes qui, selon l'image que le *Commendatore* en avait « n'étaient que des assembleurs », des « garagistes », et non un constructeur tel que lui.

Les pilotes chargés de les faire gagner sont considérés comme des demi-dieux. Gilles, dont le désir est de s'installer en Europe avec sa famille, a vite compris qu'il devra éviter l'Italie, où il ne peut faire un pas sans être reconnu, suivi, imploré pour un autographe. De plus, il ne parle pas encore italien, ce qui l'embarrasse un peu. Il appelle son ami Patrick Tambay à Cannes... La côte d'Azur, pas très loin de Fiorano, serait un excellent point de chute. Et la scolarité des enfants – Jacques va déjà sur ses sept ans – ne serait pas perturbée.

Dans un premier temps, la famille québécoise presque au grand complet – il manque Princesse – débarque chez Tambay, retenu en Angleterre pour cause d'aménagement près de l'usine

McLaren. Quelques semaines plus tard, les Villeneuve s'installent à Plascassier, sur les hauteurs de Grasse. La maison qu'ils louent à la sortie du village est splendide, proche de celle de Barbara et Walter Wolf, dont l'écurie de Formule 1 est lancée avec Jody Scheckter pour pilote.

Plus rapide pour les enfants qui se sont vite trouvé des camarades de jeux, l'adaptation de Joann et Gilles au midi de la France ne s'est pas faite instantanément. Au plaisir d'aller dénicher des meubles ici et là, s'est ajoutée la recherche plus problématique de produits de consommation habituelle. Gilles n'a jamais été un gourmet curieux de découvrir de nouvelles saveurs au cours de ses déplacements. Le steak-frites est resté la base idéale de ses repas. Il se contente d'une barre de chocolat le midi pendant les essais privés. Il déteste perdre du temps à table et se moque bien des petits vins du cru local, pourtant renommés. Il préfère de très loin ses bonnes vieilles habitudes, comme le lait frais à chaque petit-déjeuner. Au Québec, Joann n'avait qu'à ouvrir la porte pour saisir la bouteille au petit matin... Et puis, essayez de trouver à Plascassier, à Grasse ou même à Cannes du beurre d'arachide pour en tartiner les tranches de pain... Le pain, Gilles ne l'apprécie qu'en tranches, avec beaucoup de mie. Les baguettes croquantes, dorées, encore tièdes et parfumées du boulanger du coin ont beau être délicieuses, il les trouve toujours trop dures. Charge sera alors donnée aux rares journalistes québécois qui le suivront de course en course de lui rapporter du pays ces spécialités introuvables et dont il ne saurait se passer.

« Nous sommes bien installés, nous nous plaisons à cet endroit, il n'empêche, fait remarquer Gilles, le Canada reste le Canada. Je préfère le mode de vie nord-américain. Le hamburger et le hot-dog que je trouve ici sur l'autoroute n'ont pas le même goût. J'ai un peu la nostalgie de mon Québec, des grands espaces au volant de ma Mustang ou de mon Bronco 4 x 4. » Pour se déplacer, au début, Gilles utilise une petite Fiat prêtée par son équipe, avec laquelle il part souvent pour quelques jours à Fiorano, la piste d'essais privés balisée d'instruments de mesure dernier cri où l'on fait systématiquement le tri des nouvelles solutions. « Tout est inspecté, quantifié, qualifié, disséqué de façon à trouver les réponses à tout ce que nous cherchons. »

Puis, les essais d'intersaison commencent sur le circuit Paul Ricard, planté en pleine Provence, sur les hauteurs de Bandol. Au « Ricard », comme on dit en France. Carlos Reutemann est naturellement le testeur numéro 1 d'une Ferrari hybride pour commencer. Rien ne presse. La future T3, dont l'aérodynamique a été étudiée dans les souffleries de Pininfarina et de Fiat, fera ses débuts en course dès qu'elle donnera entière satisfaction. Pour le moment, le directeur technique de la *Scuderia*, Mauro Forghieri, s'applique à doter le jeune Villeneuve – qui a deux secondes au tour à combler par rapport à son coéquipier – d'un vrai bagage technique.

« À Silverstone, lorsqu'il avait piloté la McLaren, j'avais retenu de Gilles son inexpérience mais un grand potentiel, se souvient l'expansif Mauro. Un pilote extrêmement rapide. Il pouvait l'être intuitivement sur n'importe quelle machine. Mais gagner des courses et se forger un avenir appréciable en F1 lui réclamait un travail sur lui-même. Il lui fallait apprendre le fonctionnement, le comportement, le caractère et les réactions de sa monoplace en fonction des changements de réglages que nous lui apportions. Il devait exiger d'elle et de lui une parfaite mise au point. »

L'entente entre les deux hommes, excellente, basée sur une grande admiration réciproque et le feu de la passion, ne sera pas sans heurts, chacun défendant farouchement ses points de vue. Mais leurs disputes seront toujours saines, leurs éclats de voix tombant tout à coup pour essayer telle ou telle chose de nature à faire avancer la Ferrari plus vite.

Les tête-à-queue ne se comptent plus tant Gilles cherche à comprendre sa monoplace dans les moindres détails. Pour cela, aucune autre solution que de côtoyer la limite, parfois la dé-passer malencontreusement. Boîtes de vitesses, embrayages, arbres de transmission et pneus subissent sa « puissance destructrice », obligeant Ferrari à produire des pièces, des organes toujours plus résistants. Ce n'est d'ailleurs pas pour déplaire au *Commendatore,* désireux de voir ses monoplaces aller toujours plus loin dans un domaine où performances et fiabilité ne font pas souvent bon ménage.

Un autre sujet épineux concerne les pneus. Si, jusque-là, les Ferrari étaient chaussées par Goodyear, les débuts de Villeneuve au sein de la *Scuderia* marquent également ceux de Michelin et toutes les parties luttent sérieusement pour atteindre un niveau d'adaptation intéressant. Le choix des enveloppes devient un bon casse-tête pour Gilles, les Grands Prix venus. L'obligation d'interrompre à une, voire deux, reprises une éblouissante remontée dans le seul but de changer ses pneus usés jusqu'à la corde n'est pas rare. Y renoncer? Cela comporterait trop de risques, et rendrait le comportement de sa monoplace encore plus imprévisible, plus vicieux. Bref, il doit toujours se tenir sur ses gardes! Et avoir à vivre, en plus, quelques accrochages ou incidents inopinés. Peterson (Lotus) au Brésil, Regazzoni (Shadow) à Long Beach (États-Unis), le fracas contre le rail dans le tunnel de Monaco à la suite d'une crevaison, son moteur cassé en Afrique du Sud (où la T3 a pris la relève de la T2), la transmission en Angleterre. Dès son retour de Californie, où la victoire lui était pourtant promise, Enzo Ferrari le convoque dans son bureau de Maranello. D'un ton un peu plus sec qu'à l'habitude, il lui lance : « Monsieur Villeneuve, sachez que les Ferrari ont l'habitude de franchir la ligne d'arrivée! »

Alors que seulement cinq épreuves restent à disputer, le Québécois ne totalise que trois malheureux petits points… Mais il préfère considérer le seul côté positif, encourageant, du chemin déjà parcouru. « À Long Beach, parti de la première ligne de grille, je suis resté en tête pendant la moitié de la course. Sans mon accrochage avec Clay, je devais gagner. Si mes pneus avaient tenu en Belgique, j'aurais aussi gagné. Pour la suite de la saison, tout sera fonction des progrès de Michelin. Ils travaillent très fort pour sortir de nouvelles gommes et ils ont tout de même permis à Carlos de gagner déjà trois Grands Prix. » Très juste, mais dans le même temps, Goodyear s'active aussi pour conserver la suprématie due à son expérience.

Les pneus, c'est certain, donnent du fil à retordre à l'équipe Ferrari, mais l'inexpérience de Gilles qu'il s'efforce de combler de course en course, n'entre-t-elle pas en ligne de compte dans ses maigres résultats? « Je n'en sais rien. J'ai été victime de circonstances défavorables. Je crois que mon inexpérience a beaucoup moins joué que les gens peuvent le penser. J'éprouve, c'est vrai, des difficultés avec les pneus. Carlos aussi. Hormis ses trois victoires, il n'a obtenu qu'une quatrième place. Donc, quand ça va, ça va bien. Quand ça ne vas pas, ça ne va pas du tout! Avec les pneumatiques, c'est tout ou rien. Pour ma part, ils ont parfois été efficaces, je n'ai pas su en profiter au bon moment. J'aimerais avoir terminé plus de courses en bonne position. Mais les performances que j'ai réalisées ne sont pas non plus négligeables. Je crois avoir montré que je suis compétitif et j'ai parfois réalisé les mêmes temps que Carlos aux essais, ce qui est une bonne référence, à mon avis. »

Son entente avec Reutemann est bonne même s'il ne se tord pas de rire tous les jours avec le beau et ténébreux argentin. « Il est très sérieux, travailleur et froid de nature, un peu comme moi. Nous avons mis quelque temps avant de nous " dégeler " mutuellement. À présent, nous nous connaissons assez bien et l'on s'entraide. Il est très rapide, beaucoup plus que les gens ne le croient, et commet très peu de fautes. » Parce que « cérébral ». Parfois un avantage, parfois un défaut.

Dans les paddocks, la « Formule » Villeneuve...

Nous nous sommes complètement habitués à voir la famille Villeneuve vivre dans un coin discret des paddocks, dans une caravane où bien peu de personnes ont pénétré. Jardin secret! « Il est très bien équipé, assurait Gilles. Aussi bien qu'une maison, et même un peu mieux. Pierre, un de mes amis d'enfance l'amène de circuit en circuit et s'en occupe entièrement. Cette formule me plaît, car elle me permet de me lever plus tard et de me coucher quand je veux le soir, de manger quand je veux aussi, et ce que j'ai envie de manger! De ce côté-là, je suis assez difficile! Surtout, cette formule me permet d'amener mes enfants, sinon je ne les verrais pas de tout l'été. Ils ont déjà sept et cinq ans et je préfère les voir grandir plutôt que de m'apercevoir, un jour, lorsqu'ils auront dix-sept et quinze ans, que j'ai déjà deux adolescents. Ce *motor home* est la seule manière d'avoir une vie normale en famille.

« Vivre quatre jours enfermé dans un paddock de GP ne me dérange pas. Je ne suis pas d'un naturel visiteur et cette vie cadre plutôt bien avec mon caractère, par certains côtés solitaire. Seule la piste où je cours m'intéresse. Le soir, c'est même agréable, lorsque l'enceinte du circuit est vidée de sa faune et de l'agitation liée à la compétition. On fait parfois un barbecue à côté. Passé dix heures, plus de bruit, on s'endort très bien et toujours dans le même lit. Un autre avantage sur l'hôtel! »

Le premier bon résultat, Gilles est allé le décrocher le 13 août sur les longs virages en appuis et le relief tourmenté de la piste de Zeltweg, en Autriche. Niché à flanc de montagne, ce circuit de pilotage et de plaisir pur – ce dont il rêvait lorsqu'il était jeune! – permet à Gilles de signer la troisième place dans le sillage de Ronnie Peterson (Lotus) et de Patrick Depailler (Tyrrell). Un petit triomphe! Moins d'un mois plus tard, c'est avec effroi qu'il vit le terrible accident de Peterson et Brambilla quelques centaines de mètres après le départ du Grand Prix d'Italie, à

Monza. Le Suédois mourra d'une embolie graisseuse en fin de nuit et Gilles, traumatisé, passera par tous les sentiments, refusant d'abord la réalité. Ses fractures n'étaient pourtant pas graves au point d'en mourir! C'était dimanche, a-t-on fait le nécessaire à l'hôpital de Milan? Y avait-il une équipe compétente de garde? Puis il finit par s'incliner. « Lorsqu'on est pilote de Formule 1, il y a du danger partout. Peut-être qu'un jour je me ferai mal aussi. Je ne pense pas à la mort, mais elle fait partie de mon métier. » Si Peterson est décédé, c'est en fait pour une raison à la limite du ridicule. Victime d'un traumatisme crânien profond, Brambilla a monopolisé les chirurgiens de nuit qui, du coup, ont négligé le Suédois et ses simples fractures...

Au deuxième départ de ce Grand Prix d'Italie, Gilles est pénalisé d'une minute pour envol anticipé. Du même coup, sa deuxième place finale – encore un gros progrès! – se transforme en septième place. Moteur cassé à Watkins Glen (est des États-Unis), il revient courir chez lui, cette fois à Montréal, où la Formule 1 commence à avoir une belle cote auprès des spectateurs. La ville entière accueille cette discipline mondiale à bras ouverts, d'autant plus que le coureur de Berthier pilote la plus prestigieuse des monoplaces.

Le circuit de l'île Notre-Dame, 4 670 km, serpente quasiment sur l'ancien tracé de la route, entre le Saint-Laurent et la voie maritime, en face du Vieux Port de Montréal. Un décor magnifique, rehaussé par les pavillons aux lignes ultra-modernes, voire futuristes, construits à l'occasion de l'Expo universelle 1967... Si Jackie Stewart compare ce circuit de deux millions de dollars à « un petit paradis au milieu d'un grand fleuve », Mario Andretti se montre moins poète à l'issue d'un tour de découverte au volant d'une berline. « *Holy shit!* Un circuit de go-kart promu pour la F1 et les Ferrari. Ils ont la chicane-mania ici! » Pour ensuite, devant l'énormité de ce qu'il a dit, prétendre que les journalistes ont rapporté n'importe quoi. La presse, qu'elle soit écrite, radio ou télé, n'a qu'une préoccupation pour le moment : approcher Gilles Villeneuve, un des acteurs du plus beau cirque du monde, et lui poser des questions en long, en large et en détail. On le donne en pâture au grand public québécois.

Après une première journée d'essais perturbée par la pluie, un vent glacial a séché la piste et les séances du samedi s'annoncent extrêmement importantes : pour prendre ses marques et trouver les bons réglages, les bons rapports de boîte, d'abord, ensuite pour gagner le meilleur emplacement sur la grille de départ. Au jeu de la vitesse maximum dans le plus grand nombre de secteurs possibles, Jody Scheckter (Wolf), Villeneuve et Jean-Pierre Jarier (Lotus) s'en donnent à cœur joie. Le Français à la réputation de pilote très rapide décroche finalement la première place. Depuis le précédent Grand Prix des États-Unis, il remplace le pauvre Ronnie Peterson au volant de la fameuse Lotus 79, la meilleure du plateau.

Premier « Ô Canada » sur ses terres

Dimanche 8 octobre. Près de 73 000 spectateurs venus acclamer le petit gars de chez eux sont transis de froid mais ne regretteront pas leur journée sur l'île Notre-Dame. Avant le départ du Grand Prix Labatt du Canada, un petit avion publicitaire traverse le ciel en tirant une banderole : « Bonne chance, Gilles! » Dans son habitacle, concentré et hermétique aux encouragements de ses compatriotes, Villeneuve guette le feu vert, prêt à bondir. Sauf qu'il n'est qu'en deuxième ligne… Devant, Jarier maintient le bénéfice de la position de tête et prend la poudre d'escampette devant Jones (Williams), Scheckter et le Québécois.

Au 15e tour, Jarier a déjà creusé un écart de 17,8 secondes sur Jones, aux prises avec une crevaison lente. Scheckter le double, puis Villeneuve. Dix tours plus tard, la Ferrari double la Wolf, handicapée par des problèmes mécaniques. Les spectateurs sont en transe. Mais ce diable de Jarier, dans son élégante Lotus à livrée noire et or, enfile toujours les secondes d'avance comme des perles. Dans la boucle suivant la mi-course, il plafonne à 31,4 secondes. Le moral nullement attaqué, le Québécois fonce dans son style acrobatique habituel, au plus grand plaisir de la foule des gradins. Freinages à la toute dernière limite, sorties de virages parfois en crabe, ... tout le registre « Villeneuve » y passe!

Enfin, Jarier perd de son avance. Gilles s'approche maintenant à raison d'une seconde par tour. Les freins de la Lotus battent de l'aile. Puis, une fuite à un radiateur d'huile inonde un pneu. « Godasse de plomb » (le surnom de Jarier), se retrouve de plus en plus à l'équerre. À la fin du 49e tour, il prend le chemin des stands, laissant Villeneuve émerger en tête. Avec 21 rondes à couvrir jusqu'au drapeau en damier, le pilote à la monoplace rouge pousse un peu moins sa machine. Il tend l'oreille, à l'écoute du moindre bruit anormal. Le comportement? Tout va bien. D'autant qu'il ne fait plus de fantaisies sur la piste. Au fur et à mesure qu'il s'approche de la ligne d'arrivée, il ménage de plus en plus freins, moteur et pneus. Quitte à décevoir ses admirateurs, il se laisse même doubler par le viking Rosberg, retardataire, mais avide de galoper avec sa modeste ATS souvent passée par les stands.

Le drapeau en damier s'abaisse enfin sur une première victoire en Formule 1 de Gilles Villeneuve! Et sur ses terres, en plus. Difficile de rêver mieux. À peine met-il le pied à terre que sa famille l'entoure. Joann, saisie d'émotion, son père si fier, Georgette, sa mère, Jacques le frère cadet, mécaniciens, ingénieurs, amis fidèles. Sur le podium, son cœur chavire en entendant les notes de « Ô Canada » s'élever des haut-parleurs et des tribunes. C'est un gars, il ne pleurera pas! Scheckter et Reutemann sont respectivement deuxième et troisième. Clin d'œil du destin? Jody sera son coéquipier la saison prochaine chez Ferrari en remplacement de Carlos, appelé à défendre les couleurs de Martini Lotus.

« Puisque ce succès ne devait pas me revenir, lance l'Argentin " Lole ", victorieux une semaine plus tôt à Watkins Glen, je suis heureux que Gilles soit récompensé. Il fait désormais partie des bons pilotes de F1, et devrait être champion du monde un jour. Jody devra bien se tenir l'an prochain. »

Lotus achève la saison par un doublé Andretti-Peterson devant Reutemann, et une belle victoire sur Ferrari. Villeneuve l'apprenti figure au beau milieu du classement des pilotes, 17 points, *ex aequo* avec Emerson Fittipaldi (Copersucar).

Pas un homme public

Joann vouait une admiration sans bornes à son pilote de mari. Attentive, patiente et suscitant ses confidences, elle peint aujourd'hui un portrait de son champion de Formule 1 sans couronne avec beaucoup d'amour et de justesse.

« Gilles appréciait la discrétion, la politesse, et désirait que l'on respecte sa vie privée. Il avait une délicatesse… Passion de la course, talent et sacrifices l'ont conduit jusque dans la plus grande écurie de Formule 1, mais il n'était pas un homme public. Il avait la hantise de la foule et des journalistes envahissants. Il adorait piloter, discuter avec les ingénieurs ou les mécanos, trouver des solutions aux problèmes techniques. Tout ça suffisait à son bonheur. Il aurait volontiers fait ce travail sans la dévotion du public. Peu de personnes le comprenaient. La majorité des gens estiment que puisqu'un pilote exerce un métier public, il leur appartient. Éducation et délicatesse étaient les qualités que Gilles estimait le plus chez les autres.

« En ce temps-là, j'étais plutôt effacée. Je prenais les temps, faisais mon petit " truc à moi " sans trop me mêler de ce qui se passait autour. J'avais épousé Gilles avant qu'il ne devienne pilote de Formule 1. Je composais donc avec le fait qu'il ait de nouvelles obligations, mais moi je vivais comme auparavant. Il aimait nous avoir auprès de lui. En dehors de la course, seule comptait pour lui sa petite vie de famille. Il y tenait plus qu'à tout.

« Nomades, un peu en exil sur les circuits européens… nous n'étions pas formés à cette existence-là, même si nous utilisions ce mode d'hébergement depuis longtemps sur les circuits du Québec. Nous avions commencé très tôt cette vie de nomade avec le vieux bus aménagé par Gilles. À présent, chez Ferrari, tout était plus facile mais nous avions à vivre dans un tourbillon *jet set*. Vivre sous les projecteurs, nos faits, gestes et propos rendus publics par la presse, nous dérangeait. C'est pour cela que nous avions tendance à nous isoler sur les circuits. Il y avait aussi des « oreilles » qui restaient tard le soir pour glaner des informations dans les garages, entre deux camions-ateliers. Gilles était attentif à ce qui se faisait, se tramait, se cachait ici et là. »

Comme tout le monde, Gilles Villeneuve avait ses défauts. Ses qualités poussées à l'excès devenaient fatalement des défauts! Il était très exigeant sur des détails… D'indispensables qualités pour un pilote automobile, mais qui, dans la vie privée, se transformaient vite en insupportable maniaquerie!

« Gilles voyait aussi d'un mauvais œil que l'on vienne me parler, même quand il s'agissait de femmes… alors que moi, j'adorais le contact avec les gens du paddock! »

Pointe de tyrannie? « Avec le recul, je le pense. Mais sur le moment, on ne se rend pas compte! Ce rapport s'était mis en place lentement, naturellement, depuis le temps où nous étions fauchés et qu'il avait fallu se priver de beaucoup de choses pour survivre. »

Exigeant envers lui-même et les autres, intransigeant, Gilles Villeneuve a sans cesse abusé de ses qualités extrêmes pour « tenir le coup », aller sans cesse de l'avant, là où le commun des pilotes n'aurait pu avancer d'un pas. « Le soir, il ne me tenait jamais compagnie dans le *mobile home*. Son plaisir était d'aller voir travailler les mécanos, de bavarder avec eux. » La fréquentation des garages était pour lui un moment de détente. Il aimait passer du temps avec les mécanos.

« Avec le recul, je conçois qu'il ait voulu être proche de ses mécanos. Sur le moment, c'est frustrant, pas drôle du tout. Mais on l'accepte car on est en plein dedans. En dehors des Grands Prix, il finissait par rester cinq jours sur sept chez Ferrari et quand il rentrait le week-end, il n'avait qu'une hâte, qu'un plaisir : jouer au mécanicien avec les moteurs. Là aussi, c'était frustrant... Je reconnais aujourd'hui qu'il avait besoin, de temps en temps, de mettre son nez dans les moteurs, de bricoler, pour se vider l'esprit.

« Le temps a passé, mes repères sont forcément différents. Ayant vécu seule très, très longtemps, probablement que la vie avec Gilles me pèserait beaucoup moins aujourd'hui qu'à l'époque. L'apprentissage de l'existence en solo ne se fait pas du jour au lendemain. Cependant, à ce moment-là, je n'étais pas armée pour vivre seule. Il faut dire que je suis partie du clan familial dès l'âge de 19 ans et me suis mariée dans la foulée. Je n'avais pas, à ce moment, acquis beaucoup d'indépendance. Je n'avais jamais eu, non plus, mon propre appartement. Je m'attendais à ce que Gilles, malgré les moments où il me laissait seule, soit encore là aujourd'hui pour qu'on puisse profiter de la vie à deux. »

Joann pouvait s'occuper des enfants sur place. « Avoir sa famille réunie sur les circuits était important. Il en avait besoin. Cette demande expresse de Gilles m'arrangeait bien car j'appréciais aussi être entourée des enfants. L'ancrage familial lui apportait la stabilité dans ce monde de la Formule 1 où tout était souvent remis en question. Il se disait : " Je vis ma passion, le sport automobile de haut niveau, avec ma famille en plus. J'ai un " complet ". " C'était une base immuable, avec le chien berger allemand Bella qui nous accompagnait désormais sur tous les circuits européens, et que nous laissions se promener la nuit.

Nous étions une famille comme une autre. Il n'avait pas besoin de perdre du temps à se préoccuper de ses amarres et pouvait se consacrer totalement à son métier de pilote. Gilles n'avait aucun souci à se faire, nous étions tous là! Probablement, cela satisfaisait aussi sa volonté de tout contrôler...

« Finalement, cette vie-là, dans l'ombre d'un époux-héros, n'est pas aussi négative qu'elle y paraît lorsqu'on la croque à belles dents. Il suffit qu'elle cesse pour en mesurer ses bons côtés.

« Quand on doit quitter la compétition, alors qu'elle a été la seule vie que vous ayez connue, elle vous manque. Le destin ayant fait son œuvre, voilà que l'on se sent brutalement perdu sans cette vie trépidante. D'un coup, on se retrouve « parqué », coupé de tout, sans ce changement de décors quasi quotidien. Il faut réapprendre la sédentarité... et la vraie solitude. La vie au jour le jour. Rompre avec les rythmes du monde de la F1. Le *rush* pendant une semaine chez soi où il faut tout préparer, condenser, le retour sur un circuit et ainsi de suite. Gilles disparu, j'ai dû réapprendre à accomplir d'autres activités pour meubler mon quotidien afin que l'ennui ne s'installe pas. Dans la mouvance de la F1, l'ennui n'existe pas. On est parfois fatigué, c'est tout. Après, il faut réapprendre une autre vie... »

CHAPITRE 5
1979 : « LA FIÈVRE VILLENEUVE »

Gâchées par un changement de pneus et toutes sortes d'ennuis mécaniques, les courses d'Amérique latine sont à oublier au plus vite. Les Ligier à moteur Ford Cosworth de Laffite et Depailler s'y sont montrées étincelantes. À Kyalami (Afrique du Sud), Ferrari aligne sa nouvelle T4 jugée apte à produire de bons résultats. Quatrième de la famille des « T » – pour boîte transversale – la dernière-née présente une ligne originale, aplatie comme un fer à repasser, et exploite la technique de l'effet de sol destinée à la plaquer sur le bitume par un phénomène aérodynamique d'aspiration, gage de meilleure tenue de route dans les virages. Extérieurement, cette évolution dans la tendance lancée par Lotus, se remarque aux mini-jupes mobiles et rigides sans lesquelles « l'effet » ne serait pas aussi intéressant. « Nous avons appliqué les mêmes principes aérodynamiques qui ont permis à la Lotus de gagner, mais sans la copier », se défend Mauro Forghieri, le chef d'orchestre de la *Scuderia*. De plus, le V12 *boxer* a été dopé d'une quinzaine de chevaux.

Sur ce circuit rapide, Gilles mise sur la performance, des réglages jusqu'aux pneus. Mais la pluie inonde bientôt la piste, interrompant la course. Un choix cornélien s'impose pour le deuxième départ : pneus pour le sec ou le mouillé? Il opte pour des « pluie », Scheckter pour des *slicks*. Ce dernier a fait le meilleur choix mais en attendant l'accalmie, le Québécois se place en tête et se détache de Jody à raison d'une seconde au tour. Quand il doit enfin s'arrêter pour faire monter des pneus lisses, son avance de 17 secondes n'est pas suffisante pour le revoir au commandement. Rêve de victoire perdu?

Sans un clin d'œil du destin, certainement. À force de cravacher, Gilles voit son écart se réduire de 25 secondes à 2,5 secondes en 26 rondes. Il reste 27 tours à couvrir pour rallier la ligne d'arrivée. Le leader ressent-t-il trop de pression derrière son aileron? Il bloque ses roues dans un freinage si osé qu'il fusille ses pneus et doit bifurquer par le stand pour en changer. Villeneuve passe en tête et y restera jusqu'au bout! « Je n'étais pas tranquille, confiera-t-il après l'épreuve. N'importe quoi pouvait casser. J'évitais les débris laissés par la Williams de Jones, mais est-ce que je les voyais tous? Arnoux (Renault) a crevé, la même chose pouvait m'arriver... À force de ramasser de la gomme sur la piste, j'étais secoué par d'énormes vibrations. Bref, je me suis tenu sur mes gardes jusqu'aux derniers mètres de la course. »

C'est l'explosion de joie chez Ferrari. Pour le début en compétition de la T4 : un doublé et un meilleur tour, ce, grâce à Gilles. C'est un grand soulagement et le présage d'une bonne saison. Après avoir donné sa dernière victoire à la T3 chez lui à Montréal, le voilà offrant à la nouvelle monoplace son premier succès pour son coup d'essai!

Un mois plus tard, à Long Beach (Californie), où Jacques et Mélanie, huit et six ans, accompagnent leurs parents histoire de consacrer une journée de folie à Disneyland, Gilles retrouve son vieil ami Reutemann (Lotus 79) sur la première ligne de la grille de départ. Sauf que l'avantage pour le plongeon dans le premier virage reviendra à la T4 : Villeneuve vient de s'offrir sa première *pole position!* Départ réussi, il est sur orbite pour un splendide cavalier seul, voiture fort bien réglée. Scheckter l'a bien un peu touché à l'arrière dans le premier virage (« même pas senti! » dira Gilles à l'arrivée) mais cela reste sans conséquences, à preuve : un nouveau meilleur tour à sa presque collection. Cette Ferrari respecte beaucoup mieux les pneus que sa devancière, elle est plus stable sous les freinages, plus brillante. Scheckter le confirme en complétant ce résultat par un doublé. Villeneuve s'envole pour l'Europe le cœur en liesse : le voici en tête du championnat du monde avec deux points d'avantage sur Laffite.

Entre Scheckter et Villeneuve, le courant passe bien. « Un type sympa, reconnaît Gilles. Au tout début, j'avais un *a priori* défavorable car on me l'avait décrit comme un homme au contact difficile. Pourtant, je l'ai rapidement trouvé très chaleureux et même jovial, pas bourru du tout. Nous avons fait beaucoup de gags ensemble! » Leur entente sera exceptionnelle, jamais altérée par la rivalité exacerbée que connaissent généralement les équipiers de F1. Mauro Forghieri aura plusieurs fois l'occasion de le faire remarquer plus tard. « Avec Jody et Gilles, j'ai dirigé la meilleure équipe. Travailleurs, attentifs aux progrès de la voiture, ils se creusaient les méninges pour nous aider à trouver des solutions en cas de difficultés. Leur entraide était constante. En course, ils se battaient comme des lions mais toujours loyalement. À tel point que de l'extérieur, ils donnaient l'impression de respecter des consignes d'équipe... »

Des sommes folles!

À la maison, le petit Jacques demande souvent à son père de conduire une voiture. Gilles l'assoit sur ses genoux et joue avec les pédales, laissant le volant à son fils. Les « petits » Villeneuve ont l'âge où les bêtises ne sont pas rares, et ne s'en privent pas sur les circuits européens où la F1 est de retour. La plupart du temps, grâce à la complicité de quelques proches, Gilles et Joann ignorent leurs frasques. « Généralement, le chauffeur de la caravane, Pierre, surveillait les enfants lorsque je prenais les temps pour Ferrari. Les bêtises se faisaient en mon absence et personne, bien sûr, ne me prévenait de crainte que les enfants se fassent gronder! J'en apprenais de belles, longtemps après, au cours de soirées où l'on évoquait les bons souvenirs. Nous avons ainsi découvert que Mélanie arrosait les *tifosi* d'autographes de son père! Elle était arrivée à reproduire sa signature à la perfection. Même lui s'est fait prendre au jeu. Comment s'en est-il aperçu? Un jour qu'elle jouait dans le bureau, elle a pris un chéquier et a signé plein de chèques en inscrivant de grosses sommes. Ça l'amusait bien d'aligner les zéros! Gilles tombe là-dessus et ne comprend pas ce qui se passe... Il voit des sommes folles et c'est pourtant sa signature! On s'est vite rendu compte que l'auteur en était Mélanie. Nous lui avons expliqué qu'il ne fallait pas jouer avec des chèques. Mais bon, hormis la signature parfaite, les chiffres étaient enfantins. Encore aujourd'hui, de nombreux *fans* de Gilles n'ont en fait que la signature de Mélanie! »

Retour à la compétition... Les pneus Michelin trop durs ont du mal à se mettre en température durant le Grand Prix d'Espagne et la Ferrari, par conséquent, manque d'adhérence. Jody et Gilles ne jouent plus les premiers rôles. Ce dernier, surtout, perd des places lors d'un freinage manqué puis doit s'arrêter pour chausser des gommes plus performantes. Enfin plus à l'aise, pour le plaisir, il fixe le meilleur tour de la course. Pendant que Jody s'impose à Zolder et à Monaco, Gilles subit des revers. Touchette avec Regazzoni et panne d'essence en Belgique, transmission en principauté...

Dans la foulée, la caravane du Québécois se gare dans le paddock de Dijon-Prenois où doit se dérouler le Grand Prix de France, le 1er juillet 1979. La première position sur la grille donne lieu à une rude bagarre entre les deux Renault turbo de Jabouille et Arnoux, la Ferrari de Villeneuve et la Brabham de Piquet. Rien à faire contre la puissance phénoménale des diablesses françaises de Viry-Châtillon...

Villeneuve-Arnoux : le duel du siècle

Par une audace diabolique dont lui seul détient le secret, Gilles sort du premier virage devant Jean-Pierre et Jody. René? Envol raté, il suit, en huitième position. Le Québécois tient pendant longtemps en respect la mieux classée des Renault. Mais elle s'impatiente, se rapproche du leader vers le 30ᵉ tour, passe à l'attaque et finit par prendre la tête à la 47ᵉ ronde. Jabouille, seul au monde, s'enfuit vers sa première victoire.

Soixantième passage. Une bonne poignée de secondes derrière la grosse théière jaune et noir, Villeneuve ne chôme pas malgré ses pneus plus très fringants. L'œil rivé sur ses rétroviseurs, il surveille de près l'autre Renault, celle d'Arnoux, en train de remonter sur lui. Plus que 12 tours à couvrir. René s'est approché à 10 secondes, il voit la deuxième place à sa portée. Normal, la Ferrari est de plus en plus en difficultés dans les freinages et les enfilades de cette piste en tire-bouchon. Le Grenoblois rehausse alors son niveau d'attaque et signe le record du tour.

À six tours de l'arrivée, Arnoux n'est plus qu'à trois secondes. Et sous l'aileron de la Ferrari à l'issue de la boucle suivante. La pression est intense, le pilote de la Renault enragé. Si Villeneuve sait qu'il doit ménager ses pneus, Arnoux, lui, sent son moteur couper épisodiquement à 9 900 t/mn, bien en-deçà de la limite. Gilles se défend, le couteau entre les dents. Il allume ses pneus au freinage au bout de la ligne droite et René, si près, en fait une bouchée. Mais le Québécois n'a pas un tempérament à renoncer facilement. De plus, ce duel avec son copain Arnoux l'excite, l'amuse au plus haut point. Il dépasse de nouveau René à deux tours de l'arrivée et tous deux dévalent la ligne droite côte à côte.

Le dernier tour est lancé. La Renault ne s'avoue pas vaincue. Elle attaque encore la Ferrari, la double, et devant nos yeux sidérés, éblouis, la riposte rouge est instantanée. Les roues des voitures se frappent à plusieurs reprises, aucun des deux ne veut céder. Arnoux repasse, mais Villeneuve reprend aussitôt l'avantage, allumant ses pneus à chaque freinage et zigzagant pour protéger son bien. À l'amorce de la grande courbe avant l'arrivée, Gilles est bien devant, Arnoux incapable de le déborder à l'aspiration. Son moteur est trop irrégulier...

Il franchit finalement la ligne d'arrivée dans l'ombre de l'aileron rouge. 0,24 seconde les séparent.

En descendant de leur cheval de bataille souillé et bouillant d'avoir livré tous ces magnifiques assauts, Gilles et René se cherchent et vont l'un vers l'autre, casque à la main, grand sourire illuminant leur visage rougi et dégoulinant de sueur. Une bonne tape sur l'épaule... Eux-mêmes n'en reviennent pas de s'être affrontés de la sorte! Ce qu'ils ignorent encore, c'est que leur exploit passera à l'histoire de la F1. Aujourd'hui encore, ces images sont diffusées et rediffusées sur les télés du monde entier pour montrer ce qu'est la F1. Ou plutôt ce qu'elle devrait être, en tout cas, ce qu'elle était à l'époque où les pilotes se donnaient réellement à fond, sans assistance électronique, sans attendre un ravitaillement pour réussir un dépassement virtuel. Oui, ce duel restera certainement le plus grand de toute l'histoire de la Formule 1! Pour ses auteurs, il a toujours été correct, sans coup fourré et ils ne comprendront pas les raisons de leur convocation dès leur arrivée à Silverstone, théâtre du prochain Grand Prix, pour répondre de leurs attaques jugées dangereuses.

Devant son poste de télé, le vieil Enzo Ferrari a, lui aussi, beaucoup apprécié la rivalité de ces pilotes au sang de taureau. De braves guerriers comme ils les aime. Tellement, qu'il en oubliait le risque qui rôdait malgré tout... Est-ce un hasard? René Arnoux rejoindra lui aussi l'équipe de Maranello en 1983.

« Je crois que cette course de Dijon fut la plus belle de toutes pour Gilles! Encore plus enthousiasmante que s'il l'avait gagnée. Après l'épreuve et la cérémonie du podium, je le revois venir vers nous, un sourire jusqu'aux oreilles, content de lui à un point! Quelques instants plus tard, douche froide. Voilà que les officiels courroucés veulent leur taper sur les doigts! " Je ne comprends pas pourquoi tout le monde est fâché, me lance-t-il. Nous nous sommes tellement amusés René et moi, en toute amitié. Aurions-nous commis des choses que nous n'avons pas vues? Je suis sûr que lui et moi n'aurions pas livré la même bataille avec un autre adversaire. Il n'a jamais été question de coup vache ". Sur le moment, ni l'un ni l'autre n'a pensé que cela pourrait mal tourner. Je crois que Gilles, pareil pour René, ont fait ce qu'ils ont ressenti. »

Rien de spectaculaire ne sortira de ce « conseil de discipline ». À la vérité, le pouvoir sportif n'en avait que faire, il s'était même secrètement frotté les mains. Les mécontents n'étaient autres que les autres pilotes, Lauda et Scheckter en tête, qui ont taxé Arnoux et Villeneuve d'inconscients, de dangereux. C'est sûr, ni l'un ni l'autre n'auraient eu les tripes d'offrir un pareil spectacle...

Scheckter, 30 points, et Villeneuve, 26, mènent la danse au championnat; les Ferrari ont 14 points de plus que les Ligier. Les courses se suivent, mais ne se ressemblent pas. Ennuis de pneus et de moteur en Angleterre, de pneus encore à Hockenheim (Allemagne) où il signe malgré tout le meilleur temps de la course après son changement de pneus, Gilles revient enfin aux affaires à Zeltweg (Autriche). Départ « canon » et appréciable deuxième place derrière Jones. L'Australien connaît tout un succès avec sa Williams aux multiples publicités saoudiennes, l'obligeant, sur les podiums, à arroser les victoires à coups de jus d'orange plutôt que de champagne.

Zandvoort : suspension arrière désagrégée!

À Zandvoort (Hollande), Alan mène devant le même Villeneuve. D'un poil. Aux abords de la célèbre épingle de Tarzan – lieu où il se passe traditionnellement toujours quelque chose –, Gilles freine un peu plus tard, vire côte à côte avec l'Australien et sort en tête devant un parterre médusé. Il était pourtant à l'extérieur, désavantagé. Au deuxième tiers de la course, la Williams revenue sur la Ferrari la double au fond du circuit et se détache assez facilement. Par quel mystère? La T4 survirait de plus en plus et la maintenir sur la bonne trajectoire relevait de l'acrobatie.

« J'enroulais sans encombre la nouvelle chicane quand, soudain, la voiture s'est déséquilibrée, nous a raconté Gilles plus tard. Peut-être une crevaison? J'ai levé le pied puis, ne remarquant rien d'anormal, j'ai réaccéléré. » Tout à coup, devant les tribunes, le pneu arrière gauche de la Ferrari explose. Freinage à l'amorce de Tarzan et tête-à-queue qui se termine dans la terre, mais sans dommage.

Qu'à cela ne tienne! Bien content de n'avoir pas calé son moteur, il recule et reprend la piste… sur la jante, avec pratiquement un tour complet à accomplir pour rejoindre le stand Ferrari. Roulant en crabe, souvent à deux doigts de sortir de piste, il nous offre un nouveau spectacle. Sa suspension arrière gauche se désintègre mètre après mètre et dégage un panache d'étincelles. Enfin, Villeneuve arrive sur trois roues aux pieds de Forghieri, complètement éberlué. « Vite, des pneus! »

Mauro croise les bras, pince les lèvres et balance la tête de droite à gauche, lui indiquant que tout est fini. Ses prétentions au titre mondial aussi. Gilles s'éclipse au fond du garage, invitant Christian Tortora, le journaliste québécois, à le soustraire à ses homologues italiens. Il redoute trop d'entendre : « Alors, Gilles, tu as perdu le championnat? » En effet, avec huit points de plus avant le Grand Prix d'Italie, Scheckter le métronome se frotte les mains. Une simple formalité l'attend pour s'approprier le titre…

Elle se présente dans le temple des *tifosi*. Les Ferrari bénéficient de nouvelles retouches aérodynamiques et s'avèrent intraitables à la faveur de l'entraînement dominical libre. Dès le 13ᵉ tour de course, les monoplaces rouges mènent le bal, Scheckter devant Villeneuve, lequel joue le tampon entre Jody et Jacques Laffite. Jamais l'idée d'attaquer le Sud-Africain, son équipier, ne lui viendra à l'esprit. Loyauté jusqu'au bout. Gilles avait cette vertu vissée au cœur, digne des chevaliers d'antan. Lui-même avait joué, mais perdu.

Cette nouvelle victoire après celles de Belgique et de Monaco, plus une ribambelle d'arrivées dans les points, assurent mathématiquement le titre 79 à Scheckter, le calculateur. Mais c'est bien Gilles que la bruyante et envahissante foule italienne n'a cessé d'acclamer, d'applaudir, de chercher, de poursuivre tout au long du week-end. Profondément aimé et même adulé par ces fanatiques de la Formule 1 qui admirent son courage, ses réflexes de sauvageon et son panache, il a passé quelques jours difficiles, à éviter les débordements.

« L'engouement des *tifosi* pour Gilles était quelque chose d'énorme, que l'on avait du mal à comprendre et dont nous n'avons jamais su réellement l'origine. Un mouvement de masse très étrange… Mes enfants et moi avions l'impression qu'il était comme tout le monde. Eux, les *tifosi*, en faisaient un dieu. Cela ressemblait à une sorte d'adoration religieuse. On savait que cela existait en Italie et l'on éprouvait du respect pour ces personnes à la limite du fanatisme, mais de là à déifier Gilles…

« Lors de l'une de ses dernières courses à Monza, Mélanie, alors âgée de six ou sept ans, n'a rien trouvé de mieux que de se balader toute seule dans le paddock, derrière les garages… Lorsque je reviens à la caravane, pas de Mélanie! Quelqu'un gardait la porte d'entrée et des militaires n'étaient pas loin, prêts à intervenir si le siège devenait trop inquiétant. Le soir précédent, nous avions été victimes du vol d'un tas d'affaires dans l'hélico. Pas de vrais voleurs, certainement des collectionneurs de reliques. Un souvenir de Gilles, ça n'avait pas de prix! Alors, je me suis dit : " Bon sang, s'ils se rendent compte que la petite fille qui vagabonde est celle de Gilles… "

« Lorsque, enfin, elle est revenue, je lui ai fait une peur! J'en suis encore aujourd'hui désolée, mais je n'avais rien trouvé de mieux que de parler d'enlèvement pour qu'elle comprenne l'importance de rester enfermée en notre absence. " Écoute, Mélanie, ne te balade pas toute seule! C'est dangereux pour la fille de Gilles Villeneuve. Si ça se trouve, ils vont te voler pour te garder comme un souvenir! Ou t'échanger contre une rançon. " Quand j'y pense, mon Dieu, que c'est bête de dire cela à une enfant de sept ans qui déambule tranquillement, son laissez-passer suspendu autour du cou! »

Trois semaines après la marée humaine de Monza, la campagne de promotion pour le Grand Prix du Canada 79 suscite aussi « la fièvre Villeneuve ». Moins oppressante, elle met souvent Gilles à contribution auprès des médias. Les affiches appuyant l'événement fleurissent partout. Impossible pour un Montréalais d'ignorer qui est Gilles Villeneuve, le petit gars de Berthier devenu un grand de la Formule 1. Chez lui aussi, il peut difficilement sortir incognito! La rançon du succès…

Une véritable toquade

« Cette espèce de courant avait rassemblé autour de Gilles… plus que des *fans!* Il suscitait la fièvre partout, de l'Italie au Québec! Les Italiens avaient fabriqué de petits *stickers*. La main posée dessus, ils changeaient de couleur sous l'effet de la température et symbolisaient l'appartenance à « la fièvre Villeneuve » dans les années 79-80. J'avais bien ressenti un engouement pour les Beatles mais nous trouvions étrange que des adultes soient pris d'une telle toquade pour un sportif, serait-il pilote de course chez Ferrari.

« Les gens, apparemment, lui vouaient une admiration sans bornes pour son talent, parce qu'il se donnait toujours à cent pour cent sur les circuits, persévérant – même avec une voiture inconduisible – audacieux, courageux, rapide et si spectaculaire! En dehors de ses qualités sur les pistes, leur idole avait de la gentillesse à revendre et vivait sur les circuits entouré de sa famille. Les Italiens y étaient sensibles, et les Québécois également ment puisque cela supposait qu'il n'avait pas changé ses habitudes en gagnant bien sa vie à présent. Ça l'a rendu humain par rapport aux autres pilotes, qui n'étaient que des stars. Il incarnait la star populaire avec son cocon familial, son *camper* et son chien. Ses inconditionnels pouvaient se dire : " Eh bien, il vit comme nous. "

« Les journalistes italiens aimaient aussi beaucoup Gilles. Mais nous étions conscients que, du jour au lendemain, ils pouvaient ne plus l'apprécier autant. Il suffisait qu'il quitte Ferrari... pour ne plus faire partie de l'un des leurs. Quoique nous nous sommes rendus compte, avec les années, que la presse italienne savait être fidèle. Au début, on nous disait que les journalistes spécialisés adoraient Gilles parce qu'il était un pilote Ferrari. Ce n'était pas tout à fait le cas! En fait, comme partout, il y avait ceux qui nous aimaient et ceux qui ne nous aimaient pas, ou moins. »

Son championnat 1979 se termine fort bien. Le Grand Prix du Canada est l'occasion de livrer un très dur duel à Jones, qui s'impose après un dépassement tout aussi dur. Les roues de la Williams et de la Ferrari s'entrechoquent. Miraculeusement, ou plutôt grâce à l'adresse phénoménale des deux adversaires, aucune des deux monoplaces ne reste sur le tapis. Gilles coupe la ligne à 1,08 seconde de l'Australien dont la FW07, vraie *wing-car* (voiture à effet de sol), est d'une efficacité déconcertante. À la faveur de la pluie, le Québécois prend sa revanche une semaine plus tard à Watkins Glen. Le voici dauphin de Scheckter au championnat du monde « pilotes », avec seulement quatre petits points de moins. En toute logique, le loyal Villeneuve serait en droit d'attendre un coup de pouce du Sud-Africain la saison prochaine, histoire de renvoyer l'ascenseur. À condition de partir du principe que Ferrari demeurera l'écurie à battre. La *Scuderia* vient, en effet, de conclure la saison en brillante championne des « constructeurs », devançant Williams de 38 points et Ligier de 52...

CHAPITRE 6
1980 : LA DOUCHE GLACÉE

La 312 T5, hélas, n'a jamais pu faire honneur aux numéros 1 et 2 ornant sa carrosserie. Malgré un nouveau dessin des culasses réduisant de 10 cm la largeur du 12 cylindres à plat, les ingénieurs du châssis furent dans l'impossibilité d'appliquer avec succès le principe de l'effet *venturi*, cet effet de sol si puissant dont se délectaient les machines anglaises, et même les Ligier du rusé directeur technique Gérard Ducarouge. Cette monoplace, en fait une T4 modifiée, allait s'avérer incapable de rivaliser avec les Williams, Brabham, et même les Renault. Non seulement ses prestations en virages étaient loin du compte, faute d'appuis, mais sa piètre tenue de route dégradait les pneus trop rapidement. Évidemment, le chemin de croix de la T5 sera celui des deux pilotes Ferrari, inséparables dans la douleur et la déception!

Plus que jamais, Gilles met en lumière son caractère combatif mais sa saison, du début à la fin, est parsemée de grosses désillusions et de moments d'abattement. Quand il ne sort pas de piste (en Argentine et à Imola, où se déroulait cette année-là le Grand Prix d'Italie), ses efforts sont trahis par un bris mécanique (accélérateur au Brésil, demi-arbre à Kyalami, Long Beach, allumage en Angleterre), un accident à Watkins Glen... Pas l'ombre d'une victoire, un seul tour en tête en 14 Grands Prix! Ses résultats les moins mauvais? Deux fois cinquième à Monaco et à Montréal, deux fois sixième à Zolder (Belgique) et Hockenheim (Allemagne). D'où ses six points sur la ligne d'arrivée finale. Également entraîné dans cette décadence totale, Jody Scheckter a conclu à l'avant-dernière place du championnat du monde, complètement démotivé, au point d'en finir avec la

Formule 1. Tout en haut du classement, Alan Jones (Williams) termine en beauté. Mais que dire de Ferrari relégué à l'avant-dernière position du classement des constructeurs? Pure honte dans les chaumières italiennes.

Mis à part le terrifiant et fatal accident de Zolder en 1982, celui d'Imola, le 14 septembre 1980, fut l'un des plus spectaculaires. Gilles était dans son sixième tour, bataillant ferme pour la cinquième place de ce Grand Prix d'Italie, lorsqu'un pneu éclate dans la courbe rapide entre Tamburello et le virage de Tosa, d'où je regardais la course avec quelques journalistes espagnols. À 300 km/h, son adresse diabolique n'y peut rien, incapable de maîtriser quoi que ce soit. En perdition, la voiture frappe par l'arrière le mur de ciment pour rebondir au beau milieu de la piste, littéralement coupée en deux. Par miracle, Gilles reste encore attaché à son siège, entier. Réflexe du temps de la motoneige : il lève les bras pour signaler que tout va bien et surtout se manifester dans l'espoir de ne pas être percuté. Tout aussi miraculeusement, la meute parvient à l'éviter. La course est interrompue. En le voyant dégrafer son harnais, tout ce que Tosa possède de spectateurs pousse un « ouf » de soulagement. Seulement sonné, il s'en tire avec de violents maux de tête... Une roue avant en cavale a frappé son casque. Le Québécois est évacué à l'infirmerie par ambulance tandis que l'épave et les débris de la Ferrari sont balayés avant un nouveau départ. Sur le conseil du médecin, le Québécois s'allonge et se repose. Une radio de la tête est prévue à l'hôpital de Bologne pour le lendemain. La courbe rapide de son accident sera baptisée « Villeneuve ».

La T5, personne ne l'ignore, à commencer par le *Commendatore*, fut une véritable « poubelle ». « Cette saison a été totalement négative et non pas moyenne! », laisse t-il tomber lors d'une conférence de presse. Durant cette année insipide, l'ambiance chez Ferrari s'est fortement dégradée, les ingénieurs accusant trop facilement les pilotes, ou les pneus, du mal qui les frappait. Soupçonnant assez vite que des informations « arrangées » parvenaient à Enzo Ferrari, Gilles a loué un télex et, très régulièrement, avec sa franchise habituelle, commente essais et courses à son grand patron. Méthode qui enrageait les spécialistes de l'ouverture du parapluie et de la « vérité arrangée ».

Ce championnat complètement raté n'a pas empêché Gilles d'accroître sa popularité au volant, tant il s'accrochait et trempait sa combinaison pour sauver ce qui pouvait l'être. Avant même que cette saison maudite ne s'achève, de nombreux commanditaires souhaitaient figurer sur sa combinaison. Pour les accueillir tous, il lui aurait fallu être géant et obèse…

Pour des raisons pratiques, il songe à s'installer à Monaco. L'appartement de Ronnie Peterson étant vacant, sa location était une solution avant que la maison achetée au 3, rue des Giroflées soit rénovée.

Lui, l'homme des grands espaces, de la campagne québécoise, n'était pas fait pour vivre entre les murs de la principauté. Pas plus qu'il n'appréciait les réceptions en son honneur, les opérations promotionnelles ou les rencontres avec la presse des différents pays où il se rendait pour courir. Il aurait plutôt passé le plus clair de son temps à tester ses chronos pour les améliorer, même la nuit tombée pour peu que sa F1 ait été munie de phares! Mais, voyant que son franc-parler émerveillait l'assistance, il prenait confiance en lui et, souvent, était l'un des derniers à quitter la salle. Alors, pour s'échapper de cette prison dorée, maintenant qu'il en avait les moyens, il louait ou s'achetait les « jouets » dont il avait toujours rêvé.

D'abord, il s'était pris de passion pour le ski et montait souvent à Pra-Loup dans un chalet qu'il a ensuite acheté, au plus grand bonheur de Jacques qui, plus tard, sera à son tour très attiré par la poudreuse. Puis il s'était acheté un bateau, un Abbate, l'une de ces merveilleuses F1 des mers regorgeant de chevaux, avec laquelle il pourfendait les vagues bleues de Monaco à Cannes. Il ne lui manquait que le pilotage dans les airs pour assouvir complètement son désir de maîtrise de tous les engins à moteur et des trois dimensions!

Quand il se mit en tête de goûter au pilotage d'un hélicoptère, engin en mesure de faciliter ses déplacements, il apprit en « accéléré » et put bientôt louer l'appareil de Walter Wolf, avant d'acheter son propre hélicoptère... Ni les bourrasques de vent ni le brouillard ne l'empêchaient de décoller. Quand il avait décidé de se rendre quelque part rien d'autre ne comptait...

Joueur, il aimait les défis, et en donnait aux autres

« Gilles était joueur, il aimait les défis et ne se privait pas d'en lancer à tout le monde, y compris moi, raconte Joann. Un jour, en plein vol, il lâche ses instruments et se retourne vers moi : " Maintenant, à toi de piloter! "

Les conditions météo étaient bonnes et nous nous trouvions déjà assez haut. Lors des sorties précédentes, j'avais observé comment il procédait mais on voit les choses autrement lorsqu'on hérite brusquement des commandes! Personne ne peut s'inventer pilote de but en blanc. Je lui dis, terrorisée :

" Je ne peux pas! Je ne peux pas!

– Alors, on s'écrase! "

« Il restait bras croisés et me regardait. D'instinct, je saisis le manche, davantage aiguillonnée par la peur que par la curiosité. On est persuadé que l'on y arrivera pas. Les commandes, les pédales, un paquet de trucs à actionner... Donc, on tire un peu le manche vers soi car, évidemment, ce maudit hélico commence à descendre! C'est du réflexe, pas du calcul ou du savoir.

« Heureusement, la torture n'a pas duré longtemps! Gilles a vite repris les commandes. C'était tout lui! Plutôt que de dire : " Voilà, je t'enseigne, tu fais comme ci et comme ça ", lui, employait la manière forte. Du style, " Je te balance à l'eau, débrouille-toi, nage! ", s'agissant d'une personne ne sachant pas nager. C'était sa façon de plaisanter. Il trouvait ce genre de situation très drôle. Je n'ai jamais compris ce qui le motivait à agir de la sorte. Peut-être se disait-il : " En cas de fausse manœuvre de Joann, je me sens suffisamment confiant pour récupérer l'appareil "? À moins qu'il s'en moquait complètement et avait effectivement décidé de rigoler un bon coup, ou de se faire peur. Mystère…

« Pareil lorsqu'il donna un grand coup de volant tandis que je conduisais sur la neige et la glace. C'était bien avant la F1. Il voulait seulement connaître mes capacités de conduite! Nous étions en pleine tempête de neige, au Québec. Nos pneus étaient usés jusqu'à la corde car nous n'avions pas les moyens de nous en payer des neufs. Nous n'avions qu'une grosse voiture puissante, beaucoup trop puissante pour moi! Gilles m'interpelle.

" Emmène-moi au garage du copain, j'ai à bricoler. "

Je contourne la voiture pour m'asseoir sur le siège passager…

" Non, non, je veux que TU conduises! "

Au début, sur la neige, je n'étais pas à l'aise. Il me fait aller suffisamment vite. Et là, quand il estime l'allure assez rapide, sans prévenir, il donne un coup de volant! La voiture se met aussitôt en travers, se tortille de tous les côtés, mon cœur prend des tours… le hasard fait que je récupère le contrôle. Ce n'était pas par connaissance, simplement par hasard. Gilles eut un sourire de satisfaction et me lança : " Maintenant, c'est bon, tu prendras la voiture quand tu voudras! "

« Après coup, j'ai réalisé. Et si je ne m'étais pas récupérée, nous serions allés dans le décor, peut-être en se faisant mal. Et j'aurais cassé la voiture? Est-ce qu'il s'en serait moqué? C'était pourtant évident que je n'avais pas la capacité de redresser cette voiture. Pourquoi faisait-il cela? Je n'ai compris qu'une chose : mettre les gens au pied du mur l'amusait! En voiture, passe encore. En bateau, c'était très inconfortable lorsqu'il allait à toute vitesse, mais c'était moins l'angoisse.

« Un autre jour, encore en hélico, il m'a réellement fait vivre le salaire de la peur. Il venait de s'acheter un appareil de pilotage automatique et nous nous trouvions en pleine de tourmente de Mistral, ce vent violent mais de basse altitude venant du nord, au-dessus des montagnes du sud de la France. L'idée lui est alors venue de tester le système automatique dans ces conditions extrêmes. Notre hélico se baladait comme une pauvre feuille morte sauvagement balayée par les bourrasques... lui attendait de savoir si cette technologie se montrait fiable dans ces conditions dantesques, s'il pouvait récupérer l'appareil, ou pas. Cette fois-là, sincèrement, j'ai eu la peur de ma vie. En voiture, j'aurais pu lui dire : " Maintenant, tu t'arrêtes ou je descends! " Là, impossible! En fait, quand nous étions en voiture, il pouvait conduire très vite, je le savais capable d'une adresse hors du commun. Même si je retenais mon souffle, si je m'agrippais un peu à mon siège, j'étais plus en confiance.

« Toute sa vie durant Gilles a tout fait à l'excès. Il n'a jamais su doser. Quoi qu'il fasse c'était sans la moindre nuance. Ou tout ou rien. Quand il nous a quittés, que j'ai commencé à ouvrir les yeux autour de moi, j'ai pu observer que la majorité des gens n'étaient pas comme lui. Avant, je l'ignorais puisque je l'ai rencontré à l'adolescence. À l'époque, on ne connaissait rien! Je n'ai donc côtoyé que ce genre de générosité absolue. À tel point qu'au début de nos fréquentations, je m'imaginais que jamais je ne pourrais conduire une voiture, pensant que tout le monde était à son image au volant. Ça ne m'était jamais passé par la tête que les autres conduisaient différemment. J'étais persuadée que jamais je ne pourrais faire ça! Ce n'est qu'après la mort de Gilles que j'ai compris que, peut-être, 99 % des gens n'étaient pas capables de telles folies! »

Piloter son hélicoptère par mauvais temps en survolant les pylônes électriques dans les vallées, frôler la cime d'une montagne enneigée, indifférent au clignotant rouge du tableau de bord indiquant une panne imminente, Gilles n'avait peur de rien. En tout cas, pas de mourir. Une seule chose l'effrayait : qu'un accident le cloue sur un fauteuil roulant le restant de ses jours. Les mots « prudence, préserver, économiser » n'étaient ni dans son vocabulaire ni dans son esprit. « Il faisait toujours tout à 300 km/h, se souvient Patrick Tambay. Pilotage de voiture, d'hélico, de bateau, le ski... »

Il se dépensait et dépensait sans compter, en cadeaux et en jouets de luxe comme cet Abbate de 11 mètres construit quasiment sur mesure, pour lequel il a fait venir deux moteurs de 700 chevaux des États-Unis. Le port de Monaco finit par lui interdire la mise en route tant il était bruyant. Il devait franchir les jetées pour libérer le tonnerre des gaz.

CHAPITRE 7
1981 : DEUX VICTOIRES SORTIES DE SES TRIPES

L assé de ne pouvoir appliquer correctement la technique aérodynamique de l'effet de sol à cause de la largeur pénalisante du 12 cylindres à plat, architecture totalement incompatible avec la conception des pontons déporteurs, et les divers éléments de son environnement, Mauro Forghieri a lancé dès 1980 la conception d'un nouveau moteur autour d'un bloc à 6 cylindres en V ouvert à 120°. Ce 1500 cm^3 était doté d'une suralimentation comme l'imposait l'autre mode technique du moment. Ce principe introduit par Renault en 77 faisait école. Les ingénieurs motoristes italiens ont longtemps hésité entre une suralimentation à double turbo KKK et le système helvète Comprex. Ce dernier possédait un énorme avantage : il supprimait le temps de réponse à l'accélération, gros handicap des moteurs turbocompressés débutants, mais sa taille, son besoin de développement, son poids et sa position un peu haut perchée très mauvaise pour le centre de gravité de la monoplace, ont fini par l'écarter. Il n'apparaîtra jamais en course.

L'adoption d'un moteur suralimenté, garantie d'une débauche de puissance mais aussi d'un format réduit, permettait ainsi aux ingénieurs du châssis de mieux exploiter la voie de l'effet de sol tracée par Colin Chapman – patron de Lotus – et qui était le cheval de bataille de tous les aérodynamiciens depuis son triomphe en 1978. Bien que l'accent ait été mis sur l'élaboration de ce nouveau moteur, le châssis de la 126 C conservait trop de détails anciens. La coque composée d'un treillis tubulaire renforcé de panneaux d'aluminium était d'un autre âge, notamment du côté de sa résistance en cas de choc et de ses capacités de rigidité torsionnelle. D'où une tenue de route précaire, et par conséquent une exploitation anarchique des pneus.

Didier Pironi, bientôt 29 ans, remplace Jody Scheckter aux côtés de Gilles Villeneuve dont le contrat a été reconduit au mois de mai et le salaire réévalué sans l'ombre d'un problème. À l'instar du Québécois, le Français a aussi été recruté par le vieil Enzo Ferrari sur une émotion ressentie devant le poste de télévision. À peu près du même âge, il est réfléchi, de bonne famille et de contact facile. Il a le sens de l'humour et, surtout, il est joueur, très joueur. Si Gilles n'était pas tombé sur un joyeux drille avec le taciturne et torturé Carlos Reutemann, il avait trouvé un bon compagnon de jeux hyper sportif en Jody Scheckter. En côtoyant Pironi, Gilles rencontrait carrément son double. Entre deux tracas, deux déceptions et même deux découragements, les joyeux lascars reprenaient goût à l'insouciance en se lançant des défis à tout propos. Les essais d'intersaison leur fournirent d'inlassables occasions de s'amuser comme deux adolescents particulièrement turbulents...

Combien de péages d'autoroute franchis pied au plancher, évidemment sans payer? Et cette course échevelée au volant de leur Ferrari 308 GTS de fonction respective sur le circuit Paul Ricard, histoire de garder la forme pendant que les mécaniciens travaillaient sur la monoplace... Davantage soucieux de sa mécanique, ou inquiet de devoir repartir chez lui à pied, Pironi lâcha le combat après quelques tours de folie, laissant Gilles continuer seul à négocier les virages de plus en plus à l'équerre. Bientôt, un grand « boum » éclata sur l'interminable ligne droite du Mistral réputée pour martyriser les moteurs des F1 lancés à plein régime. Cette fois, c'est le Ferrari de route qui venait d'exploser, au grand désespoir de Mauro Forghieri : « Il faut toujours qu'ils fassent une connerie, ces deux-là! »

Un début d'après-midi, il nous fut donné d'assister à une manœuvre très bizarre. Gilles au volant de sa nouvelle Ferrari de service, neuve celle-là, faisant hurler sa mécanique, à laquelle il imposait une marche arrière. Tandis qu'à l'avant, un puissant câble la retenait à l'un des énormes camion-ateliers de la *Scuderia*... Bizarre? Non, logique. Dans leur habituelle course pour rejoindre le circuit, Gilles et Didier ne s'étaient privés d'aucun coup tordu. Sauf qu'en voulant franchir le péage au plus vite Gilles a hésité entre deux portes, pour finalement percuter le muret central. Pare-choc avant écrasé, radiateur et ventilateur pliés... Arrivé sur le circuit, il avait décidé de tout remettre en place à sa manière, par une marche arrière. Le mal était malheureusement plus profond, le circuit de refroidissement perforé. La belle Ferrari dut finalement quitter le Ricard sur un plateau.

Lorsqu'ils tournaient en essais privés sur ce fameux circuit, Gilles et Didier logeaient chez Bérard, à La Cadière d'Azur, magnifique village provençal perché au haut d'une colline entourée de vignobles et de pinèdes. Y accéder était l'occasion d'affronter une courte mais intense course de côte... La plupart du temps au volant de modestes voitures de location. Un soir qu'ils grimpaient au village évidemment pied au plancher, mais pour une fois tous les deux dans le même véhicule, Didier aux commandes, Gilles le défie à la sortie d'un virage que le Français avait négocié en catastrophe mais dont il s'était miraculeusement récupéré : « J'aurais bien aimé sortir à cet endroit! »

Ah bon? Qu'à cela ne tienne! Coup de frein, tête-à-queue, retour dans la plaine, et en piste pour une nouvelle montée. Cette fois, Didier dépasse les limites d'adhérence et, dans le virage en question, l'auto plonge dans la vigne en contrebas. Naturellement, leur parcours s'achèvera en auto-stop, pliés de rire. De la vigne, le Québécois n'aura jamais rien apprécié d'autre que ce tonneau.

Un soir, dans cette même hostellerie, Didier – amateur de bons vins – s'était juré d'en faire boire un verre à Gilles qui n'a jamais eu le goût ni la curiosité de découvrir l'excellent rouge du cru local. Aidé par Valérie Jorquera, technicienne des carburants et lubrifiants de Elf, elle aussi cliente de cet établissement réputé durant les essais de F1, il étala une théorie selon laquelle viande et Coca ne faisaient pas bon ménage dans l'organisme. Sans en croire une miette, ce fervent consommateur « à l'américaine » dégusta tranquillement son steak grillé, ses frites longues (confectionnées spécialement pour lui, le cuisinier les coupant habituellement carrées!), le tout arrosé de Coca rafraîchi à la glace pilée. À la table de la renommée Auberge Bérard comme ailleurs...

Très vite, Gilles et Pironi sont liés par une profonde complicité. En réalité, sous des aspects différents, garnement remuant pour le Québécois, visage d'ange, calme olympien et potentiel d'analyse digne d'un intello pour le Français, les deux partagent plusieurs valeurs : gentillesse, sens de l'amitié, peu d'attachement à l'argent, bien que l'un soit d'origine très modeste et l'autre très riche, amoureux de la vitesse, sportifs plus par goût du jeu et besoin de prouver une capacité à franchir leurs propres limites que par souci de l'exploit ou par quelconque soif de palmarès. Aucun des deux ne connaît la peur, tous deux adorent les plaisanteries d'étudiants. Et tous deux sont des trompe-la-mort. Visiblement insensible aux alertes de ses terribles accidents de F1, Pironi se tuera aux commandes d'une F1 des mers, sur laquelle il poursuivait sa quête de sensations une fois sa carrière de pilote de course brutalement stoppée.

Pironi et Villeneuve se font inséparables dans les garages, les paddocks et la caravane Ferrari. Ils partagent les tests des différents systèmes, des pièces, et des pneus, mettent ensuite à plat leurs observations dans les réunions techniques avec les ingénieurs. Règle d'or : ils ne se cachent jamais rien. Si l'un d'eux trouve un petit réglage de nature à grignoter quelques dixièmes, il en informe toujours l'autre en descendant de sa monoplace. En jouant ainsi la transparence, Gilles et Didier se sont découvert une sensibilité assez proche en matière de réglage du châssis. Ce que leur pilotage relativement éloigné l'un de l'autre ne laissait pas présager. Domaine très compliqué à gérer cette année-là... Grâce à leur entente, l'ambiance de travail dans la *Scuderia* est excellente en dépit de résultats souvent décevants. Ce qui n'exclut pas leur rivalité sur les pistes. Rivalité, oui, mais pas combat fratricide. En présence de ses étalons, Enzo Ferrari confie à la presse le jour de la présentation de l'équipe :

« J'ai besoin de deux combattants à l'arrivée. Si leur antagonisme doit porter préjudice à la maison, alors j'interviendrai. Mais rien n'est plus déprimant que de commander qui doit gagner. Il ne faut pas enlever le suspense de la bataille. »

Cette année 1981 sera une saison charnière pour le moteur turbo en phase de développement, tout à fait satisfaisant, tandis qu'un nouveau châssis est en cours de conception par le Gallois Harvey Postlethwaite. Une petite révolution de palais chez les Italiens désireux de tout réaliser par eux-mêmes. Mais le savoir-faire britannique en la matière a fini par avoir la peau des habitudes. Harvey travaille ardemment à l'élaboration d'une monocoque digne du moteur, et à la pointe d'une technologie que les Italiens sont encore loin de maîtriser, et cela remplit d'espoir le cœur des pilotes qui, très tôt, renouvellent leur contrat Ferrari pour 82. Comme un seul homme, ils partent du principe qu'une écurie de cette envergure reviendra bien au sommet un jour ou l'autre... Mais nous n'en sommes pas là.

Monaco : Ferrari et Williams côte à côte

Ce championnat 81 a très mal commencé pour les voitures rouges : six abandons en trois Grands Prix... Heureusement, le Grand Prix de Saint-Marin, début mai, apporte les premiers fruits d'un énorme travail en coulisses. De bonne heure, les admirateurs de Gilles ont parsemé les abords du circuits de banderoles. « Forza Villeneuve! » Efficace. Le Canadien arrache la *pole position* à la convoitise de son ancien coéquipier Reutemann, désormais au volant de l'agile Williams. Mais devant elle, le puissant et rocailleux V6 turbo a donné de la voix. Motivation et maîtrise de Villeneuve devant les *tifosi* en délire ont fait le reste. Invitée-surprise le jour de la course, la pluie laisse le Québécois de marbre. Elle n'est pas son ennemie, au contraire. Non seulement la glisse ne le gêne pas, mais il voit en cela un nivellement des monoplaces dans ces conditions d'adhérence précaire, donc une possibilité pour lui de tirer son épingle du jeu. Effectivement, il est en tête depuis 15 tours et espère bien transformer sa position en victoire finale. Mais si ce genre de conditions nivelle le matériel et permet aux moins bien dotés des excellents pilotes de revenir au premier plan, il génère aussi une sacrée loterie dans la course avec l'évolution des conditions d'adhérence. Ainsi, en devant effectuer un arrêt au stand pour changer de pneus, puis un second, Gilles perd le bénéfice de son superbe début de course. Il devra se contenter de la septième place finale. Avec les honneurs, toutefois, puisque le meilleur temps en course lui reviendra. Maigre consolation en terre Ferrari!

Quatrième à Zolder (Belgique), Gilles dispute dans la foulée et consécutivement deux de ses plus belles courses, hormis celle de ce médiatique Grand Prix de France 79 sur le circuit de Dijon. Sauf que, exceptions dans une saison terne, ses efforts, son habitude de ne rien lâcher, seront pour une fois couronnés de victoires. Pourtant, ni dans le cas du Grand Prix de Monaco ni dans celui d'Espagne sur le circuit madrilène de Jarama, deux tracés tourmentés à souhait, sa Ferrari sera la meilleure du lot. Ces deux succès resteront à jamais l'exemple du talent, de l'adresse et de la seule volonté humaine.

Monaco tout d'abord. Sur papier, la 126 C n'est pas la monoplace idéale pour s'illustrer dans les rues étroites de la principauté. Temps de réponse un peu long de son moteur turbo à l'accélération et châssis encombrant devraient le reléguer assez loin sur la grille de départ. Voilà un beau défi à relever pour notre homme, d'autant qu'il prend un malin plaisir à jouer entre les rails de ce magnifique toboggan, arrachant un bouquet d'étincelles à chaque « appui », volontaire ou pas, sur les rails métalliques.

« Les " qualifs " à Monaco, il adorait, sourit Joann. Il y mesurait plus que partout ailleurs son audace et son adresse. Il attendait toujours cet exercice de voltige avec impatience! Il revenait vers moi, large sourire, me disant : " *I kissed the barrier*!

Si tu savais ce que j'ai fait avec les pneus arrière! " Dans les virages, et Dieu sait s'il y en a là-bas, il s'appuyait imperceptiblement sur le rail, à des vitesses folles. Ça le renvoyait d'une façon impeccable en sortie de virage. Et il continuait sur sa lancée, comme une pierre plate ferait des ricochets sur l'eau. Pour lui, se qualifier à Monaco était le summum. À ce moment-là, il se faisait vraiment plaisir. Comme tous les gars, il adorait se faire plaisir! »

Pour l'édition 81, c'est à deux doigts de payer puisque Gilles échoue à 0,078 seconde de Nelson Piquet, au volant de son agile Brabham. À l'exercice du départ, le Brésilien est aussi le plus leste. Au fil des tours, il tisse une substantielle avance sur le Québécois puis Alan Jones (Williams) avant de s'accrocher avec un retardataire. Le duel Villeneuve/Jones devient alors le clou de l'épreuve. Accédant à la troisième position au bout de 15 tours, l'Australien se lance à l'attaque de la Ferrari manifestement victime d'ennuis de freins. Gilles, réaliste, le laisse bientôt passer... et la Williams, peu à peu, le distance.

Lorsqu'il hérite du commandement à la 54e ronde, Jones compte déjà 30 secondes d'avance sur Villeneuve. Course gagnée? Non. À son tour, il connaît des difficultés avec son V8 Ford qui hoquette de temps à autre. Pensant qu'il est à cours de carburant, il passe par son stand pour en rajouter et reprend la piste avec six secondes d'avance sur Villeneuve. Cependant, la Williams ne peut se détacher de la Ferrari car le mal – d'origine électrique – subsiste. Le tenace Alan ne se laisse pas faire pour autant. Il bataille dur dans l'espoir de passer le premier sous le drapeau en damier. Gilles, flairant que son adversaire n'est plus aussi imprenable, repart à sa conquête, le couteau entre les dents. Il s'approche inexorablement, enflammant le Rocher, traditionnel repaire des *tifosi*, à chacun de ses passages en contrebas.

La course en est à son 72e tour. Le Québécois menace l'Australien partout. Mais ce dernier occupe toute la piste pour l'empêcher de doubler. Gilles va-t-il en rester là, préférant terminer deuxième plutôt que s'écraser contre un rail? Il ne serait pas

Gilles Villeneuve s'il ne tentait pas sa chance là où son adversaire l'attend le moins! La Ferrari se porte à la hauteur de la Williams dans son accélération au début de la ligne droite des stands et l'accompagne à fond de train, frôlant les panneaux de signalisation d'un côté, les roues de son adversaire de l'autre. Le plus audacieux, ou le plus dingue, freine le plus tard à Sainte-Dévote... et c'est naturellement Gilles! Qui s'envole vaillamment vers sa victoire sur la montée de Beau-Rivage. Ce dépassement restera l'un des plus beaux de l'histoire de la principauté. Encore un exploit apte à combler le *Commendatore* de joie devant son poste de télé! Son pilote l'a épaté une fois de plus et, côté historique, son moteur restera le premier turbo à avoir gagné dans cette vitrine mondiale du sport automobile où, en théorie, il n'avait pas l'avantage, compte tenu de ses incessantes remises en vitesse.

Jarama : Gilles vainqueur, Laffite à 0,21 seconde

Ce ne sera pas le dernier émerveillement d'Enzo Ferrari puisque, trois semaines plus tard, le Québécois – désormais citoyen d'honneur de la principauté de Monaco par sa victoire – illuminera également le Grand Prix d'Espagne. Son opiniâtreté et sa résistance seront incommensurables dans l'adversité. Car, même si l'équipe a énormément travaillé entre-temps, les Ferrari sont déchargées dans le paddock de Jarama avec leur habituelle et désastreuse tenue de route... La qualification de Gilles est plus modeste qu'à Monaco : septième... Mais il s'est préparé avec sérieux à ce nouveau combat dans la fournaise madrilène... en ingurgitant quotidiennement plus de deux litres d'eau additionnée de sels minéraux. Le reste ne sera qu'opportunités pendant l'épreuve.

Les Williams s'envolent en tête, Alan Jones prenant rapidement le meilleur sur Carlos Reutemann. Derrière, Gilles s'est si bien faufilé qu'il pointe à la troisième place! Avant le deuxième tour, il dépasse son ancien coéquipier et voit peu à peu l'Australien s'échapper. Alan compte déjà huit secondes d'avance au 13ᵉ tour et l'on peut s'imaginer qu'il est bien parti pour accomplir un cavalier seul lorsque, coup de théâtre, sa Williams effectue un tête-à-queue et rétrograde sévèrement au classement. En voyant Gilles Villeneuve saisir les rênes de la course, ceux qui connaissent la valeur du comportement routier de la Ferrari ne donnent pas cher de la longévité de sa position...

Pourtant, bien qu'elle « réinvente » le tracé espagnol à sa façon, tantôt à l'équerre dans les virages, tantôt occupant toute la largeur de la piste, six ou sept fois à deux doigts de gicler sur les bas côtés, la Ferrari file à toute allure sur les lignes droites grâce à l'énergie de son moteur turbo (que l'on donne pour 560 ch, contre 490 ch à ses adversaires) et sème ses poursuivantes les plus ardentes. Gilles le battant rabat ainsi le moral de l'attaquant nº 1, Reutemann, jusqu'au 61ᵉ tour. Jacques Laffite prend le relais avec sa Talbot-Ligier à moteur Matra. Il essaiera jusqu'à l'arrivée de mettre la pression, de pousser Gilles à la faute. Il est parfois si près de lui qu'il dira plus tard avoir pu lire ses cadrans du tableau de bord! Mais l'homme à la voiture rouge résistera jusqu'au bout, emmenant dans sa foulée toute une bande de furieux. Sur la ligne d'arrivée, Laffite suit à 0,21 seconde, John Watson (McLaren-Ford) à 0,57, Reutemann à 1 seconde et le cinquième, Elio de Angelis (Lotus-Ford), à 1,24 seconde! En s'extirpant de sa monoplace victorieuse, Gilles n'est plus que l'ombre de lui-même, au bord de l'évanouissement, le corps en nage, le visage rougi marqué par la cagoule et le casque, les cheveux trempés de sueur et plaqués sur les tempes. Fourbu comme un cheval que l'on a fait galoper inconsidérément, jusqu'à l'épuisement, mais... si heureux!

Ce devait être la sixième et dernière victoire de Gilles.

« Une grande et belle course pour Gilles! Parce que c'est bien le pilote qui a gagné, pas la Ferrari. Mémorable, cette voiture si lente et si brouillon en virages. Malgré tout, Gilles parvenait à contenir tous les furieux lancés à ses trousses. Ce n'était pourtant pas facile… Rien à voir avec les monoplaces d'aujourd'hui. Le freinage n'était pas aussi efficace, ses pneus, à force de glisser, étaient usés à un point! La direction était lourde. » Déjà idole de toute la péninsule italienne, Gilles Villeneuve devient une légende vivante par ses deux victoires d'affilée. Et le numéro 27 de sa monoplace tout aussi légendaire. Enzo Ferrari ne jure plus que par lui, évoquant sa bravoure au détour de chaque phrase. Son professionnalisme, son souci de la clarté par leur télex personnel, et son tempérament de battant quelles que soient les cartes qu'il a en main, font grande impression sur ce vieil homme qui a pourtant connu la crème des très grands pilotes à travers les décennies.

« Après ces deux succès, il y eut pas mal de courses " galères ". La Ferrari était loin d'être à son avantage. Des épreuves difficiles, frustrantes, où le travail fourni n'était jamais récompensé. Gilles s'était imposé sur les seules pistes où l'homme comptait plus que la machine. Elles étaient malheureusement en grosse minorité. »

Une seule lui aura inspiré un motif de satisfaction : l'avant-dernière manche 81 disputée sur le circuit de Montréal. Son ultime chez lui. Parti depuis la sixième ligne de la grille en compagnie de son coéquipier Pironi, Gilles ne cesse de remonter vers les premiers : Laffite et Watson. Déchaîné sur la piste mouillée, il accroche trois retardataires et se retrouve avec l'aileron avant dressé à la verticale. Craignant de provoquer les commissaires sportifs qui pourraient lui ordonner de stopper pour conduite dangereuse – il n'a qu'une visibilité limitée et ce pan d'aileron risque à tout moment de se décrocher – il déploie des trésors d'astuces pour s'en défaire carrément. Un freinage un peu sec et il en est heureusement libéré. Il achève sa chevauchée fantaisiste sans appui à la troisième place. Dommage! Constituée d'une répétition de phases accélération-freinage et peu exigeante en subtilités techniques, cette piste aurait pu sourire à la Ferrari « boiteuse ».

Il ne peut même pas se rattraper au Grand Prix des États-Unis à Las Vegas bien qu'il se qualifie en deuxième ligne au côté de Nelson Piquet (Brabham-Ford), champion du monde 1981. Gilles occupe une prometteuse troisième place lorsqu'on le disqualifie au 22e tour pour avoir pris le départ en dehors de ses marques au sol. Cette saison difficile s'achève sur une septième place au championnat du monde, assortie de 25 points. Didier Pironi doit se contenter de neuf points et Ferrari dégringole en cinquième position derrière Williams, Brabham, Renault (abonnée aux premières lignes avec le tandem Prost-Arnoux) et Ligier.

CHAPITRE 8
1982 : LE CHAMPIONNAT
OÙ LE MEILLEUR ÉTAIT POSSIBLE

Après les difficiles saisons 80 et 81 où Ferrari est descendu au creux de la vague avec ses pilotes, le championnat 82 s'annonce meilleur. Le moteur turbo renferme à présent 580 ch et, surtout, l'œuvre de l'aérodynamicien Harvey Postlethwaite peut prendre le chemin des essais. La 126 C2 marque la fin de la génération « soupières », que l'on essayait vainement de faire tenir la route. Elle est enfin une vraie monoplace à effet de sol, construite dernier cri avec des matériaux composites lui assurant légèreté, solidité et, normalement, une adhérence supérieure dans les virages, source prioritaire d'amélioration des chronos. L'ingénieur britannique a aussi réorganisé certains ateliers de Ferrari afin de rendre l'assemblage et la réparation des coques beaucoup plus efficaces. Plus rien n'entravera les bolides de Maranello. À part, de temps à autre, un petit souci d'adaptation aux pneus Goodyear…

Une saison s'est écoulée, la camaraderie et la complicité liant jusque-là Gilles et Didier se sont transformées en réelle amitié. Leur rivalité de sportifs n'a pas faibli non plus, toujours saine, n'obligeant jamais le *Commendatore* à sévir. Franchise et sincérité accompagnent toujours le travail de mise au point et dès que Mauro Forghieri les libèrent, le soir, leur complicité reprend le dessus pour se défouler et rire tels de vrais enfants dans une cour de récréation. Qui, parmi ceux qui les ont fréquentés, n'a pas une anecdote à raconter? Un confrère italien nous rapporte quelques courses extravagantes sur l'autoroute entre l'Italie et Monaco. Didier fonçant au volant d'une Ferrari 308 GTS, Gilles aux commandes de son hélicoptère guettant son ami au-dessus de la sortie des tunnels pour remettre le chrono à zéro! « Un autre jour qu'ils faisaient la course entre viaducs et tunnels de la Riviera, l'un d'eux trouva sur sa trajectoire une mini Fiat conduite par un pépère. L'avant bas et aplati de sa Ferrari servit de pelle à gâteau et la petite Fiat eut l'illusion de voler pendant quelques centaines de mètres. » Point commun à toutes ces escapades de garnements : ça se terminait toujours très bien!

« J'avais une admiration sans limite pour Gilles Villeneuve, s'exclame l'ingénieur français Gérard Ducarouge. D'ailleurs, je le voyais toujours, lui, à la limite dans tout ce qu'il accomplissait. Hélico, bateau, motoneige, ski et j'en passe. À Saint-Tropez, il m'avait fait faire un tour dément sur son bateau de course. Une usine à chevaux! Quelques souvenirs un peu ridicules me viennent à l'esprit. Des conneries qu'on ne doit pas faire, et qu'il prenait un grand plaisir à partager avec Didier Pironi. Durant les essais privés au circuit Paul Ricard, nous allions dîner et dormir chez Bérard à La Cadière d'Azur. Un soir, nous descendions à fond de train vers le Beausset, Gilles ouvrant la route, Didier et moi suivant derrière. Des fous furieux au volant de leur auto de location. Une horreur pour le passager que j'étais! J'appelais mes parents et tous les saints du monde pour nous épargner… À un moment donné, tout en bas de la descente, Didier et moi apercevons Gilles arrêté au bord de la route. Il avait pris une petite longueur d'avance. Il nous montre un talus et nous dit : " Ce serait marrant si on pouvait sauter là. En le prenant vite, on devrait pouvoir atterrir là-bas au fond! " »

« J'interviens aussitôt : " Attendez, les gars! Il y a des poteaux, des pieds de vigne, faudrait pas faire les cons! " N'en faisant qu'à sa tête, et sans doute par pure provocation aussitôt que j'étais contre, Gilles l'intrépide démarre sa Ford Escort, revient en trombe, rate le talus et se plante dans la vigne par le nez, à 20 mètres (65 pi) du bord de la route. Quand il a vu ce talus, il s'est aussitôt imaginé un tremplin mais du fait que sa voiture avait un moteur à l'avant, elle a piqué du nez. Gilles et Didier étaient morts de rire. Moi pas. Je pensais encore qu'il aurait pu se faire très mal.

« Entre eux, les défis étaient permanents, et souvent stupides. En haut du plateau, à la sortie du Ricard, il y a une station-service. À côté, une espèce de trottoir et des arbres séparés de… 1,90 m (6 pi), quelque chose dans ces eaux-là. Cette fois, Didier a eu l'initiative du coup de folie. " Tu vas voir, on va passer entre deux arbres! " Tenter de l'en dissuader était perdu d'avance, j'ai quand même essayé… " Attention, si tu prends le trottoir, ça te dévie et tu arraches la moitié de la voiture! " Ça ne l'a pas empêché de le faire, il ne m'écoutait déjà plus! C'est effectivement passé, mais je n'aurais pas mis ma main entre l'arbre et le flanc de la voiture.

« Durant une autre série d'essais interrompus pour cause de pluie, lassés d'être collés derrière les vitres du bureau de la piste ou du bar, ils avaient sorti leur Ferrari de route – privilège des pilotes de la *Scuderia* – et faisaient les idiots sur le circuit, justement parce que c'était mouillé, donc plus rigolo. Le problème est qu'il n'y en avait pas un en mesure de dire à l'autre qu'il allait trop loin. C'était au contraire l'escalade.

« J'ai vu plusieurs fois Gilles arriver au circuit avec son hélico, en survolant nos têtes. Je me disais qu'il était complètement fou! Que se serait-il passé en cas de pépin mécanique? Gilles était adroit dans tout ce qu'il entreprenait, mais devait-il pour autant accorder confiance aveugle à la machine? En comparaison, Ayrton Senna, que j'allais bientôt accompagner chez Lotus, était beaucoup plus raisonné. Sur la route, je l'ai rarement vu aller très vite. Rien à voir avec les coups de folie de Gilles et de Didier! Ils prenaient du plaisir à prendre des risques partout où ils se trouvaient. Tous les deux voulaient vivre à cent pour cent tous les instants. Que leurs audaces réussissent ou échouent, ils se tordaient de rire! »

Gilles joue de la trompette

Le premier Grand Prix 82, à Kyalami (Afrique du Sud), est l'occasion d'une rébellion de pilotes sans précédent en Formule 1. Motif de la discorde? Une super licence imposée à tous ces garçons par l'entente entre la FISA (Fédération internationale du sport automobile) et la FOCA (Formula One Constructors Association). Cette super licence, en lisant bien le texte, entraverait tout simplement leur liberté professionnelle. Pas question de l'accepter ainsi.

Depuis deux ans, le torchon brûlait entre le pouvoir sportif de Jean-Marie Balestre, appuyé par les grands constructeurs (Ferrari-Fiat, Renault, Alfa Romeo) et le contre-pouvoir de Bernie Ecclestone regroupant les équipes artisanales d'outre Manche. Tous les prétextes techniques et sportifs étaient brandis par ces dernières afin de faire vaciller les solides fondations de la « bande à Balestre ». Derrière griefs, coups de gueule et bras de fer se dessinaient en vérité la peur que les Anglais avaient de voir les constructeurs influencer le pouvoir sportif ainsi que le contrôle des intérêts financiers grandissant en Formule 1, grâce, notamment, à la manne des chaînes de télévision retransmettant les Grands Prix. Ennemis intimes, Balestre et Ecclestone s'étaient finalement rapprochés (si tu ne peux pas détruire ton adversaire, fais de lui ton allié!) et Bernie imaginait déjà d'autres sources de revenus. De là étaient nés les Accords de la Concorde, un épais document contractuel garantissant la stabilité des règlements et des revenus. Puis cette fameuse licence abusive.

À Kyalami, la révolte ne tarde pas. Tous les pilotes, du plus grand au plus petit en renommée, se mettent en grève au moment de monter dans leur monoplace pour la première séance d'essais. Et dans le but de ne pas subir la pression de leurs patrons, ils quittent le circuit et se réfugient dans un hôtel de Johannesburg, le Sunny Side Park, déléguant « l'intello de service », Didier

Pironi, pour négocier à Kyalami la révision de la super licence avec Ecclestone. À l'hôtel, devenu campement fortifié, ils dorment sur des matelas posés à terre, dans un grand salon. L'occasion de faire enfin connaissance, loin de leur équipe. Leur cohésion est presque... insolite. Mal rasés, ils tuent le temps de leur mieux, avalant des litres d'eau et accueillant de bonne humeur leur plateau repas. Les Français jouent à la belote en poussant des cris de fous tandis qu'Elio de Angelis et Gilles Villeneuve – ce dernier en short rouge et chemisette blanche – se chargent de l'animation. Le premier au piano, le second à la trompette! Liberté d'expression et pouvoir de négocier leur contrat sauvegardés, ils ont regagné le circuit par car et le sport allait reprendre ses droits.

Son excellent troisième temps aux qualifications derrière Arnoux (Renault) et Piquet (Brabham-BMW turbo) ne rapportera rien à Gilles, lâché par son moteur au septième tour. Didier sera classé 18e et bon dernier après avoir changé de pneus et subi une panne d'alimentation.

Campé sur la première ligne de la grille brésilienne au côté de Nelson Piquet, l'enfant du pays, Gilles nourrit de gros espoirs pour la course. Il s'envole en tête mais commet une faute au 30e tour et doit se retirer sur accident. Pironi finit huitième, à un tour du vainqueur, Piquet, qui sera disqualifié pour poids non conforme, au profit de Prost.

La troisième épreuve 82, disputée à Long Beach en Californie, sourit enfin au Québécois. Il croise la ligne d'arrivée en troisième position derrière Lauda (McLaren-Ford) et Rosberg (Williams-Ford). Cependant, ses deux ailerons arrière ajustés bout à bout ont retenu l'attention du contrôle technique qui se penche sur son cas à l'issue du Grand Prix... et le frappent de disqualification. Les écuries britanniques trichant sans cesse, Mauro Forghieri avait joué la dérision en interprétant, lui aussi à sa façon, le règlement. Coût de sa plaisanterie : quatre points! Comme Pironi a abandonné sur accident causé par des ennuis de freins,

Ferrari arrive sur ses terres d'Émilie complètement absent du classement du championnat du monde des constructeurs. Situation des plus gênantes à la veille du premier rendez-vous européen...

Imola : Didier bafoue sa confiance

À l'instar du Grand Prix d'Afrique du Sud, celui de Saint-Marin s'ouvre sur une gentille passe-passe. Cette fois, à la quasi-unanimité, les écuries de la FOCA (Formula One Constructors Association) boycottent le circuit d'Imola, protestant contre le jugement du tribunal d'appel de la FIA (Fédération internationale de l'automobile) qui a confirmé le déclassement de Piquet (pilote de l'écurie Brabham, donc de son propriétaire, Bernie Ecclestone) et de Rosberg à l'issue du Grand Prix du Brésil. Ainsi, 14 monoplaces se présentent aux essais. Celles des « légalistes » aux couleurs des grands constructeurs plus quelques exceptions telles que Tyrrell et ATS, attirées par les primes d'arrivées et aussi chargées de jouer les espionnes pour le compte de Bernie. Les Ferrari et leurs pilotes attirent malgré tout la foule des grands jours et les qualifications se jouent sans surprise, mais intensément, entre eux et les pilotes Renault, Arnoux et Prost. Le premier sera le seul à descendre sous la minute 30 secondes, tandis que Gilles échouera à presque 0,5 seconde d'Alain Prost. Une première ligne sous les couleurs jaune et noir, une deuxième rouge d'envie, il n'en faut pas plus pour alimenter les discussions passionnées des *tifosi* en ce dimanche beau mais frisquet du 25 avril 1982!

Arnoux s'élance devant Villeneuve et Pironi, le Grand Prix est parti pour 60 tours. Prost? Il peine à les suivre, un phénomène de « pompage » de suspension affecte le comportement de sa voiture. Il renoncera bientôt pour un autre coup dur : son V6 turbo le lâche. En tête où il s'est tissé une petite avance, Arnoux éprouve à son tour des difficultés avec son moteur. Il cafouille à l'accélération et ce handicap s'ajoute à des ennuis de freins. Les Ferrari sont bientôt sur ses talons et lui déclarent la guerre tandis que sur les gradins les *tifosi* ne tiennent plus en place.

Apparemment, tout va bien chez les Rouges! Pourtant, les voitures de Gilles et de Didier ont un problème de consommation d'essence. Ça ne les empêche pas de se disputer leur position au pied des tribunes survoltées pendant qu'au bord de la piste, on s'émerveille de les voir si consciencieusement alimenter le spectacle. Comédie destinée à faire oublier les équipes anglaises ou vrai duel fratricide? Pour l'instant parlons de spectacle, histoire de rendre Ecclestone vert de rage... Le *Commendatore* doit apprécier! Devant eux, Arnoux défend sa place de chef avec de plus en plus de difficultés. À tel point que Gilles parvient à le doubler. René reprend sa place à la mi-course mais devra abandonner à 15 rondes de l'arrivée, moteur définitivement hors d'usage.

Jusque-là, personne n'a eu à se plaindre de l'absence d'une bonne partie du plateau tant la lutte a été sévère, les dépassements, osés et le ballet apparemment bien réglé. L'infortune des pilotes Renault et le doublé sans histoire des Ferrari qui en découle feront-ils sombrer l'épreuve dans un train-train soporifique comme le voudrait la consigne du stand Ferrari présentée aux pilotes sur la ligne des stands à leur 45e passage : *Slow* (ralentir)? Panneau sans équivoque : Villeneuve précédant Pironi, le doublé devrait être figé dès cet instant.

Faisant fi de la consigne de modération venue des stands, Pironi double le Québébcois... Gilles comprend vite ses intentions en voyant son équipier refuser le jeu, rejeter brutalement ses attaques et lui claquer la porte sous le nez. Alors, le duel s'intensifie. Au bout de trois tours, le bolide numéro 27 trouve enfin la faille et récupère ce qu'il imagine être son bien. La menace ne cesse pas pour autant. Trois rondes supplémentaires et Pironi le repasse. Il ne reste qu'un tour avant le drapeau en damier. Villeneuve rassemble toutes ses qualités d'équilibriste et reprend la tête. Chacun pense que la victoire est jouée... sauf Pironi. Didier attaque son copain et le dépasse. Définitivement. Sous son casque rouge et noir, la tempête doit être terrible! Et l'incompréhension, totale.

Deux hommes fourbus par la bataille grimpent sur le podium. La joie immense du Français contraste avec l'amertume du Canadien. Mêlée à la fatigue et à la colère. Plus que la défaite, Gilles le loyal ne tolère pas d'avoir été trompé par un ami en qui il avait totale confiance. Sa présence sur le podium est météorique. En descendant, alors que la cérémonie se poursuit avec les officiels, Gilles, blême, lance à Christian Tortora : « Il ne l'emportera pas au paradis! » Puis il disparaît, le pas lourd, avec cette profonde blessure.

« San Marino 82, l'épreuve qui l'a le plus déçu. Sa déception n'avait rien à voir avec la bagarre elle-même. Gilles adorait se battre sur la piste et en acceptait le verdict sans discuter du moment qu'il avait donné le meilleur de lui-même! À la limite, il était très heureux de ce doublé Ferrari. 1 et 2 ou 2 et 1 n'aurait pas changé grand-chose compte tenu de leur belle complicité. Dans ce cas précis, il était affecté d'avoir placé sa confiance d'homme en Didier et qu'elle venait d'être bafouée. Gilles était tellement droit, honnête, intègre, qu'il ne lui serait jamais venu à l'idée de se comporter ainsi. Ce n'était pas dans sa nature. Pour lui, une fois que l'on avait donné sa parole, on la respectait à vie. Aucun contrat officiel ne valait mieux qu'une poignée de main.

« Pendant cette course, je prenais les temps. De mon muret, je voyais bien ce qui se tramait. Totalement plongé dans son pilotage, Gilles était évidemment très loin de se douter que Didier était en train de le trahir. Marco Piccinini, le directeur sportif, a laissé faire... Certes, il a été très clair dans le panneau-tage. Mais l'ordre n'a pas été suivi. Marco se sentant plus l'ami de Didier que de Gilles s'en est tenu à sa consigne *Slow, keep position*. En fait, il aurait fallu repasser le panneau une fois, deux fois si nécessaire. *Gilles 1, Didi 2*. Ou donner un panneau à Gilles comme quoi Didier n'en faisait qu'à sa tête. »

À la lumière du drame qui se jouera 15 jours plus tard à Zolder, Didier a amèrement regretté ce qui s'est passé à Imola. « Mais pourquoi a-t-il agi ainsi? Je ne pense pas que son attitude était liée à son récent mariage, à l'envie de se montrer sous le meilleur jour à sa femme. Non, je crois que c'était plus pour prouver à tout le monde qu'il pouvait être plus rapide que Gilles et le battre. Surtout sur ce circuit voisin de Maranello. » Un péché d'orgueil, de l'égoïsme brut, sur les bases d'une vraie amitié. Un aveuglement subit faisant fi de la loyauté qui scellait leurs relations.

« Avec le recul, on se dit que l'on n'y peut rien. Lorsque je prenais les temps, il m'arrivait d'entendre les mécanos et Mauro Forghieri dire, derrière moi, " Ah, tiens, Didier a fait 1 minute et 23,5 secondes, par exemple. Donc, Gilles fera 1 minute 23 secondes. Et je pense que Didier ressentait que l'équipe le plaçait globalement à 0,05 seconde de Gilles. Ce besoin de gagner coûte que coûte ce jour-là est sans doute venu de là.

« Je suis une des seules personnes à le savoir réellement : à peine a-t-on passé le panneau *Slow* que Gilles s'est mis à tourner trois secondes moins vite. Dans ce contexte, difficile de parler d'attaque et de dépassement de Didier sur Gilles. L'un respectait la consigne à la lettre, l'autre la transgressait. De là, ils se sont mis à tourner comme des malades! Et Gilles l'a réellement dépassé, en ce sens que le pilote Villeneuve a pris le meilleur sur le pilote Pironi. Une fois encore, Gilles n'ayant toujours pas compris que Didier était résolu à ne rien respecter, il a de nouveau ralenti sa cadence de trois secondes au tour. Et là, j'ai bien compris que l'autre allait à fond la caisse pour le dépasser une nouvelle fois, donc pour gagner. »

Cela n'aurait pas dû se faire

« Trahi, humilié, Gilles voulait partir tout de suite. Je l'ai convaincu de monter sur le podium. Il n'y est pas resté longtemps! Un bref acte de présence par respect pour le *Commendatore* et les *tifosi*. Là, Piccinini vient me voir en me disant : " Il faut que tu m'aides, on a un problème... " Je lui rétorque : " Nous n'avons pas de problème! Tu as un problème! Tu as laissé faire quelque chose que tu aurais dû empêcher! " Mauro Forghieri aurait été présent ce jour-là, les choses ne se seraient certainement pas passées de la sorte. »

« Qu'importe cette histoire, je suis capable de le battre quand je veux, où je veux », avait dit Gilles, ce soir-là. Cette chance ne lui sera jamais plus donnée. Trahison ou pas, calcul ou pas, jeu cruel autant qu'inconscient ou pas... il était également écrit que Didier Pironi ne l'emporterait pas au paradis.

Comme toujours depuis son arrivée chez Ferrari, à Imola, Joann avait consigné les chronos de son pilote de mari sur son immense cahier. L'électronique embarquée et la télémétrie n'existaient pas encore. Par cette activité, elle trompait son inquiétude par rapport aux dangers qu'encourait Gilles et avait le sentiment de rendre service. « La majorité des gens, en Formule 1, ont tendance à nous faire sentir – nous les épouses – que l'on est simplement " la femme de... " Or, chez Ferrari, j'étais considérée parce que je m'occupais, je m'intéressais à la vie de l'équipe et à ses résultats. L'équipe appréciait réellement le rôle que j'avais auprès d'elle. Dans le périmètre qui leur était accordé sur les circuits, je n'étais pas seulement la femme de Villeneuve, en pâture pour les photographes et le *glamour*. En dehors, c'était différent. Nombreux étaient ceux qui ne voyaient en moi qu'une accompagnatrice. Jamais chez Ferrari! Parfois, les contrôleurs ne permettaient pas à tous les membres de l'écurie de rester sur le muret séparant l'allée des stands et la piste et ils tentaient de m'en déloger. S'en apercevant, les mécanos accouraient pour me protéger. Ils disaient haut et fort : " Non, non, elle a le droit d'être là. C'est son poste, laissez-la tranquille! "

« J'assistais aussi aux *debriefings* parmi les ingénieurs, les pilotes et le directeur sportif. À force d'entendre parler de telle et telle difficulté, les moyens de les résoudre, je comprenais ce qui se disait. J'étais au courant du fonctionnement des ailerons, des jupes latérales puisque c'était l'époque des monoplaces à effet de sol, etc. J'avais vraiment l'impression de faire partie de l'équipe. J'ai beaucoup aimé ce rapport de confiance et de considération. »

En quittant Imola, Joann ne se doutait pas qu'elle avait noté les temps pour la dernière fois. Quinze jours plus tard, date de la manche belge disputée à ce moment-là dans une région de langue flamande, elle avait prévu de rester à Monaco afin de préparer la première communion de Mélanie. Et depuis ce gênant Grand Prix d'Imola, chacun y était allé de sa diplomatie et de sa persuasion afin que Gilles – qui ne voulait plus entendre parler d'amitié – se réconcilie avec Pironi. Ne serait-ce qu'un semblant, histoire de ne pas perturber le fonctionnement et les intérêts de l'équipe. La suite du championnat promettait de belles courses du côté des Rouges, il ne fallait pas que la zizanie des pilotes entraîne la *Scuderia* à la catastrophe! Le *Commendatore* en personne s'était d'ailleurs rendu à Fiorano, où l'équipe effectuait quelques essais privés au lendemain de ce Grand Prix du divorce. Après avoir bavardé avec Gilles et Didier, il leur avait demandé de se serrer la main. Notre Québécois s'était exécuté d'un air détaché, seulement pour faire plaisir au vieil homme. Mais il ne désirait plus adresser la parole à son traître de coéquipier.

Une humiliation en public

« Gilles était fâché pour de bon, et irrémédiablement, avec Didier. La trahison avait été tellement grande à ses yeux qu'il éprouvait autant de colère envers Didier qu'envers lui-même de s'être fait rouler. Une énorme gifle donnée en public! En Italie! Je n'étais pas à Fiorano, où Enzo Ferrari aurait tenté d'amorcer une reprise de leurs relations. Gilles ne l'aurait pas fait spontanément ni ne me l'a raconté. Il ne décolérait pas. J'imagine qu'Enzo aurait encore essayé de les rabibocher mais cela aurait été peine perdue, certainement. Parce que, dans la tête de Gilles, le déclenchement de cette course de folie venait d'une troisième personne : Marco Piccinini! Et cette autre faute était pour lui inacceptable. Trop énorme! » Têtu comme personne, il ne fallait rien espérer de Gilles.

Sans l'épisode dramatique de Zolder, qui a finalement et radicalement solutionné les problèmes relationnels, difficile d'imaginer qu'au bout de quelques semaines, ou de quelques mois, petit à petit, amitié et confiance se seraient ranimées. Même dans l'hypothèse d'un *mea culpa* appuyé et réitéré de Pironi et de Piccinini… « Non. C'est trop facile, après coup, de s'abriter derrière un banal " Je suis désolé! " Trop facile de s'excuser, de " s'autopardonner ", quand l'irrémédiable est fait. Être désolé ne signifie pas grand-chose de profond. Et n'empêche personne de reproduire la même bourde. Il lui suffira de répéter : " Je suis désolé "! Gilles n'attachait aucune valeur à cet adjectif, il préférait de très loin que les gens pensent avant aux répercussions de leurs décisions ou de leurs gestes. Consigne ou pas, manipulation et manœuvre secrète ou pas, Pironi aurait dû se poser la question de savoir si sa volonté de gagner à tout prix n'aurait pas eu des conséquences fâcheuses sur le plan de ses relations avec celui qu'il allait forcément trahir. Gilles était à ce point intransigeant, capable de ne pas attaquer son coéquipier pour lui ravir une victoire dans un contexte de stratégie définie par l'équipe.

Tout le monde se souvient de sa loyauté envers Jody Scheckter à la fin 1979.

« Le mal était fait, le ver dans le fruit. Gilles aurait quitté la *Scuderia* à la fin de la saison. Ou il aurait changé d'écurie, ou il se serait sérieusement lancé dans le montage de sa propre structure de course, avec Gérard Ducarouge aux commandes du bureau d'études. Pour l'heure, les éventuels financiers italiens intéressés par ce projet n'étaient pas clairs du tout. L'idée était lancée, le projet d'une équipe F1 de Gilles Villeneuve bien réel. C'est pour cette raison que, lorsque l'histoire de Pironi s'est produite, dans la tête de Gilles, il n'y avait pas la plus petite possibilité qu'il reste au sein de la *Scuderia* en 83. L'aspect fidélité, loyauté pour Ferrari s'était évaporé sur la piste d'Imola et les liens définitivement cassés. »

À la suite de cet épisode, Gilles était autant projeté dans son avenir personnel à la tête d'une écurie pour laquelle il avait tout à faire que dans sa quête d'un titre mondial. En fait, il était extrêmement déçu et déstabilisé. « Il ne se moquait pas du championnat du monde dans lequel il était engagé, souligne Joann, mais il pensait de plus en plus à assurer son propre avenir dans l'après-Ferrari. Plus rien n'était constructible avec ces derniers. Par cette grosse cassure, la confiance qu'il avait placée dans la *Scuderia* n'existait plus. Et sans confiance, il ne pouvait plus rien se passer de magique. Dans sa tête, sa nouvelle voie était tracée et il ne serait pas revenu en arrière. Même si le premier financement proposé par ces Italiens n'était pas crédible. Si ma mémoire est bonne, leur montage était un peu tordu, du style " Prenons Gilles sous contrat, médiatisons le projet et, partant de là, on attirera des sponsors ". Ça sentait l'arnaque.

« Je m'en étais aperçue lors d'un dîner d'affaires en Italie. Gilles, qui aimait bien avoir ma présence silencieuse mais attentive à ses côtés pour ensuite me demander mon avis, avait insisté pour que je l'accompagne. Ca m'embêtait vraiment! J'aurais préféré manger un morceau avec quelqu'un de sympathique – Christian Tortora, par exemple – plutôt que d'aller là-bas avec ces

Italiens que je n'appréciais pas trop et dont, inconsciemment, je me méfiais. " C'est hors de question! Il faut que tu viennes avec moi. "

« J'ai donc atterri à leur table. En revenant de ce repas, je dis à Gilles : " Tu sais, il y a quelque chose de pas net dans leur plan. Si tu leur fais confiance, pourquoi pas? À condition que tu ne t'y investisses pas trop pour l'instant. Mais avant de t'engager avec eux, adresse-toi à des avocats. Qu'ils examinent de près ce projet. " Évidemment, ces gens-là ne tenaient pas à ce que des avocats mettent leur nez dans leur plan. Ils ont tout arrêté et le projet a capoté. »

Joann se tenant toujours au courant de tout était souvent de bon conseil pour Gilles. « Arrive un moment où les pilotes de Formule 1 deviennent persuadés de leur jugement obligatoirement infaillible, et un petit peu arrogants. Gilles comme les autres. C'était alors un tantinet compliqué de communiquer. Il fallait trouver la bonne façon de lui exposer ce que je pensais de manière qu'il accepte mon avis sans vagues. Et donc l'histoire sans lendemain des avocats a facilité ma tâche.

« À l'image de ses confrères pilotes, il était égoïste. Ils ne peuvent pas ne pas l'être, c'est dans leur vie, leur métier, leur raison d'exister. Courir à ce niveau est un sacerdoce tant les sacrifices du pilote sont grands pour y accéder, mais dès lors qu'il vit dans ce monde, il se retrouve dans une bulle. Les ingénieurs, les mécaniciens, les journalistes, les secrétaires à l'usine… tout le monde n'est là que pour lui. Il est celui qui peut faire perdre ou gagner une équipe, un constructeur. Il est le nombril du monde. D'ailleurs, c'est écrit en gros dans les journaux! Un pilote non égoïste, ne se considérant pas le meilleur, le plus rapide n'y arrivera jamais. Ou il végétera dans de petites écuries. Michael Schumacher, on l'a bien ressenti, a porté cette exigence à l'extrême. Un grand pilote ne peut pas être gentil, il doit avoir un comportement " d'assassin ", du moins dans le cadre de son métier. » Exigeant, Gilles l'était d'abord pour lui même, mais également pour l'ensemble de son entourage, autant professionnel que familial.

Des talons hauts, Joann n'en a pas achetés beaucoup au cours de sa vie avec Gilles, et encore moins portés. Bien que ce soit une généralité chez les pilotes de Formule 1, il se trouvait trop petit et ne supportait pas que sa femme le dépasse trop. Ce n'est pas lui qui se serait affiché avec un *top model* aux jambes sans fin! Gilles était jaloux et possessif. Les hommes entourant Joann ne devaient pas se montrer démonstratifs ou trop familiers avec elle. Une simple bise purement amicale, un repas sur le pouce à l'extérieur alors qu'il était retenu ailleurs? Il n'en était pas question! Même les sorties au restaurant entre femmes de pilotes ne devaient pas s'éterniser. Au bout d'une heure et demie, il l'appelait pour lui demander ce qu'elle pouvait bien foutre. Cependant, les caprices de milliardaire étaient le seul apanage de Gilles. Il dépensait des sommes astronomiques en engins capables de le propulser à des vitesses folles, en outils, pièces spéciales…, mais quand Joann avait un œil sur une bague avec un diamant « gros comme ça » dans la vitrine d'un joaillier, il parlait de caprice bien féminin. Donc forcément futile et inutile.

« Tu as bien acheté ce bateau de folie, toi!

– Oui mais, ce bateau, tu en profites aussi! »

Son apparence physique lui tenait à cœur : personne n'a vu Gilles lire quoi que ce soit sur un circuit lunettes sur le nez! Il était très préoccupé par l'image qu'il donnait de lui. En cette année 1982, il commençait à se regarder avec inquiétude dans les glaces, trouvant ses cheveux anormalement clairsemés. Il s'empressait de les chiffonner sur son front après avoir enlevé sa cagoule et s'était procuré des renseignements sur les implants capillaires. Détestant complets, smokings, nœuds papillon et petits souliers vernis, Gilles était malgré tout soucieux de son *look*. Sportif, simple mais de bon goût.

Gérard Ducarouge : « Nous parlions de plus en plus sérieusement de cette équipe Villeneuve. »

Gérard Ducarouge, ingénieur dont la renommée s'est construite avec celles de Matra et de Ligier, avait conçu quelques excellents châssis de Formule 1. La perspective de travailler avec Villeneuve lui plaisait beaucoup. « J'avais un contact assez privilégié avec Gilles. Je ne peux pas dire que c'était un ami comme j'ai pu l'être avec Ayrton Senna, que je côtoyais journellement chez Lotus au milieu des années 80, mais le courant passait très bien entre nous. On s'appréciait mutuellement et, depuis longtemps, chaque fois que nous avions cinq minutes, on se parlait.

« Dans les mois précédant son dramatique accident en Belgique, Christian Tortora m'avait souvent répété : " Avec Gilles, il faut que vous montiez une écurie, c'est ce qu'il a envie de faire! " Nous en avions effectivement discuté, Gilles et moi. Nous en étions aux prémices, l'idée était lancée. Je suppose qu'il avait de son côté pensé aux moyens de financer l'entreprise, mais il n'avait encore jamais eu l'occasion de me parler de ce sujet précis. Pour lui, j'étais un pur et dur technicien et une autre personne se serait chargée de l'administratif. Nous parlions de plus en plus sérieusement de cette équipe Villeneuve et nous réfléchissions chacun de notre côté de la bonne manière de la construire.

« Tortora ne se lassait pas de faire la liaison entre nous. Il venait vers moi et disait : " Bon, alors, vous allez la faire, cette écurie avec Gilles? " Je l'aimais bien, ce gars-là, gentil et si attaché au pilote de son pays! Je le rassurais. " Pas de problème! On y pense jour et nuit! Il faudrait juste trouver un jour ou deux pour en parler sérieusement. Jusque-là, nous n'avons eu que des bribes de discussion entre deux séances d'essais, en nous croisant dans un paddock. " L'idée était là, elle nous plaisait beaucoup à tous les deux. Malheureusement, nous n'avons jamais eu le temps d'entrer dans les détails. Le sort en a décidé autrement. L'accident de Zolder s'est produit beaucoup trop tôt. De toute façon, c'est toujours trop tôt, un accident…

« Nous n'avions même pas défini ce que pourrait être notre monoplace. Gilles m'avait simplement dit :

" Tu pourrais assurer la direction technique. Qu'est-ce que tu en penses?

– Moi, ça me va très, très bien! Partir d'une feuille blanche m'intéresse vraiment beaucoup! "

« Nous avions évoqué le lieu où pourrait être implantée notre structure. Dans le midi de la France, pas loin du Paul Ricard, à l'époque circuit permanent, accueillant le GP de France, où nous pourrions facilement aménager nos séances d'essais. Pas loin non plus de Nice. À l'ouest de l'aéroport, vers Saint-Laurent du Var, il y avait une zone industrielle avec des locaux de belle facture, tout près de l'autoroute. Ça aurait été très pratique. D'accord sur le principe, nous désirions bloquer un week-end pour développer cette idée. Nous n'avons jamais eu le temps de le faire, d'aller plus loin dans ce projet qu'on commençait à bien sentir. Dommage, j'adorais Gilles… Après ce qui s'était passé à Imola, il était en froid avec Ferrari. Notre aventure aurait certainement démarré à ce moment-là. Nous aurions trouvé le temps de nous rencontrer, même si ce n'était pas facile en pleine saison, avec toutes nos occupations : lui chez Ferrari mais vivant à Monaco et dans les Alpes, moi chez Alfa Romeo et basé en Italie. Une chose était sûre : Gilles Villeneuve aurait été le pilote tout trouvé de notre nouvelle équipe! »

CHAPITRE 9
LE 8 MAI 1982

Avant de pouvoir ébruiter ses intentions de changer d'écurie ou de mettre sur pied sa propre équipe, le Québécois avait un compte à régler avec Didier Pironi. Strictement personnel, dicté par son amour-propre et la certitude qu'il était le plus rapide des deux. Désormais, partout où il courrait, il mettrait un point d'honneur à le devancer. En retrouvant Christian Tortora devant le garage Ferrari de Zolder (Belgique), moins de 15 jours après l'épisode d'Imola, Gilles lui glisse à l'oreille : « Accroche-toi Torto, j'vais faire péter un temps! »

Samedi 8 mai 1982. D'ici quelques minutes, l'ultime séance chronométrée définissant la grille de départ du Grand Prix de Belgique devrait s'achever sur un tir groupé des Renault de Prost et Arnoux (Renault turbo) en première ligne. Tempête sous le casque du pilote de Berthier : son rival n° 1 a réussi un tour en 1 minute 16,501 secondes. Il passe par son stand, demande un dernier train de pneus tendres, de la race de ceux qui produisent des temps « canons », fait rectifier son aileron et se rejette dans l'arène, le couteau entre les dents. Mais, le chrono qui le libérerait de son idée fixe et de ces rondes échevelées tarde à venir, et le meilleur de ses gommes s'est dispersé sur l'asphalte : 1 minute 16,616 secondes... Ses pneus sont foutus. Qu'importe! rien n'est encore perdu!

À huit minutes du coup de gong final, il retente sa chance, une ultime fois, transcendé par son amour-propre encore froissé. Sa Ferrari négocie les virages dans un élan à couper le souffle, sans faute, de façon à arracher ce dixième et quelques poussières qui le placerait juste devant son coéquipier. Devant lui, même d'un souffle, lui suffirait! Il a tôt fait de rattraper la

March 821 de l'Allemand Jochen Mass, qui rentre aux stands à plus faible allure. Normalement, un dépassement sans la moindre importance... Sauf qu'à 260 km/h à l'approche du double droite de Terlamen, la moindre mésentente de trajectoire peut avoir des conséquences diaboliques. Estimant que la Ferrari emprunte la voie de gauche, Mass se déporte un peu sur la droite pour ne pas gêner son camarade. Précisément du côté où le Québécois est en train de plonger sans lever le pied à la vue de cet obstacle. Ce n'est pas dans son habitude, mais l'effet de surprise est surtout arrivé trop vite. Les roues gauche de la monoplace n° 27 escaladent les roues droite de la March qui font office de tremplin, d'engrenage. Instantanément, la 126 C2 se cabre sur ses roues arrière, décolle, tape un talus avant d'effectuer une série de soleils pendant lesquels elle se désarticule, se désagrège et voit son pilote éjecté brutalement contre un grillage. Impact si violent dans la butte en terre que les points d'attache du harnais dit de sécurité se sont arrachés de la paroi interne du réservoir d'essence. Et en fait de grillage, c'est sur le haut d'un piquet de soutènement que l'arrière de son casque a frappé violemment.

À cette époque, seules la direction de course et la salle de presse possédaient un circuit interne d'images. Tandis que l'équipe Ferrari et quelques journalistes, devant le garage, attendent avec angoisse des nouvelles de Gilles – personne ne soupçonne la gravité de l'accident – dans une salle juste au-dessus, un écran nous transmet l'intervention des secouristes. Désespérée... Le cœur ayant cessé de battre, un bouche-à-bouche est tenté. Il ne redémarre toujours pas. Alors, les hommes agenouillés de part et d'autre de Gilles dégagent vivement le haut de la combinaison et tentent un massage cardiaque. Une ambulance arrive, zigzague au milieu des restes de la Ferrari et s'immobilise tout près. La porte arrière s'ouvre prestement. Réanimé mais dans un coma profond, le Québécois est placé sur une civière avec d'infinies précautions et dirigé vers le centre médical du circuit auprès duquel se posera bientôt l'hélicoptère qui le transportera quelques minutes plus tard dans l'unité de réanimation de l'hôpital universitaire Saint-Raphaël de Louvain.

Tant attendues et en même temps redoutées par tous, les premières nouvelles de l'état de Gilles nous parviennent un peu plus de trois heures et demie plus tard. Ses médecins confirment le coma et font état de graves lésions à la nuque. Les vertèbres cervicales sont fracturées et, bien plus grave encore, la moelle épinière a été sectionnée. Naturellement, il est « branché », ses fonctions vitales assurées artificiellement en attendant l'arrivée de Joann... Gilles, 32 ans, part doucement dans son paradis rouge à 21 h 12.

Conscient des risques

Il lui était arrivé d'aborder les risques de son métier dans ses entretiens. La veille de cette funeste journée, le quotidien belge *Le Soir* l'avait fait réagir sur le sujet. « Je n'ai pas peur car j'ai conscience des risques. Il arrive qu'on ne puisse rien faire pour corriger, atténuer la sortie de piste. Si je dérape à vive allure ici à Zolder, par exemple, qu'est-ce que je peux faire sinon crier " Maman! " et faire le signe de la croix? Si j'en ai le temps! »

Plus que de mourir au volant de sa monoplace, d'un quelconque engin mené à fond de train en général, Gilles redoutait l'accident grave qui le clouerait sur un fauteuil roulant ou, pire, le laisserait en condition de vie végétative le restant de sa vie. Plutôt mourir que d'être confiné dans un lit ou sur une chaise à roulettes sans espoir de remarcher un jour!

Sur le circuit, tout le monde était anéanti. À commencer par Didier Pironi, mesurant dans son for intérieur la portée de son attitude à Imola. Dans son esprit, leur brouille était passée au dernier plan et il aurait donné bien volontiers sa victoire de Saint-Marin pour que tout recommence à zéro, sachant la manière dont son ami Gilles en avait été affecté. Désormais, au nom de cette amitié, il sera un syndicaliste accompli à la tête de l'Association des pilotes de Grands Prix et n'aura de cesse de fustiger règlements techniques et organisateurs équipant leur circuit à la légère. Bref, il deviendra un farouche défenseur de la sécurité et dédiera sa victoire hollandaise à Gilles : « J'ai beaucoup pensé à lui pendant le dernier tour. À tout le travail qu'il avait fourni afin que cette voiture marche aussi bien… Désormais, aucun Grand Prix ne sera disputé – gagné ou perdu – sans le souvenir de Gilles, mon copain, avec qui j'ai partagé tant de moments privilégiés. »

Après l'accident de Gilles, nombre de pilotes ont pleuré, d'autres envisageaient de ne pas s'aligner à la course du lendemain. Une épaisse enveloppe de tristesse s'était déposée sur ce coin de Belgique où l'on ne percevait plus le moindre signe du printemps. La course eut bien lieu – sans Ferrari, repartie au pays en signe de deuil –mais elle passa au dernier plan des pensées de chacun. Et dans sa maison en Italie où il restait enfermé, Enzo Ferrari l'avait pleuré « comme un fils », tant Gilles lui rappelait son fils Dino, emporté en pleine jeunesse par la maladie. « Je l'aimais », avait même ajouté le grand homme aux vastes lunettes noires dissimulant des yeux rougis. Et que dire des *tifosi*? Ils avaient tous le cœur en berne, classant leur idole au rang de héros et bientôt de saint.

Dans leurs interventions radiophoniques, dans leurs articles, les journalistes consternés ne cessaient de brosser des portraits de Gilles Villeneuve, le Petit Prince trop tôt disparu, le champion sans couronne, quêtant les témoignages des personnages connus. Que représentait le Québécois pour eux? Un pilote devenu grand par sa classe, son talent inné de funambule, et tout ce qui faisait la richesse de cet homme à part en Formule 1 : générosité, popularité, sincérité, droiture, spontanéité, courage, etc. Une multitude de vertus ajoutées à une impression de désintérêt, de dérision de la vie. Gilles nous a beaucoup étonnés en arrivant dans la discipline reine, et pas un seul pilote ne fut comparable par la suite. Que ce soit sur le plan pilotage, ou sur celui de sa personnalité.

Absente, pour une fois...

Exceptionnellement, Joann était absente de Zolder en ce week-end maudit de mai. « Une des rares fois où je n'accompagnais pas Gilles sur un circuit... Et ces rares fois, j'avais la hantise de ce téléphone qui pourrait malheureusement sonner. Même en essayant d'être positive, une femme de pilote n'oublie jamais que ce métier est extrêmement dangereux. J'étais donc toujours sur les circuits où se disputaient les Grands Prix, même si on ne peut rien faire de plus en cas de gros pépin... Je sais très bien que ma seule présence ne pouvait le protéger ou le sauver..., mais j'étais là, rassurée de voir ce qui se passait autour de moi! Et cette fois, je m'étais dit : " Il y aura d'autres Grands Prix dans notre vie, alors que la première communion d'un enfant ne se produit qu'une seule fois ". La cérémonie devait avoir lieu le dimanche 9 mai, jour du Grand Prix de Belgique 1982.

« Le samedi après-midi, quand le téléphone a retenti, je préparais des biscuits pour les enfants. Jody Scheckter, le champion du monde F1 1979, était au bout du fil. Personne d'autre pouvait m'appeler, ou n'osait pas. " Gilles vient d'avoir un accident pendant les essais qualifs. C'est très, très grave. " Je n'arrivais pas à comprendre... Ce fut très long, pour moi, de réaliser. Il a fini par ajouter : " J'ai peur qu'il n'y ait rien à faire... " Je lui répétais, hébétée : " Mais si, il y a toujours quelque chose à faire! "

« Le temps m'a paru une éternité avant que j'accepte le fait qu'il avait eu un accident, et très grave par-dessus le marché. " C'est très grave. Tu vas monter tout de suite! "

« Dans ma tête, régnait le refus absolu qu'il pouvait en mourir. C'était " oui " mais on va l'opérer, le sauver! Je ne parvenais pas à saisir le caractère désespéré de la situation. J'ai loué un avion.

« Sur place, à l'hôpital de Bruxelles, je n'ai pas pensé qu'il allait nous quitter. Certes, il était assisté par plein de machines, mais je le voyais respirer. Son cœur battait! Je l'ai compris par la suite, ils l'avaient maintenu en vie pour éviter d'avoir à remplir ce fameux bout de papier avant que la famille arrive. Ce fut la même chose pour Ayrton Senna, 12 ans plus tard. C'est trompeur. Sur le coup, on se dit qu'il y a une chance. Même minime! Tout ce que l'on voit, c'est l'homme de sa vie, allongé, branché à ces tuyaux.

« On se dit que tant qu'il est médicalement assisté, la chance de le récupérer existe! En tout cas, c'est ce qui me passait par la tête. On lui administrait des médicaments afin que le cœur ne lâche pas. Les médecins m'ont bientôt expliqué que ces produits n'allaient plus faire effet et qu'il allait s'éteindre tout doucement. »

Le dimanche 9 mai 1982, la communion de Mélanie a évidemment été annulée. Son père était décédé la veille et Joann avait rejoint la Belgique en panique. « J'y suis montée sans les enfants. Ça aurait été trop difficile de tout gérer! Les emmener avec moi sous-entendait leur parler avec clarté, mais sans les plonger dans le désespoir. Cette inquiétude se serait ajoutée à la mienne, je n'y serais pas arrivée! » Christian Tortora, le journaliste de la première heure en Formule 1, était déjà sur place. Il avait réglé quelques détails urgents en son absence.

Les funérailles

Chacun se souvient avec tristesse de cette jolie femme digne, toute de noir vêtue, la broche en diamants offerte par Enzo Ferrari accrochée au-dessus du cœur, tenant ses enfants par la main derrière le cercueil...

« Nous allions mesurer à quel point Gilles était aimé et considéré chez nous! Il eut des obsèques nationales le mercredi 12 mai, à partir de 15 heures. Pierre-Elliot Trudeau, le premier ministre du Canada, y assistait, de même que René Lévesque, premier ministre du Québec, et Jean Drapeau, le maire de Montréal. Il n'y avait pas beaucoup de pilotes, c'est vrai. En fait,

Gilles Villeneuve

La maison familiale des Villeneuve à Berthierville. Gilles y passera la majeure partie de son enfance.

Pierrette Brissette/Musée Gilles-Villeneuve

À l'adolescence, Gilles a été pensionnaire au Séminaire de Joliette. On le voit ici avec ses camarades de classe sur la photo officielle de l'année scolaire 1962-1963.

Gilles Villeneuve a fait ses débuts en course sur les circuits de motoneige. Photo promotionnelle de la saison 1972, celle où il fut consacré champion du Québec après avoir signé 10 victoires sur 14 courses.

*1973. Grand Prix de Trois-Rivières,
Formule Ford. Gilles Villeneuve fait
le tour d'honneur devant la foule,
qui acclame sa victoire.*

Séville Villeneuve, père de Gilles, pose fièrement avec ses deux petits-enfants, Mélanie et Jacques, aux côtés de la March 75B que conduit Gilles sur les circuits de la Formule Atlantique (1975).

1975, Formule Atlantique. Gilles au volant de sa March 75B portant le numéro 69.

Le 5 septembre 1976, Grand Prix de Trois-Rivières, Formule Atlantique. Gilles Villeneuve est poursuivi par le pilote américain Bobby Rahal, à la sortie du virage Papineau (rebaptisé depuis Depailler) en route vers sa victoire.

Toujours au GP de Trois-Rivières, Formule Atlantique, le pneu avant gauche de la voiture de Villeneuve sur le vibreur au point de corde dans le virage n° 2 du circuit.

Villeneuve, victorieux, sur le podium au Grand Prix de Trois-Rivières 1976 en compagnie de Pierre Proulx, de Joann et de Lorne Germain, alors président du GP.

Gilles et Joann, son indéfectible compagne dans sa vie familiale et professionnelle (1976).

En 1976, Gilles Villeneuve remporte le Championnat de Formule Atlantique. Il est invité à signer le Livre d'or de Berthierville.

Dimanche, 8 octobre 1978. Gilles Villeneuve remporte sa première victoire en F1 au Grand Prix du Canada sur la piste qui portera plus tard son nom. Sa famille le rejoint pour fêter. Dans l'ordre habituel : Jacques Villeneuve oncle, Joann, le jeune Jacques fils, Gilles, Séville et Georgette, ses parents.

Gilles devant la maison familiale où il revient toujours avec plaisir.

Le mode de vie du pilote Villeneuve étonne. Il est le premier à délaisser le luxe d'une chambre d'hôtel, préférant vivre dans une caravane avec sa famille sur les abords des différents circuits.

Montréal, 8 octobre 1978. Devant 73 000 spectateurs venus acclamer le petit gars de Berthier, celui-ci signe sa première victoire en Formule 1.

*Au Grand Prix du Canada, édition 1979,
Gilles Villeneuve grimpe sur la deuxième marche du podium.
L'Australien Jones l'a devancé par 1,08 seconde.*

*Grand Prix du Canada, 1980. Gilles accorde une entrevue
à l'ex-triple champion du monde, Jackie Stewart.*

*Gilles en grande discussion avec ses mécaniciens
en marge du Grand Prix du Canada 1981.*

1981. Le dernier Grand Prix de Gilles Villeneuve
à Montréal. Il se classe troisième malgré un
accrochage qui le privera de son aileron.

Les gains de Gilles en F1, salaire et commandites,
lui permettent de se payer quelques fantaisies,
dont cet hélicoptère qu'il utilise pour faciliter ses
déplacements.

Jacques Villeneuve

16 août 1992. *Grand Prix de Trois-Rivières, Formule Atlantique. Beau duel des deux Jacques Villeneuve. Le fils devance l'oncle de peu. Ce dernier ne peut terminer la course à cause d'un bris de moteur. Son neveu, à bord de la voiture Player's, termine troisième.*

À l'issue d'un magnifique duel, Jacques Villeneuve dépasse le Torontois David Empringham et atteint la ligne d'arrivée bon premier, remportant , sur le circuit qui porte le nom de son père, une victoire bien méritée *(Formule Atlantique, 1993).*

Première présence de Jacques Villeneuve en F1 au Grand Prix du Canada 1996 où il obtiendra la deuxième position. La foule lui réserve un accueil digne d'un héros.

je ne voulais pas que Didier Pironi soit parmi nous. Je ne souhaitais pas le voir dans l'assistance, jugeant l'histoire d'Imola trop indécente, et trop proche. Je me disais que Gilles, allongé et froid, n'aurait pas voulu sa présence. Après la " trahison " d'Imola, je savais trop bien dans quel état d'esprit Gilles se trouvait.

« Avec le temps, on voit les choses différemment. Je me dis que ce garçon, Didier, sincèrement, a certainement énormément souffert de la fin tragique de cette histoire. Et puis, la vie a fait qu'il a payé très cher par la suite. Énormément de pensées viennent tempérer les ressentiments. Mais, sur le moment, la douleur domine. »

Après la disparition de Gilles pour laquelle, au plus profond de lui, Didier s'était investi d'une énorme part de responsabilités, il associait sans cesse sa mémoire à la course du jour. Courses où la Ferrari 126 C2 démontrait souvent d'excellentes dispositions. C'était assurément la voiture de l'année, celle qui aurait dû porter l'un de ses pilotes au titre suprême s'ils avaient pu disputer leur championnat jusqu'au terme, c'est-à-dire le Grand Prix des États-Unis, à Las Vegas. Dans les semaines qui suivirent, Didier Pironi fit souvent référence à son « ami Gilles ».

« Mais pouvions-nous évoquer l'amitié après avoir été capable de la bafouer pour une victoire? Était-ce réellement de l'amitié? Si l'on nourrit pour quelqu'un une véritable amitié, on va jusqu'au bout de la loyauté, de la parole donnée. Là, on peut parler de réelle amitié! Enfin, tout cela est du passé... Ils ne sont plus là, ni l'un ni l'autre. Je me souviens d'un hommage que les Italiens avaient organisé pour les 20 ans de la mort de Gilles, où je m'étais naturellement rendue. Les gens qui m'entouraient sont revenus sur la trahison de Didier. " À quoi bon? Ils ne sont plus de ce monde, pourquoi ranimer la polémique? " Il était temps d'enterrer la tragédie de Zolder. »

En prénommant ses jumeaux Didier et Gilles – enfants nés après le décès en mer de Didier Pironi – la compagne de ce dernier, quelques années plus tard, a en quelque sorte réhabilité cette amitié... « De cette histoire, elle n'a eu que la version de Didier et ignore donc tout de ce qui s'est réellement passé. Sans doute, Didier regrettait-il ce qui s'était passé. En évoquant Gilles, il parlait aussi d'amitié, des bons moments qu'ils avaient partagés ensemble. Et donc, pour elle, qui n'a pas vécu ce début de championnat 1982, Didier et Gilles représentaient réellement le duo de l'amitié. Elle n'a pas connu cette cassure énorme entre deux hommes... C'est vrai que Didier, chez lui, était entouré de photos où figurait Gilles. » Photos de partage, donc d'amitié. Photos inspirées par les remords aussi.

« Remords? C'est peut-être une partie des sentiments qu'il éprouvait après. Didier vivait sans doute avec une douleur intense au fond de lui. Qu'il aurait pu éviter. Remords, culpabilité... C'était vraiment une grande douleur d'homme. Une grande partie de cette douleur lui était inspirée par le fait d'être à l'origine de cette sombre histoire. Il avait manqué de loyauté pendant la course d'Imola. Aveuglé par l'occasion de vaincre, il avait ignoré les consignes sans en mesurer les conséquences sur le plan humain après la ligne d'arrivée. Légèreté. Il a pensé qu'en disant " Je suis désolé " avant le Grand Prix de Belgique, tout serait effacé. Didier et lui redeviendraient copain-copain. Le poids du gâchis a introduit la douleur lorsqu'il a vu que son " Je suis désolé " ne fonctionnait pas. »

L'orgueil passager d'un homme a détruit une relation forte, comme la Formule 1 en a peu, ou jamais connue. Jean-Pierre Jarier dit que la mort de Didier aux commandes de son bateau de course a également été le résultat, l'expression d'un péché d'orgueil. Une coupure des gaz de 0,15 seconde, comme le conseillait son assistant au pilotage, aurait sans doute suffi à son cigare de course pour franchir la vaguelette formée par le sillage d'un lointain pétrolier. Il a cru pouvoir la maîtriser sans céder, et en sortir vainqueur. « Je crois que Jarier a vu juste. Probablement, Didier a été trahi par une pointe d'orgueil très, très forte. N'étant pas dans le secret de leur esprit, on ne peut pas juger. Tout ce que je sais pour l'avoir vue de près, c'est la réaction de Gilles après la course d'Imola. Elle a été terrible! »

Les victoires éblouissantes de Gilles Villeneuve chez Ferrari, ses coups d'éclat, sa façon d'aller jusqu'au bout de situations incroyables... à en être fantasque, ne s'effaceront pas facilement de nos mémoires. Et cette irruption surprenante dans l'écurie italienne en 1977 encore plus décalée! Ce fut quand même exceptionnel de voir ce petit Québécois, arrivé de nulle part, débouler en F1, sommet du sport automobile par l'intermédiaire de son équipe la plus prestigieuse! Alors que, jusque-là, le recrutement de la *Scuderia* représentait le couronnement d'une carrière déjà bien remplie...

« De l'autre côté de l'Atlantique, nous ignorions le culte que les Européens vouaient à cette écurie. De par notre appartenance au continent nord-américain, les voitures américaines nous étaient familières, pas tellement celles du vieux continent. Nous n'avions pas cette culture de la Formule 1. À notre arrivée, nous étions heureux car c'était une promotion dans la carrière de Gilles, mais on ignorait qu'il mettait ses bottines dans un sanctuaire. On nous l'a fait remarquer! Mais pas trop... »

CHAPITRE 10
SEULE AVEC DEUX ENFANTS

« **D**e retour de son incinération, les heures, les jours, les semaines qui suivirent m'ont vue complètement désemparée, désorientée. Très malheureuse. Plus de Gilles, plus de circuits, plus de repères. C'est terrible, angoissant de se retrouver comme ça du jour au lendemain. J'avais 30 ans. Où aller, que faire? Partie de ma maison où je vivais avec ma mère, pour me marier très jeune et avoir mes enfants très rapidement, je n'avais jamais vécu ma propre vie. Et là, bien trop vite aussi, je me retrouvais subitement toute seule avec mes deux enfants. Ce fut très dur. On doit reconsidérer l'avenir, pour eux, pour soi. De plus, on continue de faire confiance à des gens pour se rendre compte que, parfois, elle a été mal placée. »

Gilles disparu, un comité de tutelle a été constitué par Gaston Parent, l'agent du pilote, avec Patrick Tambay et John Lane afin de gérer le patrimoine. Seul l'usufruit des placements revint à Joann. En clair, elle n'avait aucun droit de regard. Même la maison a été placée au nom des enfants. Tout a-t-il été calculé pour l'écarter? Manque de confiance de Gaston Parent? Amalgame avec une affaire de cœur parallèle qu'entretenait Gilles depuis quelque temps? Excès de zèle en voulant simplement protéger le patrimoine de Gilles? Joann renâcle à en parler.

« On a coutume de dire que Gaston a réellement fait démarrer Gilles en sport automobile à une époque où nous étions coincés par le manque d'argent. S'appuyant sur la boîte de publicité qu'il possédait, il a réussi à faire des coups de pub à droite et à gauche pour lui offrir une opportunité. Par exemple, son idée de souscription pou les *fans* et des entreprises. Chacun a un peu participé. Par la suite, il est devenu son agent. Avant qu'il ait son accident, Gilles voulait d'ailleurs s'en détacher. Cette décision avait été difficile à prendre, mais avant Zolder il avait bien intégré ce choix. Étant quelqu'un de très fidèle en tout ce qu'il faisait, il était allé jusqu'au bout des choses. Mais là, il se rendait compte que ça n'allait plus. Gilles était prêt à le lui dire. Il s'est tué, j'ai gardé ça pour moi. Je n'avais plus envie de soulever ces choses-là. Je ne conserve pas de lui le souvenir de quelqu'un de très tendre avec moi après la mort de Gilles. Il m'a causé beaucoup de torts. »

La petite amie de Gilles

Le 17 octobre 1982, le couple Gilles et Joann Villeneuve aurait certainement trinqué – verre de Coca contre coupe de champagne – pour fêter leur 12 ans de mariage. Mariage « galère » au début lorsque, à cours d'argent, ils avaient dû faire face au besoin de réussite du pilote et à la nécessité de faire vivre la petite famille. Miracle qu'avait réussi la patiente, aimante et volontaire jeune femme. À sa place, une autre qu'elle aurait saisi la plus petite occasion embarrassante afin de le mettre au pied du mur : assez de vaches maigres! Pour les enfants et la stabilité du ménage, elle aurait obligé Gilles à aller travailler, comme tout le monde. Pourquoi pas dans l'entreprise de ses oncles maternels? C'en aurait été fini des privations sans fins, de la frustration régulièrement au menu. Et il n'y aurait forcément jamais eu de Gilles Villeneuve un jour en Formule 1… Et pas non plus de Jacques Villeneuve une génération plus tard!

La douce et énergique Joann avait tout supporté, jusqu'au changement de situation matérielle qui permettait à son époux de faire joujou avec les plus coûteux cadeaux dont il avait pu rêver quand ses poches étaient vides. Le dernier était un splendide hélicoptère de sept places, ultra rapide, l'Agusta 109.

Normalement affiché sur catalogue à 1 150 000 dollars, il avait pu se le procurer pour 900 000 dollars en portant une broderie de la marque sur sa combinaison de pilote et en prenant une hypothèque sur sa villa. Une sacrée acquisition à cette époque où les pilotes de F1 étaient encore loin d'être couverts d'or. Pour alimenter son train de vie, Gilles profitait de sa renommée en s'attirant bien d'autres commanditaires personnels. Il ne buvait pas, ne fumait pas, mais ce n'était pas un problème pour lui d'accueillir la bière Labatt, le vin Giacobazzi ou la cigarette Marlboro sur son vêtement de lumière.

Lui qui avait dû piquer un ou deux outils dans un magasin au temps où il devait survivre ou disparaître à jamais des circuits, il continuait à s'acheter les meilleurs et les plus chers pour bricoler dans son garage. Ça lui coûte 20 000 $ d'un coup pour garnir sa panoplie. En plus de la musique, il s'était trouvé un autre loisir : la photographie. Pour 10 000 $ de matériel, il pouvait développer et tirer ses propres photos. En fait, ce fut une passade. Manque de temps… Il avait tellement été privé de tout qu'il dépensait maintenent sans compter.

Son plus gros problème était l'entente avec Gilles. Les scènes de ménage pour un oui, pour un non, avaient succédé aux disputes, la plupart du temps au sujet des enfants, comme c'est souvent le cas ailleurs. À force de lui souligner qu'il ne les voyait pas assez souvent, le couche-tard qu'il était devenu – une fois son travail mécanique achevé – s'efforçait de se lever tôt pour les accompagner à l'école, lorsqu'il était à la maison. L'humeur de son mari ne s'était pas améliorée, loin de là. Un vêtement qui ne lui convenait pas, jugé pas assez beau, ou trop « fantaisie », un repas de dernière minute réunissant plusieurs invités à leur table où rien n'allait… Formulées devant des témoins, les critiques devenaient humiliations pour Joann, de plus en plus perturbée, déstabilisée.

Elle ignorait que le mal-être de Gilles provenait de l'existence d'une autre femme, une Canadienne de Toronto, rencontrée sur un vol au-dessus de l'Atlantique. Rien à voir avec le sport automobile, elle travaillait dans les assurances. Ils avaient échangé leurs coordonnées et se voyaient parfois depuis, mais si discrètement que Joann ne soupçonnait rien. Absolument rien. Elle pensait plutôt à l'usure du couple. Gaston Parent était au courant. Gilles le chargeait d'organiser leurs rendez-vous secrets. Un jour, désirant offrir un cadeau à son amie, il lui avait aussi demandé d'aller lui acheter un manteau de fourrure dans une boutique de Montréal. Gaston était revenu avec un superbe manteau de loup.

Gilles se donnait tellement de mal à dissimuler ses rencontres que cela affectait toujours autant son humeur. Il éprouvait un vif sentiment de culpabilité et avait une peur bleue que Joann découvre cette liaison. Avec son caractère entier, sûr qu'elle ne le supporterait pas. Elle serait capable de le quitter et de partir avec les enfants... Lassée de son comportement anormal, elle lui avait clairement demandé, un jour : « Est-ce qu'il y a quelqu'un d'autre dans ta vie? » Et puis, sans attendre la réponse : « Si c'est le cas, ne te crée plus de tourments. Demande le divorce! » Gilles avait répondu « Bien sûr que non ». Elle était la seule personne avec qui il souhaitait vivre. C'était probablement vrai. Qui aurait supporté longtemps ses exigences frisant la maniaquerie? Sa liaison était une chose amusante, mais la vie commune avec cette personne présentait un risque d'incompatibilité à court terme.

Bien qu'ignorant toujours l'existence d'une doublure, la motivation de Joann était logique. Gilles n'était plus heureux en ménage, elle non plus. Dans ces conditions, mieux valait se séparer! Il n'avait pas saisi la perche tendue, préférant, en toute discrétion, demander des renseignements à ses avocats sur une possible séparation du couple. Le dossier lui fut remis un mois avant le Grand Prix de Belgique 82. Après avoir lu attentivement ce que signifierait matériellement un divorce, il a récupéré toutes les copies de ces documents qu'il estimait sordides, les a déchirées et jetées dans un grande poubelle du paddock de Long Beach...

« Non, je ne veux pas divorcer, avait-il confié à ses amis. J'aime ma femme et n'envisage pas de vivre avec une autre. » Après tout, ce n'étaient que des disputes! Il s'était justement offert quelques jours de vacances avec Joann aux Antilles et le test, finalement, avait été concluant. Loin du contexte de la course et de la vie familiale banale, ils avaient redécouvert qu'ils aimaient être ensemble. Gilles n'entendait plus s'emballer pour une liaison qui, tôt ou tard, aurait aussi son lot de nuages et de frustrations. Joann était toujours la jeune et jolie femme à qui il avait dit « Je t'aime » un jour, elle lui avait donné de beaux enfants et il était fier de sortir en sa compagnie. Que désirer de plus? En revenant de la plage paradisiaque, il avait quelque espoir de sauver son couple en y mettant un peu du sien...

Les jolies et jeunes femmes n'ont jamais manqué dans les paddocks de Formule 1. Elles papillonnent autour des pilotes comme les belles Sévillanes tournent autour des toréadors, plus subjuguées par l'habit de lumière, les paillettes de la discipline que par les hommes sous leur costume. Parmi elles, starlettes et *top models* ne sont pas les plus désintéressées. Devenir la petite amie de l'un d'eux est l'assurance d'une plus grande renommée dans leur travail respectif. Dire que Gilles, au même titre que ses camarades, n'a jamais succombé aux charmes d'une très jolie fille serait faux. Il n'était pas fait de bois, mais jamais il ne s'affichait avec une belle, comme d'autres le faisaient, façon « trophée ». Il y avait chez lui une certaine pudeur, et le respect de sa famille.

« Je n'étais pas du tout au courant de cette toquade, s'exclame Joann. Sincèrement, j'ignore encore si c'était une relation purement sexuelle et passagère, sans avenir, ou le départ de quelque chose de plus profond. Tout ce que je sais, c'est que certaines personnes étaient au parfum, pas moi! On m'a mise au courant un an après la mort de Gilles, et je suis tombée de haut. J'ai évidemment tout ignoré de ses renseignements auprès des avocats. Ce fut une parenthèse dans sa vie, pas dans la mienne! À l'époque, nous étions un couple avec des hauts et des bas, des disputes. »

Plus que sa femme

« Je sais seulement que pour Gilles, j'étais vraiment la personne à qui il pouvait confier sa vie. Jamais je n'aurais fait quoi
que ce soit qui lui nuise. Je représentais plus que sa femme. Nous
étions partis de rien, nous en avions bavé ensemble, nous n'étions
qu'un avec une histoire plus forte que toutes les rencontres qu'il
pouvait faire ici ou là. Même si je disposais de mon propre argent
pour le fonctionnement du foyer, une vieille habitude, je pouvais
signer sur ses comptes. Il me faisait totale confiance, il savait
que, quoi que je fasse, ce serait toujours dans son intérêt. Prenant
tous les risques au volant de sa F1, il avait besoin, quelque part,
d'évoluer sur cette base de vie solide sans avoir à réfléchir, à
s'interroger, à douter. En se reposant vraiment sur quelqu'un qui
ne le trahirait jamais. J'étais une certitude pour lui, un refuge.
Sincèrement, je pense qu'il aurait eu très peur de me perdre. Il se
serait senti déstabilisé. »

Joann n'a pas eu une vie toujours rose. Mais elle a partagé
l'existence d'un pilote, d'un mari, exceptionnel. Admiration sans
bornes pour tout ce qu'il faisait de flamboyant sur son parcours
à cent à l'heure! Une réelle complicité cimentait leur couple.
Finalement, elle a vécu trop peu, 11 ans seulement, mais intensément avec Gilles… « Intensément, c'est le mot. Je crois qu'il y a
des gens qui s'aiment et se marient, puis, petit à petit, leur relation s'effrite. Ils en viennent à s'ennuyer ensemble. Je n'ai pas eu
le temps de vivre cette situation. Notre amour a été passionnel
jusqu'à la fin, très fort. »

Après avoir été l'épouse d'une légende de la Formule 1, difficile de se lancer dans une nouvelle vie de couple… « C'est une
entreprise ardue, en effet, d'être attirée par d'autres intérêts chez
un homme. Le gros problème provient alors de cette personne
qui, d'elle-même, se place en comparaison. J'ai l'impression que,
de temps en temps, il y a ce côté complexé du style : " Oui mais,
ton mari… " Je comprends qu'il soit difficile d'entendre parler

avec admiration d'un mari décédé il y a plus de 20 ans. Et qui reste aujourd'hui encore un souvenir aussi fort... Il y a quelque chose de gênant. Ce doit être difficile d'assumer d'être à mes côtés avec le sentiment, quoi que l'on fasse, de ne pouvoir effacer l'aura de Gilles Villeneuve. D'ailleurs, ces relations n'ont jamais duré très longtemps... »

En Formule 1, les générations ne font pas long feu, la retraite arrive vite. Tout passe à si vive allure que l'amitié a du mal à s'enraciner. Il ne subsiste pas grand-chose d'un milieu superficiel au possible. Un pilote est écarté du grand cirque, cloué sur un fauteuil roulant par un accident? On l'oublie sur-le-champ. Un autre meurt au champ d'honneur? On le pleure à chaudes larmes, on jure qu'on ne l'oubliera jamais... mais le temps fait inexorablement son œuvre. Oublié lui aussi. Tout s'oublie. Restent quelques « repères » de la même génération que l'on voit de temps en temps. Le devoir accompli, la plupart retournent chez eux. Carlos Reutemann en Argentine, où il est devenu gaucho de luxe, cultivateur d'orangers et homme politique de tout premier plan dans sa province de Santa Fé. Alan Jones, fermier cossu et dodu dans son Australie natale. Patrick Tambay, qui préside aux destinées de sa commune de toujours dans la région cannoise. L'élégant Jody Scheckter, exception à la règle du retour à la terre, vit en Angleterre et non plus en Afrique du Sud, devenu industriel et homme d'affaires prospère.

« J'ai conservé très peu d'amis dans le milieu, admet Joann. En dehors de Patrick Tambay et Jody Scheckter, je ne revois plus d'anciens pilotes. Jody? Il faut que nous nous trouvions à Monaco en même temps, donc c'est très rare. Si c'est le cas, on partage un repas et l'on se remémore le bon vieux temps, des gens pour la plupart à la retraite dans leur campagne italienne... »

De fiancés et des mariages inventés

La presse québécoise est beaucoup moins envahissante qu'autrefois. « Du temps de Gilles, c'était énorme. Même si nous l'avions voulu, nous n'aurions pas pu vivre au Québec. À ne pas pouvoir sortir de la maison, cernés de paparazzi! Après sa disparition, pendant de longues années, les gens cherchaient à savoir ce que je faisais de ma vie, avec qui, où et comment! Et l'on m'inventait des fiancés, des mariages, on s'occupait de tout. C'est ma mère qui me tenait au courant de ces histoires à dormir debout.

" Alors Joann, tu t'es encore mariée?

– Ah bon? Je l'ignore! Tu sais avec qui?

– Je ne sais pas trop… Tu es sur la photo avec quelqu'un.

– Si c'est un beau garçon, peut-être que ça en vaudrait la peine! "

« Gilles a été le premier Québécois à devenir une vraie célébrité internationale, mondiale, et la famille y a conservé un certain statut, bien que j'ai vécu assez longtemps à Monaco, pratiquement incognito, je dois dire. Cette reconnaissance au Québec n'est pas négative, loin de là. Elle fait partie des choses compréhensives. À moi de combiner vie privée et ce pan d'existence découlant de notre existence auprès de Gilles. Ce n'est pas si compliqué. On ne peut pas non plus avoir profité d'une certaine notoriété et en rejeter les inconvénients. Il faut assumer. Ou alors tout rejeter et s'installer sur une île déserte. Les gens qui se plaignent des journalistes et des photographes devraient peut-être éviter de se créer des difficultés, des occasions de faire parler d'eux à tort et à travers, de provoquer. À partir du moment où l'on bénéficie d'une petite notoriété publique et que l'on se retrouve en public, il est nécessaire d'agir en conséquence, de rester sur ses gardes. Et il n'y aura pas de problèmes. »

Joann est suffisamment délicate et reconnaissante pour ne pas se plaindre des médias québécois. Ils ont si souvent relayé les exploits de « ses hommes », Gilles puis Jacques à travers le monde! La presse les a aidés à suivre leur bonhomme de chemin puis a bâti avec eux leur renommée. Mais, tout au long de la saga Villeneuve, d'autres personnes ont contribué à leur réussite...

« Normand Legault? Le patron du Grand Prix du Canada n'était pas là lorsque Gilles était en activité. Christian Tortora me l'a présenté un jour en Italie alors que Jacques commençait à faire de la course. Je crois que, tout au long de notre vie, des gens nous aident, même sans qu'ils le sachent. À certains moments de cette vie, il suffit de se retrouver à tel endroit et en même temps pour que quelqu'un apparaisse et vous donne un coup de main. Parce qu'ils croyaient en Gilles, plus tard en Jacques. Je crois qu'il y en a eu beaucoup, vraiment beaucoup... Ils ont jalonné notre vie par petites périodes, pour plein de petites raisons, enclenchant un processus, nous faisant découvrir quelque chose. Il y en a tellement qu'on ne peut se souvenir de tout le monde.

« Un exemple traverse mon esprit. Du temps de la motoneige, un ingénieur de Skiroule dit un jour à Gilles : " Pourquoi n'essaies-tu pas la Formule Ford? Tu te régalerais! " À ce moment-là, il ne lui était jamais venu à l'esprit de faire autre chose que de la motoneige. Et donc, cette conversation anodine échangée avec cet homme a trouvé un écho. Dans la tête de Gilles ce fut un déclic : " Pourquoi pas essayer? C'est peut-être amusant, la monoplace! "

« Ce fut le début de cette aventure qui l'a mené à la F1. D'autres personnes l'ont probablement plus aidé. Je pense à ses oncles qui ont donné de leur temps à l'époque de la motoneige. Oui, ils furent nombreux, par une phrase, une réflexion, un commentaire, à guider le raisonnement de Gilles ou le mien. Nous n'en tenions pas compte de manière stupide, aveugle, mais cela participait à la réflexion générale. Parfois, nous nous apercevions que telle ou telle personne nous aidait, d'autres fois moins bien, même si le coup de main était aussi efficace. Le talent ne suffit pas toujours à atteindre son objectif. Sans ces gens-là, Gilles et Jacques n'auraient probablement pas évolué comme ils l'ont fait. Impossible de quantifier l'apport, la contribution de chacun. Il suffit de si peu pour qu'une rencontre change le cours de la vie. Je crois que, dans n'importe quelle carrière, on avance grâce à des rencontres inespérées et inattendues.

« Si j'avais été une femme différente, Gilles ne serait peut-être pas arrivé là où il est arrivé! À partir du moment où nous avions déjà Mélanie et Jacques, peut-être qu'une autre aurait dit : " Halte-là! les privations! Tu vas faire en sorte qu'on gagne bien notre vie pour les petits. " Gilles Villeneuve aurait abandonné la partie pour un motif alimentaire, il ne serait jamais entré dans la légende des très grands. Si l'on remettait toutes les aides bout à bout, du début à la réussite, cela ferait un long cortège. »

Présence discrète de Patrick Tambay

Gilles disparu précocement et dans des circonstances de tragédie antique, Joann s'est retrouvée traumatisée, anéantie de fatigue et bien seule pour élever ses enfants. Jacques venait d'avoir 11 ans, Mélanie pas encore 9… Dans les pires instants où le besoin d'être épaulée, conseillée, s'imposait, la jeune femme savait que Patrick Tambay, solide ami depuis quelques années, veillait, et n'était pas loin. En tout cas, toujours disponible pour un Villeneuve!

« Il était toujours là, tout en observant une certaine… discrétion. " Je ne m'impose pas, mais si tu as besoin de moi, sache que je suis là! " Et encore, se contentait-il de m'offrir un conseil éclairé plus qu'autre chose. Aucun ordre! Aucune pression!

Quand Jacques a commencé à envisager la course automobile, j'ai partagé un repas de famille avec lui. Il était encore avec Dena à l'époque. Trouvant mon fils un peu jeune pour débuter, je lui ai confié ma petite réticence. Patrick m'a alors donné ce conseil de père et de pilote : " Tu sais, il n'a pas 18 ans. Donc, s'il débute maintenant, tu pourras le protéger. Si tu attends sa majorité, à ce moment-là, il n'aura plus besoin de toi et pourra faire beaucoup plus de conneries. Aujourd'hui, tu as ton mot à dire à ses interlocuteurs pour lui épargner d'éventuels désagréments. Les gens avec qui il aura affaire feront un peu moins n'importe quoi en ta présence attentive. " C'est vrai, Patrick a été l'un des meilleurs conseillers que j'ai eus. »

Encore une idée de ce dernier : il fallait que les enfants poursuivent leur scolarité dans une école privée en Suisse : le collège Beau Soleil à Villars-sur-Ollon. Établissement très coté en Europe et même dans le monde où étaient scolarisés les fils des présidents africains Mobutu, Houphouët-Boigny, Charlotte Gainsbourg et quelques enfants de rois du pétrole. Non seulement les pensionnaires acquéraient un excellent niveau d'études, mais, en plus, pouvaient continuer d'y exercer leurs activités artistiques et sportives. Patrick pensait au ski, que Jacques avait bien démarré avec son père. De 83 à 88, en effet, dévaler les pentes blanches était le summum du plaisir pour cet élève bourré d'énergie, alliant style et audace à la détermination d'arriver le plus vite en bas. Joann n'était pas peu fière de dire que son fils ne connaissait pas les demi-mesures, donnant toujours deux cents pour cent de lui-même. La marque des Villeneuve…

Pour les questions scolaires, Jacques avait ses préférences : français, math, et sciences monopolisaient les bonnes notes. Ses professeurs le disaient vif et intelligent. Il manquait seulement d'un peu de discipline personnelle. Dans cet univers où les règles d'autorité étaient strictes, son attitude ressemblait parfois à de la provocation. Mais il ne dépassait jamais les limites. Il laissera le souvenir d'un adolescent attachant.

Plus encore qu'un conseiller pour Joann, Tambay représentait le pilote et ami de la famille qui avait eu le cœur et le courage de redonner vie à la monoplace n° 27. Chacun se souvient que le Cannois, quelque temps après la tragédie de Belgique, avait été appelé par le *Commendatore* afin de remplacer Gilles au volant de cette Ferrari de légende. D'abord un peu surpris, voire gêné de " prendre la place " de ce dernier, il avait accepté et remis l'auto rouge sur la piste à l'occasion des essais du Grand Prix de Hollande, que Didier devait remporter. Durant trois Grands Prix, ceux de Monaco, de Détroit et de Montréal, Pironi avait dû se débrouiller seul, la charge de travail avait été immense. En outre, les ingénieurs s'étaient forcément passés de comparaisons immédiates. Bref, la venue de Patrick avait apporté une bouffée d'oxygène.

Habité par la forte présence de Gilles pendant la course, il a triomphé au Grand Prix d'Allemagne et a, naturellement, dédié son succès à son ami disparu... mais également à Didier, son « copain et complice », car l'épreuve d'Hockenheim s'était déroulée au terme d'un nouveau week-end traumatisant pour la *Scuderia*. Aux essais, à la suite d'une méprise par rapport à la Renault de Prost qu'il vit à la dernière minute dans des conditions de piètre visibilité, Didier Pironi avait été victime d'un terrible accident. Après que l'une de ses roues avant ait touché une roue arrière de la Renault, sa Ferrari fut propulsée droit dans les airs pour retomber lourdement, de l'avant, broyant ses jambes... L'une était en si piteux état que la première intention des médecins intervenant directement sur la piste fut l'amputation. Affolé à l'idée de ne plus pouvoir courir, Didier refusa net et implora les secouristes de le transférer au plus tôt à l'hôpital d'Heidelberg, une unité spécialisée dans les accidentés de la route. Les multiples interventions chirurgicales qu'il y reçut, et celles qui suivirent à la clinique de la Porte de Choisy à Paris, lui donnèrent raison.

Bien parti pour arriver en tête du championnat du monde 1982, qu'il rata de cinq points et cinq épreuves manquées, Didier Pironi assista à la fin de saison devant un poste de télévision, cloué sur son lit de douleur et de rééducation, et vit le Finlandais Keke Rosberg (Williams/Ford) rafler une couronne royale petitement méritée. Ferrari obtint la coupe des constructeurs devant McLaren, Renault et Williams.

Dans sa conférence de presse annuelle, ému, c'est au pilote qui le faisait rêver il n'y a pas si longtemps, Gilles Villeneuve, qu'Enzo Ferrari rendit hommage. Plus qu'un pilote Ferrari, plus qu'une légende pour lui. Un jeune homme qu'il aimait d'une vraie affection. « Il faisait partie de ma famille. » Un fils. Il lut une lettre que Joann lui avait adressée.

Cher Ferrari,

J'ai été profondément touchée par votre générosité qui m'a soulagée d'un grand fardeau. Grâce à vous, je pourrai plus facilement consacrer toute mon attention à mes enfants qui constituent mon seul réconfort dans cette période très difficile. Je voudrais vous remercier pour tout. J'espère vous rendre visite à Maranello avec mes enfants dans le proche avenir.

CHAPITRE 11
JACQUES VEUT PILOTER!

À Monaco, après être peu à peu sortie du trou noir où la disparition de Gilles l'avait précipitée, Joann faisait le dur apprentissage de la solitude affective. John Lane, Jody Scheckter, Christian Tortora l'entouraient autant que possible de leur amitié et l'aidaient quand il le fallait. La succession de Gilles, Canadien, résident monégasque, et détenteur d'intérêts financiers dans divers pays étrangers, s'avéra délicate. Désigné exécuteur testamentaire, Gaston Parent l'administrait avec un avocat. Grâce, essentiellement, à la vente des coûteux « jouets », de quelques biens encombrants et de l'argent d'une assurance, elle et ses enfants étaient à l'abri des soucis financiers. Tellement, qu'ils pouvaient continuer de vivre à Monaco dans leur maison et dans le chalet des Alpes qu'ils possèdent toujours. C'est à Pra-Loup, d'ailleurs, que Jacques a laissé entrevoir des qualités de skieur émérite qui, avec un solide entraînement, auraient pu déboucher sur une carrière sportive le long des pistes blanches...

« J'espérais qu'il fasse autre chose que pilote de course, reconnaît sa mère. Le ski était pour l'heure une échappatoire. Mais bon, je n'avais pas du tout envie qu'il en fasse son métier non plus. Je pensais que ce goût pour le ski durerait... un certain temps puis qu'il se tournerait vers autre chose, un vrai métier. Il avait la capacité intellectuelle d'être un bon technicien. À la limite, j'aurais adoré qu'il se lance dans le sport automobile en tant qu'ingénieur! Pour moi, qui avais vécu l'angoisse des femmes de pilotes au bord des pistes, puis la fin tragique de Gilles, j'aurais été plus tranquille de le savoir lui-même attiré par le pilotage... Lui, était tiraillé entre l'envie de faire plaisir à sa mère et de pouvoir réaliser un rêve : tenir un volant. Aussi, quand on lui demandait ce qu'il voulait faire quand il serait grand, il regardait avec surprise la personne qui le questionnait et répondait, invariablement : " Ben…, pilote! "

On poursuivait alors :

" Mais si tu n'arrives pas à être pilote, tu feras quoi?

Ben…, j'en sais rien. Il n'y a rien d'autre à faire! "

« Dans sa tête, il n'y avait pas d'autre métier possible. J'essayais de le raisonner : tu sais, Jacques, sur les milliards de personnes qui peuplent la terre, seulement 20 sont pilotes de Grands Prix. Tous les autres exercent d'autres métiers!

" Ah bon, et ils font quoi?

– J'en sais rien, plein d'autres choses!

– Oui, mais, ils doivent s'ennuyer? »

Jacques avait été élevé sur les circuits, dans l'admiration de ce que faisait son père. Il avait sans doute pris goût à cette vie bohème et n'avait aucune idée ni aucune envie de se creuser la cervelle pour savoir ce qu'il pourrait bien faire sans sortir d'un périmètre donné, sans voyager d'un continent à l'autre.

« Je comprenais bien qu'il avait subi une forte influence pendant des années. J'aurais tant aimé qu'il fixe son objectif sur la technique, comme ingénieur châssis, électronique ou moteur. Plus tard, quand l'occasion d'un volant en F3 s'est présentée en Italie, je n'ai néanmoins pas voulu aller à l'encontre de son idée. C'était pourtant la discipline la plus difficile à ce moment-là. Vraiment très, très dure. Je me suis dit : " Tant qu'à faire, allez, qu'il y aille! Il déchantera très vite et passera à autre chose. " Mais je n'ai pas eu le cœur de signer un contrat d'une seule année, j'ai accepté un engagement sur deux ans. Selon la formule consacrée, une saison pour apprendre, la suivante pour produire des résultats. Ça aurait pourtant été facile pour moi d'écarter l'éventualité d'une carrière derrière un volant en limitant le contrat à une année. Parce que cette première saison s'est effectivement avérée difficile. Par conséquent, avec une seule année de contrat, l'aventure se serait achevée là, en toute discrétion. Mais voilà, je n'ai pas eu le courage de contrarier le *challenge* qu'il s'était fixé. Puisque telle était son ambition... En signant pour deux ans, je lui ai accordé une chance plus grande. Je ne le regrette pas, même si ce fut au prix de l'angoisse. »

Des années après le décès de Gilles, Jacques désirait plus que tout suivre sa trace, persuadé que son destin était aussi sur les circuits. Pourtant, lorsqu'il était petit garçon, la seule présence de ce père admiré, aimé, adulé, starisé, poursuivi par le public et la presse, donc forcément spécial et plus fort que tous les autres, le déstabilisait profondément. Non, ce père n'était pas comme les autres. Il gagnait son argent en jouant, et jouait avec des trucs extraordinaires. Voiture de course, hélicoptère, bateau de 1000 ch... En plus, on le voyait à la télé et dans les journaux. Les gens hurlaient son nom! Inconsciemment, les marques se firent de plus en plus profondes dans l'esprit du petit Jacques.

Exigeant avec lui-même, Gilles l'était autant avec son propre fils – son héritier comme on le dit sur le ton de la légèreté – et cela perturbait aussi le jeune garçon. Pour ne pas lui déplaire, Jacques s'efforçait d'être le modèle dont il rêvait, plus qu'il ne vivait selon sa propre personnalité. Sa nervosité prenait des tours lorsque son père courait. Il était prostré, les mâchoires serrées, tandis que Mélanie, qui ne voyait pas la compétition sous le même angle, exultait jusqu'aux derniers mètres de la course.

En fait, Gilles était beaucoup plus coulant avec la cadette, de ce fait bien dans sa peau. Au contraire, Jacques « l'imparfait », qui faisait tout pour être parfait et répondre à l'attente de son père, souffrait d'un mal-être dont l'influence se traduisait également dans le travail scolaire. À la maison, son comportement était différent selon que son père était ou non présent. Avec Gilles, voulant trop bien faire, il se prenait immanquablement les pieds dans le tapis... Plus d'une fois, Joann souligna à son mari que Jacques vivait très mal cette éducation rigide, à en étouffer sa personnalité, et obtint au fil du temps un traitement plus équitable entre ses enfants.

Qui après Gilles?

Pendant que Jacques grandissait, s'instruisait et forgeait sa personnalité en Suisse et à Monaco, le monde de la course – surtout canadien – était impatient de retrouver un pilote du calibre de Gilles. Jacques, son frère cadet? Du temps de la motoneige, les deux hommes adoraient courir l'un contre l'autre, étaient d'une grande complicité à l'atelier comme dans la vie. Ainsi, Jacques-le-frère a pu bénéficier, lui aussi, d'une machine à suspension indépendante à l'avant. L'autre fameux système introduit par l'aîné, qui les rendait tous les deux encore plus forts, désirés par les organisateurs et tellement attendus par les spectateurs! Astuce technique qui, soit dit en passant, éveilla naturellement de vives protestations chez les adversaires. Si bien qu'un jour, elle fut déclarée non conforme sur le territoire contrôlé par les Québécois. Puis elle fut réhabilitée du fait qu'elle était admise partout ailleurs, y compris aux États-Unis, et que l'absence des deux têtes d'affiche Villeneuve serait une grosse perte pour les organisateurs…

Jacques-le-frère nourrissait bien l'ambition de faire aussi bien que Gilles. Et pourquoi pas mieux? Dans ce but, il passa, lui aussi, par l'école de pilotage Jim Russell et la monoplace : Formule Ford, Atlantique, Indy Car. Il était très rapide, profitait de la popularité de l'aîné pour saisir des opportunités de volants et de commanditaires. Mais en piste comme en renommée, il ne devait pas assurer l'héritage jusqu'au plus haut niveau : la Formule 1. Il était tout aussi abrupt que Gilles pour dire ce qu'il pensait mais en y mettant une forme qui « passait » moins. Trop souvent, une victoire en vue disparaissait à cause d'une bévue. Son charisme n'était pas le même que celui de Gilles, d'où le manque d'indulgence des spécialistes à son égard, contrairement à son frère aîné. Quoi qu'il pouvait en être de ses velléités de pilote, l'amour immodéré et exclusif que l'Oncle portait à la vie nord-américaine a été un handicap insurmontable.

Ainsi, l'une des plus grandes occasions ratées de sa carrière fut d'avoir tourné le dos à la proposition d'un volant F3 de l'équipe italienne Euro-Racing, apparentée à Alfa-Romeo, constructeur engagé en Formule 1. La filière idéale pour le propulser dans la discipline reine. Il battit le record de la piste de Monza lors d'une séance d'essais... mais se mit à regretter sa chère Formule Atlantique, ses hot dogs, les grands espaces, et la nécessité de s'installer en Europe lui provoqua un impardonnable excès de poudre d'escampette! Il tourna le dos à un bon salaire, certainement la possibilité de collectionner les commanditaires personnels grâce à l'appellation Villeneuve, pour retourner courir chez lui.

Frère de Gilles et par ailleurs doté d'un bon de coup de volant, il recevra l'invitation de l'écurie Arrows à disputer les Grands Prix du Canada et des États-Unis (Las Vegas) de Formule 1, en 1981. Il ne franchira malheureusement pas le cap des qualifications. Même déception deux ans plus tard à Montréal, cette fois au volant d'une March. Ses plus illustres résultats : champion de Formule Atlantique et champion du monde de motoneige 80 et 81, champion de la série Can-Am 5 litres en 83, victoire IndyCar à Elkhart Lake en 85 et deux succès à Trois-Rivières en Formule Atlantique en 89 et 91. Son style kamikaze et ses décevantes sorties de piste finirent par lasser. On fit de moins en moins appel à lui sur quatre roues et il reviendra à ses premières amours : la motoneige.

Un Jacques en cachait un autre

L'Oncle a raté la marche menant à la Formule 1. Pourtant, à défaut de Gilles, c'est bien lui qui s'appliqua à mettre Jacques – l'héritier de sang – dans le bain de la course automobile. Un Jacques en cachait un autre, 15 ans, en vacances à Berthierville chez ses grands-parents paternels en ce mois d'août 1986. L'adolescent se passionne alors pour le vélo et la mini-moto. Mais pas en *dilettante*. Il prend plaisir à les pousser à fond et à les faire déraper sur les chemins environnants. Son apparence tranquille, *cool*, tranchait avec ses manières de fonceur digne de la lignée des Villeneuve.

Pour respecter la tradition, l'Oncle l'amena un jour faire un tour, en famille, du côté du Mont-Tremblant... à l'école de pilotage Jim Russell. En toute discrétion, comme le souhaitait Joann. Presque comme s'il s'agissait d'une promenade du dimanche. Sauf qu'il y était inscrit pour la prochaine session. Totalement néophyte, réservé et même timide, à l'image de son père, Jacques le gamin apprit le B-A-BA de la conduite sur quatre roues. Plutôt petit, son installation dans l'habitacle de la Formule 1600 nécessita un siège spécial et la fixation de patins d'acier aux pédales. Dans un premier temps presque anonyme parmi les autres élèves, « Ti-cul » (surnom affectueux que lui donnait son oncle) se montra sous un autre jour lors des dernières galopades sur piste mouillée.

Il se lâche, glisse proprement des quatre roues et maîtrise pleinement l'exercice pourtant délicat, et en tout cas jusque-là inconnu. Dix rondes plus tard, il précède les autres élèves d'un bon tour! L'appréciation de l'instructeur pourrait être : « A de qui tenir! » Déjà tout le portrait de son père : sûr de lui et déterminé... à être le meilleur. Lui aussi impressionne son moniteur, et marque tous les petits collègues de promotion.

Toujours durant ce même mois d'août 86, dans les environs de Montréal, Jacques participe quasi incognito à une modeste course de karts sur un petit bolide prêté par un ami de la famille. Il y a pris goût, le bougre! Quelques jours plus tard, le voilà inscrit à une course d'un niveau un peu plus important à Saint-Pie de Bagot. Cette fois, la participation du fils de Gilles a été ébruitée. Pas étonnant de voir quelques journalistes attendris s'approcher de lui, et des spectateurs plus que de coutume. L'information a circulé... Un importateur québécois lui a prêté un de ses véhicules et Jacques, l'Oncle, presque religieusement, lui a offert une tenue et son premier casque. Le « fils de » se débrouille plutôt bien. Et Pierre Lecours d'écrire dans le *Journal de Montréal* : « On a l'impression que c'est du sang de course qui coule dans ses veines. »

Dès les premiers entretiens, le jeune pilote doit répondre à cette inévitable, éternelle question qui l'accompagnera jusqu'à la Formule 1.

« Si ton père te voyait? Il serait...

– Il serait heureux et fier de moi, mais il n'est plus là. Mon oncle s'occupe bien de moi. »

Il devine aisément qu'en venant le voir, c'est son père Gilles que l'on veut revoir à travers lui. Son talent inné, ses audaces, son regard de gars franc et droit. Secrètement, ils espèrent tous qu'il est la copie conforme de son légendaire père qu'ils ont tant aimé, pleuré et regretté. Cette pression qu'ils lui mettent malgré eux l'agace. Il est en vacances et voudrait courir en s'amusant, sans se dire qu'il lui est interdit de commettre le moindre faux pas... Exactement comme les autres concurrents. Sur une piste, Villeneuve est un nom lourd à porter. Il souhaite simplement se faire un prénom, qu'on arrête de l'appeler « Gilles » par mégarde comme cela arrive si souvent, y compris de la part de certains journalistes qui ont bien connu le père! Être seulement lui-même... Que les gens l'entourent tel le petit Jésus le rend mal à l'aise.

Heureusement, une fois seul au volant de son kart, le plaisir revient. Non seulement il s'amuse bien, mais il prend naturellement la compétition au sérieux et entend être devant. Pour l'instant, il doit se contenter d'une prometteuse 4ᵉ place. Commence une autre course. Malheureusement, un excès d'optimisme lui procure un accident… devant sa famille extrêmement stressée, qui redescend tout de suite sur terre. Par chance, tous les accidents ne se terminent pas tragiquement. Jacques s'est un peu blessé à l'épaule. Rien de grave.

C'est déjà la rentrée 86-87 au collège suisse. Il renouera brièvement avec le karting grâce à Patrick Tambay, l'ami de son père, qui organise une compétition en salle dans le complexe Eurexpo de Lyon (France). Invité, voilà que l'histoire se répète : Jacques livre un duel féroce à René Arnoux, l'homme avec qui Gilles avait pris tant de plaisir à croiser le fer sur le circuit de Dijon-Prenois en 1979. Une empoignade à épater le Grenoblois, toujours aussi enthousiaste.

Ce fut le cas pour Jacques l'Oncle, ce sera désormais son privilège : le seul fait de s'appeler Villeneuve lui ouvrira des portes et sonnera bien à l'oreille des commanditaires. Ça ne tarde pas. L'école de pilotage Spénard-David, à Shannonville (Ontario), lui fait signe avant l'été 87. Richard Spénard, ancien coéquipier de son père, a connu le petit Jacques lorsqu'il avait six ans. Il désire l'instruire et bénéficier d'une évidente publicité. Les avantages pleuvent : hébergement et cours gratuits, petites confrontations entre élèves… En contrepartie, l'apprenti Villeneuve devra donner un coup de main à la préparation des monoplaces de l'école : des Formule 2000.

Le bon élève du collège suisse n'a qu'une ambition : devenir le meilleur sujet! À 16 ans, on ne doute de rien. Il confie en toute simplicité au journaliste Pierre Lecours qu'il veut « devenir champion du monde » et qu'il fera « tout pour y parvenir ». Cette phrase, je l'avais déjà entendue exprimée par un jeune pilote de F3 sans grade dans la cafétéria du circuit d'Albi, dans le sud de la France. C'était Alain Prost. « Champion du monde plusieurs fois », avait-même ajouté le petit bonhomme. Puis il s'était ravisé : « Non, ne l'écrivez pas! On me prendrait pour un prétentieux. »

Jacques est, effectivement, très bon élève pour espérer arriver à un niveau élevé. Par contre, il n'est pas du tout habitué comme l'étaient les frères Villeneuve à leurs débuts, à manger de la vache enragée. Il va vite, et ce régulièrement, mais ne passe pas beaucoup de temps à s'occuper des monoplaces de l'école! D'où l'inquiétude de Richard Spénard : « Ambitieux, son projet demande d'énormes sacrifices pour aboutir. Son manque d'efforts vis-à-vis des choses de la vie qui ne l'intéressent pas ne le desservira-t-il pas? »

L'enfant roi de l'Italie… galère

Deux écoles de pilotage plus tard, en 1988, Jacques a 17 ans. Un jeune homme au regard clair, parfois interrogateur, parfois rieur, bien dans sa tête et sachant où il veut aller. Les Italiens le sentant de l'autre côté des Alpes, à portée de virée en voiture, tournent autour du pot, pressés de voir *Il Bambino* de Gilles le pied à l'étrier. Joann veille. Elle a toujours dit : « Les études d'abord! » D'ici là, songe-t-elle, il aura peut-être changé d'idée et travaillera de l'autre côté du muret de la piste. « Sur » les monoplaces mais en toute sécurité.

Permis en poche, Jacques se lance sur les circuits. Débuts très difficiles… Cependant, le commanditaire Camel souhaite profiter de l'aubaine Villeneuve J^r en offrant au fils de Gilles un contrat de plusieurs années et, surtout, l'occasion de démarrer au championnat de Formule 3 1989, côté Italie, au sein de l'écurie Prema Racing. Joli coup pour ce garçon de 18 ans : non content de ne pas avoir à monnayer son volant, mais ses frais de déplacements seront remboursés et, de plus, il percevra un salaire. Un vrai coq en pâte!

Jacques a mis un terme à ses études. Sa mère l'accompagne assez souvent sur les circuits tout au long de cette saison qu'elle qualifiera d'épouvantable. Le niveau est extrêmement élevé, beaucoup trop de candidats se pressent aux qualifications. Jacques ne parle pas très bien italien, n'est pas assez expérimenté, aguerri, connaît peu de circuits pour gagner son ticket d'accès aux courses. Il arrache sa première qualification à sa quatrième tentative sur le circuit d'Enna, découvert l'année précédente en Alfa. Cette fois-ci, il ne fera pas mieux que la 10ᵉ place obtenue le lendemain. Saison complètement ratée? Pas vraiment si l'on admet qu'il a appris pas mal de choses dans son coin. Le « Messie » aura certainement déçu ceux qui le voyaient déjà réussir avec la maîtrise de son auguste père. En fait, si la vitesse le passionne aussi, il n'est pas un flambeur. Il a ce côté cérébral, constructif qui doit s'épanouir avant de produire des résultats. Par rapport aux instinctifs Villeneuve de la génération précédente, il a davantage besoin de travailler pour toucher au but.

Lasse d'aligner des centaines de kilomètres de circuit en circuit, Joann lui prête sa Fiat Uno turbo pour son deuxième championnat F3. Désormais placé devant ses responsabilités, Jacques devient de plus en plus prévoyant, de moins en moins distrait. Il n'oublie plus ses gants, ses bottines ou son casque. Il omet seulement un jour de s'arrêter à un stop en rentrant du circuit. On est en Italie, ce genre d'infraction passe souvent inaperçu... Sauf qu'il vient de percuter un véhicule de... police : « Vos papiers! » Le contrevenant a la trouille. Un carabinier le regarde, médusé.

« Villeneuve... Villeneuve? Tu es le fils? »

– Oui... »

Il n'y aura aucune punition. Juste un conseil d'ami : « Sois plus prudent. » Jacques (merci Gilles!) s'en tire en signant une poignée d'autographes.

Pour cette saison 90, sa monoplace (une Reynard) détient, ou non, la clé d'une meilleure réussite. Malheureusement, la rivale Ralt s'avère supérieure en performance. Pourtant, il est en progrès grâce au seul facteur humain. À présent, Jacques peut communiquer sans peine avec ingénieur et mécaniciens. Il s'est bien habitué à leur façon de travailler et connaît tous les circuits du championnat. Régulièrement qualifié, il s'est classé cinquième à Imola et deuxième à Lavanto, ses meilleurs résultats, et achève le championnat à la 14e place avec 10 points. « Je ne suis pas franchement déçu, confirme-t-il, car j'ai renforcé mon expérience. Maintenant, je souhaiterais refaire une saison pour disputer le titre. »

Souhait exaucé. À 20 printemps – nous voilà en 1991 – il entame avec l'équipe Prema-Camel sa troisième saison. Hélas! la Reynard est encore de service... et la Ralt toujours la voiture à battre. Évidemment, quand on sait qu'un championnat se gagne dès les premières courses, grâce au premier magot de points, il y a de quoi être un peu inquiet pour le projet de podium final. Sa nouvelle machine arrive enfin début mai, quelques jours avant le Grand Prix F3 de Monaco, donc suffisamment en retard pour être domestiquée. Au plus fort de l'action, il peut quand même envisager un podium – ce qui est fort beau sur un tel tourniquet où évoluent les meilleurs pilotes européens – quand il s'accroche avec un concurrent retardataire. Il est quatrième à Magione et à Imola, deuxième et troisième à Monza, troisième à Vallelunga. Ce seront ses meilleures prises. Il boucle le championnat à la sixième place, avec 20 points, soit le double qu'en 90.

Mais il n'est pas champion. Camel lui échappe, il jette l'éponge pour ne pas végéter encore longtemps en Italie. D'autant qu'il a découvert la course en Asie en tant qu'invité des Grand Prix F3 de Macao et du Mont Fuji (Japon). À l'instar de Monaco, il s'y frotte au gratin européen de la discipline : 8e dans les deux cas, il n'y a pas de quoi sauter de joie. Sauf qu'au Japon, il a beaucoup impressionné spectateurs et dirigeants d'écuries en remontant de la 26e à la 8e place!

L'équipe Tom's Toyota F3, subjuguée, lui propose de disputer avec elle le championnat japonais. Jacques est d'accord sur le principe. Il ne discute cependant pas directement avec les responsables du pays du soleil levant. Les négociations sont l'affaire de Craig Pollock, son ancien professeur d'éducation physique du collège suisse. Un contrat intéressant en ressort mais le signataire devra vivre au Japon. Comme un grand! Habitué aux changements d'horizons depuis sa plus tendre enfance, cela ne lui pose pas trop de difficultés. D'ailleurs, il file sur ses 21 ans. D'autres s'expatrient bien plus jeunes encore pour réussir. Le voilà à la recherche d'un petit appartement à Tokyo...

Le fait d'avoir été pensionnaire en Suisse lui a permis de se construire une volonté, une indépendance très fortes. Au-dessus de la normale? « Non, pense Joann. C'est ce que l'on acquiert à la naissance. La vie, après, nous apprend à utiliser nos atouts d'une façon ou d'une autre. Le caractère, on le possède au départ! Après, soit il est brimé, soit il est laissé en liberté. Certains s'épanouissent, d'autres se renferment sous la frustration. Certains enfants sont plus aventureux, d'autres sont dans l'incapacité d'exprimer leur personnalité. Généralement, les grands personnages sont ceux qui ont pu s'épanouir en totale liberté, aller au bout de leur raisonnement, en le façonnant au fil de leurs expériences, bonnes ou mauvaises. Que ce soit dans les domaines de l'art, de la politique, des finances, etc. Tous ceux qui excellent quelque part ont eu cette possibilité, cette chance. Ils ne sont pas devenus surdoués à l'âge de 30 ans. Tout le monde doit, au départ, apprendre. Même si l'on est surdoué dans un domaine, il est indispensable de se donner la liberté d'apprendre. »

Premières victoires

La saison 1992 démarre. Dès les premières courses, contrairement aux années passées, Jacques progresse au volant de sa Tom's 032F-Toyota : sixième à Suzuka, quatrième à Tsukoba, troisième à Fuji et Suzuka. Enfin l'accès à la quatrième marche du podium! Ce pas accompli, pourquoi ne pas espérer un prochain bond un peu plus haut? Ce ne sera pas à Monaco, en ouverture du Grand Prix où, sur invitation, il mènera sa Dallara-Alfa à la neuvième place. Deux semaines plus tard, le 14 juin, se joue l'épreuve nippone de Nishi-Sendai. Elle tombe pile en même temps que le Grand Prix du Canada! Cette fois, tout est réuni pour couper la ligne d'arrivée devant tout le monde. Première victoire au Japon, première victoire tout court! Ah, si Gilles avait pu assister à ce triomphe… repense-t-on ici et là. « J'aurais aimé lire la fierté dans les yeux de mon père », admet Jacques. Très loin de ses bases, il mesure à quel point ce doit être bon de partager un tel bonheur avec son père. Le *flash* est passé. La réalité reprend ses droits. Au volant, Jacques est seul maître de son destin, sans petit coup de pouce providentiel. Il obtient la troisième place à Aida, la deuxième à Suzuka, la première à Mine et à Suzuka – d'où il est parti de la position de tête – il achève sa saison 92 avec le titre de vice-champion F3 du Japon. Pas tout à fait un titre, mais quel bonheur d'avoir vaincu à trois reprises et d'avoir figuré avant chaque course parmi les grands favoris!

En marge de ce championnat, où il a réellement commencé à se faire un prénom, Jacques s'est aussi aligné durant le mois d'août au Grand Prix de Trois-Rivières, invité par le commanditaire Player's. Non seulement il revient sur la terre de ses ancêtres, tous frais payés, mais il reçoit aussi un cachet pour la pige et bénéficie d'essais privés d'adaptation à la Ralt DB-4 de Formule Atlantique sur le circuit de Saint-Eustache, au nord de Montréal. Autrement dit, le favori de la F3 nippone redevient un humble débutant qu'attend de pied ferme son oncle, déjà vainqueur de la course trifluvienne en 89 et 91.

L'adolescent est devenu un jeune homme mûri par sa vie en exil, sa débrouillardise et ses expériences. Extérieurement, son côté nature, son flegme transparaissent dans sa façon de nouer parfois ses cheveux en queue de cheval, son *look* vestimentaire lorsqu'il se sépare de sa combinaison. Des lunettes rondes d'étudiant sérieux encadrent un regard cristallin trahissant toujours ses sentiments intérieurs. Le fils de Gilles est lui-même. Il ne dissimule que ses aspirations profondes. De son père, il possède une détermination extrême à poursuivre sa route vers la F1, bétonnée par habileté, ténacité, sang-froid, confiance absolue dans ses possibilités et bien d'autres qualités. Même si ce n'est pas évident à ce stade de sa carrière. Il n'est pas encore parvenu à faire oublier qu'il a été élevé dans le confort de Monaco et a reçu l'éducation des enfants de princes en Suisse… Jacques est poli, attentif, franc et donne toujours l'impression d'être heureux où il se trouve. Encore plus au Québec!

Dans sa tête joueuse, celle des observateurs éclairés, et au niveau du nombreux public à avoir fait le déplacement pour cette course vedette de la discipline « Atlantique », cet inévitable duel entre oncle et neveu doit être le clou du spectacle. Parti d'une modeste sixième ligne de grille, Jacques-le-jeune est déjà septième à la fin du premier tour. L'aîné ne chôme pas non plus. Sa remontée de la douzième à la deuxième place est étincelante. À un moment donné, plus rapide que le neveu, il tambourine derrière et s'impatiente. Inutile de l'empêcher de passer, songe le dernier de la famille. Il le laisse doubler, essaie de le suivre… peine perdue! De toute façon, il n'ira pas loin. Bien trop sollicité, le moteur de l'Oncle finira par exploser tandis que le neveu achèvera sa course en troisième position devant une foule survoltée, émerveillée. Elle a enfin reconnu dans son fils, le successeur de Gilles! Plébiscité par les spectateurs, Jacques Villeneuve a aussi enthousiasmé les dirigeants de Player's…

Tellement, qu'ils discutent dans la foulée de sa récupération sur le sol nord-américain et du moyen de l'amener au plus haut niveau, la Formule Indy. La proposition est ferme et logique : un an de Formule Atlantique pour mémoriser les circuits avant le passage au palier supérieur où il effectuera deux saisons. Une première d'apprentissage, la seconde pour gagner le championnat. Avec un bagage « Indy », le jeune pourrait intéresser la Formule 1. De l'autre côté de l'océan Pacifique, Toyota, très satisfait de ses services, l'encourage à disputer le championnat de F3000, ce qui n'est pas négligeable non plus, cette discipline étant aussi l'antichambre de la F1. Les deux propositions sont alléchantes. Finalement, le retour aux sources est le plus fort, étayé par une consistante proposition de contrat de plusieurs dizaines de millions de dollars.

« J'ai beaucoup réfléchi avant de prendre cette décision. La carte du long terme – championnats Atlantique puis Indy – m'a paru la meilleure pour le projet qui me tient à cœur, comme tout pilote : la Formule 1. Jusque-là, j'ai vécu des expériences enrichissantes en Italie puis au Japon. Changer d'air permet d'apprendre plus. C'est la base d'un bon apprentissage au contact de mentalités différentes, d'excellents professionnels. »

CHAPITRE 12
RETOUR AU PAYS

Le 13 janvier 1993, l'officialisation du retour de Jacques au pays pour trois ans fait les choux gras de la presse québécoise. À bientôt 22 ans, voilà le fils de Gilles au pied de la dernière montagne à escalader avant de pouvoir courir dans le saint des saints de la course automobile. Son arrivée en Formule Atlantique concorde avec celle d'une toute nouvelle structure, Forsythe-Green, constituée par l'association du richissime américain Gerry Forsythe et du directeur sportif Barry Green. Deux autres hommes vont aussi compter dans sa nouvelle existence : Claude Bourbonnais, son expérimenté coéquipier, et l'ingénieur Tony Cicale. Entre Jacques et Tony, l'entente sera aussi forte, aussi complice qu'entre Gilles et Ray Wardell autrefois. Complicité, évidemment, pour trouver « le » réglage d'enfer, celui qui fera une petite ou nette différence par rapport aux autres. C'est tellement vrai que le premier adversaire de Jacques, son propre coéquipier, laissera assez souvent traîner une oreille afin de s'inspirer de leur trouvaille.

Au fil des entretiens, les Québécois vont découvrir un héritier Villeneuve pas forcément le portrait craché de son père. Instruction différente, plus livresque que pratique, débuts à sa main, sans épée menaçante au-dessus de la tête évoquant le crucial : tu gagnes ou tu disparais. De plus, Jacques a été élevé par une femme, sa mère Joann. « Des » femmes, si l'on compte les grands-mères côtoyées pendant les vacances. Cela produit un jeune homme plus délicat. « Le fait qu'il ait été élevé par des femmes change la donne, reconnaît sa mère. Je ne sais pas si cela lui a accordé plus de sensibilité. Sûrement une sensibilité différente. C'est indéniable. Au début, son rapport avec les femmes était beaucoup plus... délicat. Après, sa vie d'homme a été marquée par des influences extérieures. Cependant, encore aujourd'hui, Jacques éprouve beaucoup de respect pour les femmes. »

La saison 93 de Formule Atlantique (14 courses au programme) débute avec une incontournable logique. Bourbonnais l'expérimenté devance son coéquipier débutant qui a tout à découvrir : la monoplace, les circuits, son façonnage dans le moule de cette écurie... Pourtant, il trouve assez vite sa voie. Parti de la position de tête à Long Beach, deuxième épreuve, Jacques finit derrière Bourbonnais, le vainqueur. Sa propre victoire survient à Road Atlanta (Géorgie)... son coéquipier étant sorti de piste.

Un peu plus tard, sur le circuit Gilles-Villeneuve, Claude Bourbonnais ne peut profiter de sa *pole position*. Il casse un arbre de transmission au moment de l'envol et doit assister, furieux, au magnifique duel que se livrent Jacques et David Empringham. Sous les encouragements passionnés du public, le jeune Villeneuve finit par dépasser le Torontois à l'extérieur pour couper la ligne d'arrivée en héros, et ce, 15 ans après la première victoire de son père en Formule 1! Cette fois, la victoire n'est pas venue sur un plateau d'argent, comme en Géorgie! Il a travaillé fort pour la mériter, a retrouvé des réflexes dignes de son père pour obtenir ce qu'il voulait. Évidemment, les journalistes présents n'ont pas manqué de lui rappeler le fameux duel qui avait opposé Gilles à René Arnoux lors du Grand Prix de France 79. « Si mon père a ressenti autant d'émotion et de bonheur en luttant avec Arnoux, alors il s'est bien amusé! David est un pilote propre, sans arrière-pensée, c'était très plaisant. »

À ceux qui souhaitent l'entendre dédier sa victoire à son père, Jacques poursuit : « Je sais ce que vous voudriez me faire répondre! Avant tout, je remercie mon équipe pour son travail formidable depuis le début de la saison. Je n'oublie pas non plus le public canadien si chaleureux et qui croit si fort en moi. Les gens des gradins m'ont procuré des frissons. Dans les derniers tours, du coin de l'œil, je les voyais s'agiter et applaudir dans les tribunes. Je ne m'attendais pas à ça. Ma mère et ma grand-mère, supportrices des premiers jours, étaient aussi présentes. Le bonheur complet! J'aimerais les embrasser. »

Le fiasco des pilotes de l'écurie Forsythe-Green – Bourbonnais accroche Villeneuve et l'élimine – l'empêche de briller à Trois-Rivières mais Jacques gagnera encore deux fois à Mid-Ohio et à Laguna Seca (Californie), pour terminer la saison en qualité de meilleure recrue de l'année, mais à la troisième place du championnat de Formule Atlantique, derrière Empringham et Bourbonnais.

« Le fils de… » se fait un prénom

C'était programmé depuis le début de l'année 1993, Jacques tourne à présent au volant d'une vieille Lola pour s'adapter à sa nouvelle discipline, l'IndyCar. De l'avis de ses ingénieurs (toujours la même équipe Forsythe-Green), elle a affaire à un élève très studieux qui ne confond pas apprentissage et besoin d'éblouir son monde. Il évolue à sa main. La première épreuve de la saison 94 le transporte sur le circuit urbain australien de Surfers Paradise. Son *look* a changé. Il s'est fait couper les cheveux mais paraît toujours aussi incroyablement jeune à quelques jours de son 23e anniversaire. La concurrence est très relevée avec des pilotes tels que Michael Andretti, Jimmy Vasser (Reynard), Nigel Mansell (Lola), Emerson Fittipaldi, Al Unser Jr, Paul Tracy, Stefan Johansson (Penske), etc. Mais notre pilote, qui a toujours dû se forcer à progresser, à se surpasser pour faire honneur à son nom, lance sa Reynard 94/Ford V8 XB blanche et bleue dans la bataille des qualifications et s'octroie le huitième temps. En course, il s'accroche malheureusement avec Johansson à qui il contestait la sixième place…

Arrivent les terrifiants circuits ovales, sans grand intérêt de pilotage mais où les vitesses frôlent la déraison entre les murs de béton surmontés de grillages, où les pilotes doivent supporter presque 4 G d'accélération transversale. Jacques reçoit un blâme à Phoenix (Arizona) pour avoir ignoré les signaux de neutralisation de la course. Visibilité de la piste gênée par deux voitures qui roulaient devant lui, il a soudain découvert la Lola du Japonais Matsushita immobilisée en travers de la piste et l'a sectionnée en deux, heureusement au niveau de la liaison moteur-coque! Erreur de pilotage à Long Beach, zone portuaire de Los Angeles, il ne compte aucun point dans son sac après trois épreuves...

La célèbre course des 500 Miles d'Indianapolis lui redonne des couleurs. Quatrième temps aux essais, Jacques se bat à la Gilles Villeneuve, mène la danse pendant plusieurs tours, et, malgré de terribles crampes aux jambes, épingle la deuxième place derrière Al Unser Jr. Il en ressort aussi meilleure recrue! Après une série de résultats moyens, hormis une quatrième place à Cleveland, il peut espérer vaincre au circuit du Michigan mais sort de piste et se blesse légèrement à l'épaule. Il ne sera donc pas au départ du Grand Prix de Trois-Rivières...

La victoire tourne autour du pot. Elle se manifeste sur le circuit Road America d'Elkhart Lake, au Wisconsin, après qu'il ait doublé dans une diabolique accélération Al Unser Jr et Paul Tracy. Merci au moteur Ford, merci aussi au sang-froid de la dynastie Villeneuve. Une action que n'aurait pas reniée Gilles ou l'Oncle Jacques. Classé septième à Nazareth, troisième à Laguna Seca, il conclut à la prometteuse sixième place d'un championnat IndyCar dominé par les Penske à moteur Illmor, avec le grade de meilleure recrue pour l'ensemble de la saison.

« Le fils de... » a commencé à se faire un prénom en finissant deuxième des 500 Miles et vainqueur à Elkhart Lake. On cherche à le connaître en tant qu'individu et l'on découvre un jeune homme bien de son temps, aimant faire du patin à roulettes, du ski – ce qui est excellent pour la concentration, la visualisation à grande vitesse et la forme – lire, écouter de la musique pop et rock, jouer du piano et découvrir des tas de choses dans le domaine de l'informatique. Le monde des ordinateurs le passionne. Il y passe beaucoup de temps chez lui, aux États-Unis, sans éprouver la moindre lassitude. À table, Jacques se délecte d'une assiettée de pâtes et boit volontiers du lait, plus rarement un verre de bière rousse.

« Je ne connaissais pas tous les circuits du championnat, souligne le Québécois qui a pourtant montré de remarquables qualités d'adaptation. Mais j'avais confiance en moi et dans cette équipe très professionnelle et homogène. Nous avions appris à travailler ensemble en Formule Atlantique et, d'entrée, nous étions efficaces, bien soutenus par Reynard. À ceux qui voudraient me voir intégrer bientôt la Formule 1, je dis : " Patience! " Je n'ai pas envie de me brûler les ailes en y allant trop tôt. Il me faut encore acquérir de l'expérience et disputer ce titre. Contrairement à ce que les Européens pensent, un vrai bagage en Indy est très précieux. Aujourd'hui, une place au-delà de la troisième ligne de départ est une contre-performance. Le palier atteint nourrit ma motivation et m'oblige à progresser encore plus vite. J'ai quantité de choses à apprendre en 95. Après, nous verrons. »

Poursuivre son apprentissage en IndyCar ne relève pas d'un mauvais compte. S'il avait trop écouté les chants de sirènes de la F1 à ce stade de sa carrière, il aurait peut-être déçu parce que chacun aurait voulu revoir très vite du Gilles Villeneuve. Aurait-il eu la voiture pour cela, et une expérience suffisante? La Formule Indy est un meilleur cocon en ce sens que les monoplaces sont moins sophistiquées et les relations humaines plus importantes. Contrairement à la F1, on se parle volontiers, on se respecte et la politique ne pourrit pas la vie des écuries. Mais le plus intéressant pour un jeune pilote est la totale incertitude quant au vainqueur du dimanche, le fait qu'une bonne dizaine de candidats peuvent espérer l'emporter. Bon pour le moral! Pour parvenir à ses fins sur le continent nord-américain, Jacques n'est pas trop inquiet de la séparation entre Gerry Forsythe et Barry Green, le premier mettant sur pied sa propre écurie avec, pour pilote, le vétéran Teo Fabi, qui courra sur Lola-Ford. L'équipe Green-Player's n'en sera pas affaiblie puisque les meilleurs techniciens demeurent aux postes clés. « J'ai maintenant des repères me permettant de discerner des situations, estime Jacques. En fait, mon seul point d'interrogation concerne les rivales Penske. Qu'auront-elles dans les entrailles? »

Jacques disposera d'une Reynard de l'année, toujours en livrée bleue et blanche, d'un moteur Ford et d'un numéro qui devrait le contraindre à se surpasser en toute occasion : le 27, celui que portait la voiture de son père les deux dernières années chez Ferrari. Pas vraiment un hasard. Du fait que son équipe n'était pas encore membre de l'association des équipes Indy en 94, sa monoplace ne peut prétendre au n° 6, celui de son classement au championnat. Barry Green a consulté la liste des numéros non attribués et cela a fait *tilt* dans son esprit lorsqu'il a aperçu le chiffre 27. « Il sera parfait sur sa voiture », a-t-il dit à son interlocuteur.

Lui a-t-il porté chance? À moins que Jacques et les membres de son écurie aient si bien progressé, si bien préparé leur coup qu'ils seront irrésistibles? En tout cas, la saison ne peut mieux commencer puisque dans les rues de Miami, grâce à un ravitaillement éclair, Jacques gagne la partie, précédant Mauricio Gugelmin (Reynard-Ford) d'une seconde. Puis, la technique met son grain de sable dans le rouage. Boîte de vitesses cassée en Australie, voiture sous-vireuse aux 200 Miles de Phoenix (il est arrivé cinquième), différentiel rompu à Long Beach… la mauvaise série s'arrête heureusement à Nazareth quand, après avoir été une menace de chaque instant pour Emerson Fittipaldi (Penske-Mercedes), Jacques finit deuxième à 0,3 seconde.

On en est déjà au gros morceau du championnat : les 500 Miles d'Indianapolis. Course de la fin du mois de mai que les Américains prétendent la plus grande au monde! Deuxième en 94, Jacques se doit de faire aussi bien, sinon mieux, c'est-à-dire de vaincre. Crédité d'une excellente cinquième place en qualifications, il vient de prendre la tête de la course sans le savoir quand le drapeau jaune est déployé, et la Corvette de neutralisation de la course mise en piste. Naturellement, elle entend se placer devant la Reynard du Québécois, qui croit rêver! À deux reprises, il refuse la situation et sera pénalisé de deux tours. Autrement dit, la victoire est tombée à l'eau!

Victoire majeure : Indianapolis!

Mais Jacques poursuit et s'applique comme si de rien n'était. Il allonge ses relais, ravitaille à la faveur des neutralisations qui vont se succéder et voit quelques favoris disparaître sur incidents de course. À 10 tours de l'arrivée, Scott Goodyear (Reynard-Honda), le meneur, commet la folie de dépasser la voiture de sécurité qui s'apprête à libérer la piste. Sa pénalité, un *stop and go*, lui est signalée. Il l'ignore, ce qui lui vaudra les foudres de la direction de course : exclu du classement! La victoire revient donc à Jacques au bout de 505 Miles. Un Villeneuve marqué par ses 202 tours et tous les soucis qu'il a connus, en plus de sa pénalité. « Si Scott n'avait pas fait cette bêtise, je ne pense pas que j'aurais pu aller le chercher car mes pneus étaient détruits par le sous-virage, et la température d'eau dépassait les 110 °C. Gagner malgré deux tours de retard, je n'arrive pas à le croire! C'était " la " course à remporter. »

Cette course, qui tient une place de choix sur une carte de visite, compte autant, sinon plus, qu'un championnat couronnant le travail collectif de toute une saison. Que Tartampion la gagne n'aura pas beaucoup d'écho en Europe, mais que Jacques Villeneuve l'obtienne, cela prend un sens particulier. Le soir de cette grande victoire, Craig Pollock et l'équipe Green-Player's organisent une joyeuse fête en son honneur. Mais au moment où les réjouissances vont commencer, le héros reste introuvable. À chacun sa piste. L'hôtel est fouillé de fond en comble... jusqu'à ce qu'on le trouve dans les cuisines, en train de s'amuser avec un jeu électronique.

Craig Pollock a rencontré quelques patrons de grandes écuries F1 lors de son déplacement au Grand Prix de Saint-Marin. Frank promet un essai au volant d'une Williams dès qu'une concordance de dates au calendrier se présentera pour Jacques et les Britanniques... Pour sa part, Bernie Ecclestone, le patron des patrons, intéressé par la qualité du plateau proposé aux télés et l'argent sans cesse en augmentation qu'il en tire, appuie évidemment la candidature du fils de Gilles.

C'est sûr, Jacques devra composer avec plus de pression jusqu'à l'échéance de son championnat Indy, dont il n'a accompli à peu près que le tiers. Mais la pression, chez lui, est positive. Elle le stimule! Pour l'instant, son objectif reste le titre. S'il ne l'obtient pas, il aura deux possibilités : soit refaire une saison en IndyCar – ce que souhaite Player's – soit courir en F1. Mais pas à n'importe quelles conditions : une grande équipe qui lui procurera les meilleures garanties pour bien débuter et réussir. Faire de la figuration pour le seul plaisir d'être en F1 ne l'intéresse pas.

Après son exploit d'Indianapolis, il est passé en tête du championnat. Son tour de force sera d'y rester jusqu'à la course de Laguna Seca, début septembre. Presque un mois plus tard, à Portland (Oregon), Jacques a la surprise de voir débarquer Bernard Dudot et Christian Contzen, respectivement directeur technique et directeur général de Renault Sport, dans le paddock. Ils se disent en vacances. En vérité, ils sont venus le juger sur place, le voir à l'œuvre. Leur moteur propulse les Benetton et les Williams F1, d'où leur curiosité inévitablement intéressée... Cela tombe plutôt bien, Jacques décroche sa première *pole position* en Formule Indy. Et il mène la course, lorsque sa suspension s'affaisse. Qu'importe! il les a épatés.

À partir de cette épreuve, Jacques Villeneuve devient le pilote à battre de cette discipline pourtant remplie de féroces cow-boys privilégiant la vitesse de pointe à bien d'autres considérations techniques. Lui, bien cadré par Tony Cicale, vise plutôt efficacité et facilité de conduite. Deux points de vue totalement opposés. En course, Jacques réfléchit, pèse le pour et le contre. Il n'est pas le pilote à aller chercher l'impossible, se contente de places d'honneur, certaines modestes, si sa voiture ou les péripéties de la compétition lui sont défavorables. Tout est bon à prendre. C'est aussi avec de petits points, faute de mieux, que l'on construit un solide championnat.

Saison magnifique. Non seulement, il collectionne les positions de tête sur les grilles de départ (il en comptera six), mais s'impose à Elkhart Lake, à Cleveland et monte sur les podiums de Toronto et Lexington. Le 10 septembre 1995, au terme de la 17e et dernière épreuve, il « enterre » Al Unser Jr (Penske-Mercedes) de 33 points et Bobby Rahal (Lola-Mercedes) de 43 points. C'est clair, Jacques vainqueur de son premier championnat n'a plus rien à prouver outre Atlantique... Financièrement, il a commencé à amasser une petite fortune personnelle en recevant la somme de 2 996 269 $ US en primes pour cette seule saison, son salaire et ses contrats publicitaires personnels étant à part. Ses bourses 94 et 95 réunies dépassent les 4 000 000 $ US.

Depuis le 1er août, son cœur ne bat que pour la Formule 1. Humble débutant à la combinaison vierge de toute publicité sur le circuit de Silverstone (Angleterre), il s'est glissé dans l'habitacle d'une Williams FW17-Renault (promesse tenue!), aux couleurs caractéristiques bleu et blanc, filets ocre et rouge... de Rothmans, dont le nom n'était pas mentionné afin d'éviter l'amalgame avec Player's, son annonceur en Indy. Pendant trois jours, d'abord au côté de Damon Hill, puis à celui de David Coulthard, les pilotes de la maison, Jacques s'est familiarisé avec la conduite particulière de la F1, les chapelets de virages. Fidèle à lui-même, sans essayer d'épater la galerie... Puis il a accéléré, histoire de se situer. Enfin, et c'était le but du jeu, ses impressions, sa sensibilité aux réglages aérodynamiques et de suspension, bref tout son potentiel technique a été jugé par Patrick Head, le directeur sportif, et d'autres ingénieurs de son entourage. « Il a fait du bon travail, reconnaît Damon Hill, approché à quelques dixièmes. En plus, c'est un chic type. »

« J'ai beaucoup aimé piloter cette voiture, indique Jacques au sortir de ce premier galop d'essais privés. Si le moteur de mon IndyCar est plus puissant que ce V10, la tenue de route de cette F1 est sensationnelle, impressionnante. J'ai aussi apprécié l'efficacité des freins en carbone et le passage des vitesses au volant m'a bien amusé. On a l'impression de jouer avec un jeu électronique! » S'en est suivie une visite d'usine à Didcot, site bientôt remplacé par une usine plus vaste et moderne à Grove, quelques kilomètres plus loin. Le Québécois en est reparti bien rassuré quant à ses compétences au volant d'une F1. S'il est appelé par Frank, il sait qu'il pourra s'imposer dans cette discipline, du moins être compétitif.

Curieuse coïncidence. C'est sur ce même vieil aéroport militaire désaffecté devenu « circuit de Silverstone » que son père s'était aussi entraîné, en 1977, quelques jours avant de s'aligner au Grand Prix de Grande-Bretagne au volant d'une McLaren. Dix-huit ans plus tard, le fils y a eu une révélation pour la F1, qu'il découvrait également. Parallèlement à cet essai privé, Craig Pollock et Julian Jakobi, ancien négociateur-homme d'affaires de Senna et Prost, spécialiste des contrats de haute volée, ont pu discuter « avenir » et, notamment, l'aspect financier du recrutement. Cela n'a pas traîné. Quelques jours après, tandis que Jacques volait vers le continent nord-américain pour y disputer les dernières courses de son championnat Indy, la nouvelle de sa signature avec Williams se répandait.

L'accord prévoit deux ans (1996-1997) plus l'option d'une troisième saison, un très vaste programme d'essais privés d'adaptation à la F1, aux méthodes de réglages et aux circuits, ainsi qu'un salaire de l'ordre de huit millions de dollars pour commencer. Entrer en Formule 1 dans ces conditions valait la peine de ne pas précipiter les choses. Techniquement, Jacques ne pense pas avoir à le regretter. Il n'a plus qu'à rassembler ses affaires pour retourner en Europe et se trouver un appartement à Monaco. La plus grande aventure de sa vie peut commencer…

CHAPITRE 13

1996 : PREMIÈRE SAISON CHEZ WILLIAMS

Plus de 10 000 kilomètres plus tard, Jacques, 24 ans, se sent fin prêt à affronter sa première saison de Formule 1. Frank Williams l'a envoyé s'entraîner sur divers circuits permanents. Après six mois de roulage en solitaire, il a l'impression d'avoir toujours piloté une F1! David Coulthard est parti chez McLaren-Mercedes. Le Québécois a donc Damon Hill, 35 ans, pour équiper. Tout comme Jacques, il est orphelin de père, Graham, qui eut ses heures de gloire dans la discipline : deux fois champion du monde, trois fois vice-champion! Mais c'était dans les années 60, de l'histoire très ancienne. À l'instar de Jacques, Damon est bien obligé de se débrouiller seul et de ne décevoir personne, compte tenu de son nom. Pour les 16 épreuves inscrites au calendrier 96, Williams a concocté une FW 18 qui, dit-on, n'est qu'un développement de la 17B déjà très performante et fiable qui boucla la saison précédente. Une voiture encore plus constante et docile dans son comportement, moins pointue dans ses réglages, propulsée par un moteur d'un confort d'utilisation remarquable, puissant et fiable. Pas peu fier, Frank Williams dira de sa voiture qu'elle se conduit comme un vélo! Un rêve de débutant?

Pas plus débutant que les autres pilotes sur le circuit de l'Albert Park de Melbourne où la F1 se rend pour la première fois, le dernier Grand Prix d'Australie ayant eu lieu à Adélaïde où le rideau de la saison 95 s'est refermé. Jacques débarque derrière les stands en compagnie du séduisant Craig Pollock et c'est aussitôt la curiosité, l'étonnement général : 1 m 68 (5 pi 7 po) pour 67 kg (150 lb) de muscles, *look* d'adolescent très branché, chemise ample déboutonnée sur *tee-shirt*, style *grunge*, sourire gentil… chacun attend de le voir à l'œuvre. Lui le premier, car il ne s'est jamais mesuré aux autres dans une vraie situation de compétition F1. Que sait-on de ce Canadien de langue française qui évoluait jusque-là dans une série à part et lointaine dont le véritable niveau est pure énigme pour les Européens?

Dès le début des essais, c'est une révélation. Le Villeneuve en question joue les premiers rôles. Il va même plus loin aux essais chronométrés, arrachant la position de tête à Damon Hill, celui qui est au courant de tous les rouages de Williams, qui est censé montrer l'exemple! Résultat : 138 millièmes d'écart. La *pole* pour sa toute première qualification en Formule 1. À pas même 25 ans. Pourquoi pas la victoire, tant qu'à y être? Les journalistes du monde entier l'entourent, le pressent de questions. Et sont bien reçus. Le jeune homme parle anglais, italien, français et possède quelques notions de japonais.

Pour espérer vaincre, il faudrait d'abord qu'il réussisse son envol. En privé, il a multiplié les exercices de départs arrêtés, mais dans les vraies conditions, c'est une autre paire de manches. Il y a les adversaires le couteau entre les dents, le stress lié à ce moment si délicat et si dangereux… Mission réussie! Celui que tous les journalistes vétérans ne peuvent s'empêcher d'appeler « Gilles » est en tête de la course et entend bien y rester jusqu'au drapeau en damier. Hill le suit comme un toutou depuis plus de 50 tours! Ce que nous ignorons, c'est que Damon reçoit depuis longtemps de l'huile pulvérisée sur son casque, sa visière, le haut de sa combinaison, sans parler de son aileron. Sa visibilité est quasi nulle. Le meneur ne s'est aperçu de rien, savourant son tour le plus rapide au nez de tous les pilotes… jusqu'au moment où son stand l'avertit par radio que sa consommation d'huile est anormale.

Effectivement, le niveau baisse de plus en plus et le témoin lumineux s'affole. « Dans certains virages, la pression tombait à zéro! » Au 53e des 58 tours, le panneau *Slow* lui est présenté. Ou il lève le pied, ou le moteur casse! Jacques est un garçon réfléchi. Il franchira la ligne 38 secondes derrière un Damon

Hill qui n'avait évidemment pas eu à transpirer beaucoup pour prendre l'avantage. Doublé Williams-Renault devant une Ferrari, en l'occurrence celle d'Eddie Irvine. Cette saison, les Ferrari de Michael Schumacher et de l'Irlandais sont fréquemment citées comme probables grandes rivales des Williams, au même titre que les Benetton-Renault de Jean Alesi et Gerhard Berger.

Malgré son calme olympien, sa désinvolture de façade, Jacques s'est mis de la pression pour ne pas décevoir ceux qui rendaient compte des courses de son père. Et qui n'ont pas manqué de lui poser la sempiternelle question...

« Quand tu menais la course, as-tu pensé à ton père?

– Je ne vois pas pourquoi j'aurais pensé à mon père! Depuis toujours, je cours pour moi, pour l'équipe et les commanditaires. S'il était là, il serait sûrement fier de moi. Mais je ne peux pas non plus vivre avec le passé sans arrêt en tête. La vie continue. Parce que j'ai vécu dans ce milieu très jeune, je rêvais de devenir pilote. Pas parce que je l'admirais. C'était un père comme un autre. Je ne perpétue pas un héritage, je cours simplement parce que j'en ai envie. Cette passion est ancrée en moi. S'il n'avait pas couru lui-même, peut-être que je ne serais pas là aujourd'hui parce que je n'aurais pas connu ce monde-là. J'aurais peut-être participé à des courses automobiles mais avec des difficultés pour me lancer. »

Phrases combien de fois répétées... Jusqu'à l'usure. C'est clair, Jacques doit impérativement et le plus vite possible se faire un prénom. Trois semaines plus tard, il découvre le circuit brûlant, sinueux et bosselé mais ô combien magnifique d'Interlagos, au Brésil. Forcé de l'apprendre et de travailler dur sur ses réglages, il pousse très fort aux qualifications. Un peu trop quand même, puisque l'arrière décroche sur une bosse. La galopade qui devait probablement le déposer sur la première ligne au côté de Hill s'achève dans un pré. Troisième temps. Pas mal pour un débutant!

Le lendemain, jour de Grand Prix, les difficultés se corsent. La piste est détrempée au moment du départ. Jacques n'a pas couru dans des conditions apocalyptiques depuis sa saison de Formule 3 au Japon. Un bon bout de temps, quoi... Il se lance sans visibilité, s'adapte, perd du temps derrière un retardataire et voilà qu'Alesi le menace de lui ravir sa deuxième place. La Williams n° 6 s'inscrit un peu trop vite et trop large dans un virage, les roues de droite glissent... et c'est un tête-à-queue!

Besoin de gagner le plus tôt possible

Dans leurs articles, certains journalistes ne peuvent s'empêcher d'écrire que Jacques est le digne fils de son père. Et quelques distraits l'appellent encore Gilles... « Ça l'énervait énormément, se souvient sa mère. Et le nombre de fois où les gens arrivaient vers lui en disant : " Mon dieu, ce qu'on est content que tu sois là! Cela fait plus de 10 ans qu'on attend que tu remplaces ton père! " Le prénom " Jacques " a été long à se mettre en place dans l'esprit des gens. D'autant plus qu'en le voyant marcher, on avait l'impression de revoir son père. Aujourd'hui encore, il a la même démarche. Ceux qui ont connu Gilles, qui ont eu cette dévotion particulière pour lui, se trompaient tous les coups. Avec le temps, Jacques s'est rendu compte de ce que son père représentait pour toute cette famille de la Formule 1. Pas seulement les équipes mais tous les gens de l'extérieur, les journalistes, beaucoup de monde en fait. Petit à petit, il s'est aussi rendu compte de ce qu'il lui a légué. Il faut quand même bien se dire que s'il s'était appelé Laporte au lieu de Villeneuve, eh bien, la porte ne se serait pas ouverte aussi facilement au tout début! Il a été conscient des opportunités que d'autres n'ont pas eues. Par contre, la demande était beaucoup plus grande envers lui qu'envers ses camarades. Il y eut cet autre côté de la médaille. Autant c'était facile de pénétrer dans le milieu, autant après il devait prouver beaucoup plus qu'un autre pour qu'elle ne se referme pas, cette porte. Il a eu besoin de gagner le plus tôt possible. »

La disparition précoce de Gilles ayant traumatisé beaucoup de monde, chacun souhaitait inconsciemment qu'il ressemble à son père, qu'il ait les mêmes qualités, la même façon de conduire. Surtout, qu'il soit capable de commettre les mêmes folies au volant! Un fils pas à la hauteur de ces souvenirs ni de ces espoirs et les critiques se seraient abattues, drues.

« Bien sûr, reconnaît Joann. Au risque de décevoir ces attentes, Jacques ne s'est pas présenté aux gens en cherchant à être son père mais en étant lui-même. Il n'a pas du tout les mêmes qualités que Gilles; il est un être, un pilote différent, avec une réflexion intérieure qui n'a rien à voir avec celle de Gilles. Je dirais que Jacques est beaucoup plus analytique que Gilles. Mon fils est têtu, lui aussi, mais c'est vraiment sur le plan de l'analyse que la comparaison se fait. Disons que c'est un autre tempérament, un autre caractère. Capable d'analyse, d'arrondir ses points de vue même si, au départ, il présente ses arguments également à l'emporte-pièce. Et puis, pour mon fils, l'éducation a aussi joué. Il a grandi à Monaco, à la fois beaucoup plus protégé des agressions du monde extérieur mais aussi plus ouvert sur ce monde extérieur, et ça se reflète dans sa personnalité. À 10 ans, Jacques connaissait du monde ce que Gilles n'a pas eu assez de sa vie, malheureusement trop courte, pour connaître. C'est évident, il en a moins bavé que son père pour parvenir où il voulait aller. Il s'est construit de façon complètement différente. »

Damon Hill a déjà remporté trois victoires sur trois courses lorsqu'il se présente au Nürburgring, en Allemagne, pour le Grand Prix d'Europe. Jacques, lui, s'est battu du début à la fin du Grand Prix d'Argentine pour finir deuxième. Il ne déçoit pas, mais souhaiterait un vrai succès. Ce légendaire tracé allemand, bien qu'amputé de nombreux kilomètres, le trouble. Il part en reconnaissance le jeudi. « J'y ai fait quelques tours en vélomoteur et l'ai trouvé assez sympa sur le plan de la sécurité.

Pas de bosses, bon revêtement, le contraire de ce que j'avais connu jusque-là. Par contre, côté pilotage, et bien que les choses se présentent différemment depuis un guidon, il m'a semblé plutôt monotone. Ayant une préférence pour les circuits très rapides, disons qu'il n'est pas mon préféré. » Il l'apprend toutefois sans peine le moment venu au volant de sa Williams et décroche la deuxième place. Damon, à côté, démarrera de la position de tête.

Pourtant, le Britannique reste longtemps collé à l'extinction des feux rouges, si bien que lui, le petit Québécois, se porte tout de suite aux commandes de la course. Dès le 26e des 77 tours, la Ferrari de Schumacher pointe son museau dans ses rétros. Placé derrière Hill sur la grille, Michael a été bloqué par la Williams et il continue de combler son retard sur Villeneuve. La mi-course le voit passer à l'offensive. Mais il est tombé sur un jeune pilote qui tient absolument à gagner, las de devoir se contenter d'une deuxième place. Jacques se pare de toutes ses attaques et ne succombera jamais à la pression.

Il faut être rudement concentré et solide pour ne pas céder à l'Allemand. « Les plus grosses difficultés se sont présentées avec certains retardataires. Ceux, surtout, qui occupaient le mauvais côté de la piste! Je savais que Michael saisirait la moindre occasion. Je ne lui en ai pas offert. » Villeneuve a devancé Schumacher de 0,762 seconde! Un rien, mais suffisant pour entrer dans le cercle prestigieux des vainqueurs de Grands Prix! Il franchit la ligne le poing levé. Pas de démonstration délirante par la suite. « Non, je ne dédie pas ma victoire à qui vous savez », clouant le bec à un journaliste. Il préfère rendre hommage à tous les membres de son équipe pour leur préparation impeccable, leur stratégie bien inspirée. Particulièrement au jeune et dévoué ingénieur britannique Jock Clear, qui lui laisse parfois tester un « truc » provenant de l'Indy, à ses commanditaires, bref tous ceux qui le soutiennent dans ce difficile parcours. Ce n'est pas parce que la Williams est une super voiture, propulsée par un super moteur, que la partie est aisée.

Jacques l'a dédiée surtout à lui même, principal artisan de son succès.

Douche froide à Imola. Parti de la deuxième ligne sur ce circuit où il se sent assez bien pour y avoir couru en F3, puis en solitaire avant le début de la saison, il a la malchance d'être heurté par Jean Alesi dans le premier virage, puis dans le suivant. Passage obligé à son stand : la roue arrière gauche est crevée. Jacques revient bon dernier en piste, remonte à la sixième place mais doit abandonner à quelques tours de l'arrivée, la suspension arrière droite étant abîmée.

Il connaît également quelque peu le circuit de Monaco pour y avoir couru en F3 et s'y déplacer régulièrement avec son auto personnelle. Un peu trop lent à son goût à bord d'une F1... Au cours de ce week-end, il ne se sent même pas chez lui, tellement il est occupé par les trop nombreuses opérations promotionnelles. Crédité d'un 10e chrono, il est assez content d'être quatrième à quelques rondes de l'arrivée. Malheureusement, Luca Badoer (Forti) oublie qu'il a un rétroviseur et l'accroche.

Il connaît un excellent départ et est 10 tours en tête 15 jours plus tard, sur l'autodrome mouillé de Montmelo (Barcelone), dans le cadre du Grand Prix d'Espagne. La Williams n'est pas très mal, mais Schumacher et sa Ferrari, dans un très grand jour, le doublent et s'envolent vers la victoire. Jacques se contenterait bien de finir deuxième à l'approche du Grand Prix du Canada. C'est sans compter l'énorme chance d'Alesi, qui le passe en profitant des ravitaillements!

C'est l'heure de retourner au pays pour son Grand Prix national. Le fils de Gilles y est accueilli comme un héros. Pendant toute une journée accordée aux médias, on se l'arrache devant les caméras, les chaînes de radio et quelques journalistes en retard lui courent après, micro en bandoulière. Son sourire illumine les affiches géantes le long des avenues et l'homme de la rue ne lui tient pas rigueur du fait qu'il ne dédie rien à son père. « C'est son jardin secret », estime-t-on pour tordre le cou à certains commérages. Les Québécois ne s'attendent pas à une attaque à outrance de sa part. Il n'est pas, comme Gilles, un forcené des glissades des quatre roues. Autre style, autre temps. Depuis, les progrès d'adhérence ont été tels qu'un pilote doit inscrire sa monoplace avec la plus grande précision, en la brusquant le moins possible, ce que réalise parfaitement Jacques.

« Je ne ressens pas comme mon père le besoin viscéral de la mettre en travers pour, ensuite, trouver la limite d'adhérence. Je n'ai pas la même approche des réglages, des courses. Lorsque je règle une auto, je recherche la meilleure efficacité en tenue de route. De la stabilité avant tout. »

Jacques, c'est plus « Monsieur Propre »… Il a, c'est vrai, un penchant pour les ordinateurs et ne se prive pas d'analyser les données informatiques avec les ingénieurs dans le but d'améliorer sans cesse son matériel, son confort de pilotage. Il respecte aussi infiniment la mécanique et ne cherche jamais à la pousser à bout pour animer le spectacle. Bref, Jacques a une grande capacité de réflexion et de concentration, il est parfaitement réaliste et court autant pour les points que pour la gagne. Un vrai champion du monde en puissance! Mais pas cette saison. Avec les points de quatre victoires – contre un succès à Villeneuve, un autre à Schumacher, et le gros lot monégasque à Olivier Panis (Ligier-Mugen Honda) –, Damon Hill a une bonne longueur d'avance au championnat du monde. Et il semble se moquer des « pointes » que lui adresse Michael. L'Allemand prétend que le mérite de ses victoires revient à 100 % à sa Williams, au-dessus du lot. Qu'il ait un problème, ajoute-t-il, et Damon perd ses moyens. Il lui a mis l'étiquette « mentalement fragile » sur le dos de sa combinaison…

Jacques connaît bien le tracé Gilles-Villeneuve de l'île Notre-Dame. Pourtant, au volant de sa si véloce Williams FW18, il a l'impression de le redécouvrir. En fin d'essais qualificatifs, son coéquipier lui souffle *in extremis* le meilleur temps par 0,02 de seconde. Hill et Villeneuve en tête de grille, voilà la plus belle pub dont pouvaient rêver les dirigeants du circuit. Bien sûr,

Jacques aurait aimé gagner devant son public, et il était archi-motivé pour le faire. Cependant, Damon a su profiter de l'avantage de sa *pole position* pour le devancer dès le début. Et le Canadien, réservoir sensiblement plus chargé que celui de Hill, ne put éviter quelques soucis de freins, particulièrement sollicités sur ce tracé. Damon et Jacques ont passé la ligne d'arrivée sans bousculer l'ordre des essais. Le deuxième à quatre secondes, et pas peu fier d'avoir signé le meilleur tour.

Des souvenirs

On n'a jamais aperçu Joann assister aux courses dans l'entourage de Jacques. « C'est mon fils, pas mon conjoint, réplique-t-elle avec un brin d'humour. Il a besoin de sa liberté, passe beaucoup de temps avec son équipe et son kiné. Nous nous retrouvons à Monaco en famille. Je ne veux pas lui prendre la tête sur un Grand Prix. »

Très perturbée par la mort de Gilles pendant des mois et même des années, elle s'est adaptée à un autre style de vie, sédentaire, sans voir les gens tourbillonner autour d'elle, donc diamétralement opposé à ce qu'elle avait connu avec son mari. Joann a continué de vivre, et s'occupe à présent de Jessica, sa plus jeune fille, dont Jacques et Mélanie, respectivement parrain et marraine, ont choisi le prénom. Mélanie prépare à ce moment un diplôme en composition musicale.

Juste après la disparition de Gilles, Joann avait parfois aidé ses enfants à accrocher des photos, des posters de leur père sur les murs de leur chambre. Ou à les décrocher. À la suite du décès de son beau-père Séville, emporté par une crise cardiaque en 1987, elle s'est impliquée dans la création du Musée Gilles-Villeneuve, inauguré à Berthierville (960, avenue Gilles-Villeneuve) en juin 1995. Un sanctuaire pour tous ceux qui ont adoré ce pilote si singulier en Formule 1, si spectaculaire en piste. Voitures, trophées, casques, combinaisons, gants, photos, trompette, etc. On y trouve une foule de choses qui passionnèrent son quotidien. « Nous nous sommes tant battus pour construire cet héritage! Avec l'espoir qu'il ait valeur d'exemple pour les jeunes! On y perçoit l'effort derrière le succès.

Vingt-cinq ans se sont écoulés depuis la mort de Gilles. « Le passé n'est plus traumatisant pour moi. Il fait partie de mon environnement. Chaque objet exposé dans les vitrines au Musée nous fait revivre une partie de notre vie. » De plus en plus, au fur et à mesure qu'il a progressé dans sa carrière, Jacques y a voulu sa propre part de souvenirs. Le passé à la rencontre du présent. À moins que ce ne soit l'inverse…

Du plus pur style cow-boy d'Indy ou… Gilles Villeneuve!

Le Grand Prix de France 96 à Magny-Cours est au menu du retour en Europe. Bien sûr, pour se donner toutes les chances de briller dans une course chère au motoriste de son V10, le Québécois met le paquet aux qualifications. Si fort, qu'en sortant un peu trop large de la courbe d'Estoril, il commet un péché d'optimisme en remettant trop tôt les gaz, du plus pur style cow-boy d'Indy ou… Gilles Villeneuve! « J'étais sûr que j'allais m'en sortir. Raté! » Deux roues sur le bas-côté, puis quatre, il s'attend à présent à ce que ça tape fort à cette vitesse (environ 280 km/h). Décollage et c'est le choc, terrible, à l'avant gauche, contre un mur de vieux pneus. Il est entier, certes, mais aura une douleur au cou pour la course du lendemain. De plus, vu les essais escamotés, il partira avec le sixième chrono dans une monoplace redressée par ses mécaniciens pendant de longues heures. Compte tenu de son léger handicap au départ, la deuxième place à huit secondes de Damon est un bon résultat.

Malgré tout, il voudrait bien battre son coéquipier dans son jardin, lui rendre la monnaie de la pièce par rapport à ce qu'il lui a fait à Montréal! Par amour-propre et parce que l'échéance du titre n'est plus très loin : sept courses si l'on compte celle-ci. En tête du championnat, le Britannique compte 25 points de plus que le Québécois. Contrairement à ce que d'aucuns pensent, le leader n'est pas l'élu de l'équipe Williams. « Damon et Jacques ont le droit et le devoir de vaincre, souligne Frank, le patron. Si Villeneuve n'a pas concrétisé plus souvent son grand talent c'est parce qu'il apprend son métier. Il a une foule de paramètres à intégrer. On ne peut lui reprocher quoi que ce soit. »

Hill (*pole position*) et Villeneuve sont les mieux placés au signal du départ mais l'Anglais le rate, perd du temps et renoncera dans un bac à gravier sur un bris de roulement de roue. D'abord en lutte contre Alesi (Benetton), Jacques prend le meilleur et s'échappe au volant d'une monoplace super bien réglée, en mesure de maintenir un rythme élevé jusqu'à la fin et de lui offrir le record du tour. Mais c'est surtout son écart de points réduit par rapport à Hill qui lui fait le plus plaisir : 15 au lieu de 25…

Le plaisir de se retrouver sur un autre circuit plutôt rapide à Hockenheim (Allemagne) est vite rafraîchi par un comportement bizarre et persistant de sa voiture aux essais. Sixième temps. On apprendra plus tard qu'un amortisseur était grippé. Hill remporte sa septième victoire devant Alesi et Villeneuve. L'écart entre les deux pilotes Williams remonte à 21 points.

Grand Prix de Hongrie. On dit la piste trop sinueuse, trop étroite, glissante car poussiéreuse, inintéressante, propice aux processions tant il est difficile d'y doubler. Et le Québécois n'y a jamais couru. Pourtant, il ne s'y montre pas sous un mauvais jour, sans doute bien épaulé par sa préparation à Nogaro, petit circuit du sud-ouest de la France. Jusque-là, on lui imposait les réglages définis par Damon Hill et ses ingénieurs. Il conduisait une monoplace ne convenant pas du tout à son style de pilotage.

Alors, exceptionnellement, à titre expérimental, Patrick Head lui accorda le droit d'explorer des voies personnelles, parfois bien inspirées et dont il faut chercher l'origine sans doute dans son expérience américaine. « J'apprécie une monoplace assez rigide, particulièrement de l'arrière, peu chargée en aileron. Très précise. Revers de la médaille, la moindre petite faute de pilotage se paie cher. Ce choix ne peut masquer non plus une faiblesse de la voiture. »

Alors que Damon s'empêtre dans un nouveau mauvais départ, Jacques s'enfuit derrière la Ferrari de Schumacher. Le ravitaillement de ce dernier porte le Québécois en tête, la victoire semble bien engagée. Sauf que lors de son dernier ravitaillement, quelque chose coince à l'arrière droit de la monoplace n° 6. Un écrou de roue grippé! Hill hérite de la première place. Il croit être parti pour gagner lorsque sa radio l'enjoint de rentrer pour un troisième ravitaillement. Jacques reprend son bien avec 6,5 secondes d'avance et franchira la ligne avec son équipier sur les talons. Désormais, question réglages, la confiance sera établie.

À Budapest, la Williams du Britannique étant légèrement plus performante que sa « sœur », une seule erreur de Jacques en fin de course aurait permis à Damon de le dépasser. Mais il a les nerfs solides, le petit jeune! Ce doublé assurait Williams du titre mondial des constructeurs. Désormais, les deux sociétaires n'auront plus qu'à penser à leur propre championnat, sous les yeux pétillants du patron qui n'a jamais autant apprécié la compétition que lorsqu'elle a directement impliqué ses propres pilotes!

Deux semaines plus tard, c'est la renaissance absolue du pilotage sur le magnifique circuit de Spa-Francorchamps, en Belgique. Depuis quelque temps, Jacques s'y amusait grâce à un jeu vidéo : « Je ne voudrais pas passer pour un gamin, ou un idiot, mais cela m'a donné une assez bonne idée de ce que j'allais y trouver. En vidéo, j'ai également étudié un tour de qualification d'Ayrton Senna et j'ai appris certaines choses. » Grandeur nature, il le trouve vraiment impressionnant et plaisant au point de s'y sentir dans un état de grâce tel, qu'il réussit le meilleur chrono.

En tête dès le début, Jacques doit d'abord empêcher Schumacher de le doubler. La Ferrari reste au contact à des vitesses laissant stupéfait. Soudain, l'Arrows de Jos Verstappen sort violemment de piste. La voiture de sécurité neutralise la piste au moment où Jacques avait péniblement acquis une avance de 1,52 seconde sur l'Allemand. Regroupement général, vitesse calquée sur celle de la *pace car*, interdiction de doubler, Schumacher fonce immédiatement aux puits pour le ravitaillement. Grâce à ce réflexe, il gagnera la course.

Belle erreur stratégique chez Williams. Pourquoi Jacques fait-il un tour de plus? « Nous ne nous sommes pas compris avec Jock Clear, mon ingénieur. La liaison radio était mauvaise, plusieurs personnes parlaient sur la même fréquence. Ma première idée fut de rentrer, mais sans ordre formel, je craignais que les mécanos ne soient pas prêts pour le ravitaillement. J'ai donc bouclé un tour supplémentaire. Michael ne me suivant plus, j'ai tout de suite compris que c'était cuit pour la victoire. » D'autant que le sous-virage de plus en plus important de sa Williams avait détruit ses pneus avant. « J'avais l'impression de rouler sur un lac gelé! Pour finir, j'entendais un bruit sur l'arrière. Dans ces conditions, il valait mieux préserver la deuxième place. » Dans l'optique du championnat, c'était bien pensé puisque Jacques n'était plus qu'à 13 points de Damon Hill, cinquième à Spa.

Bien engagé avec une première ligne Williams, le pilote Britannique en *pole*, le Grand Prix d'Italie prit, hélas, des allures de pétard mouillé pour l'écurie de Frank. Hill abandonna et Villeneuve, septième, ne marqua aucun point pour avoir endommagé sa suspension avant en touchant les cônes qui empêchent de court-circuiter la première chicane. *Statu quo*, donc, pour les points au championnat, ce qui fit dire à Hill : « À Monza, Dieu appartenait au clan des *tifosi* (puisque Schumacher a gagné), mais il voulait que je sois champion du monde! »

L'avant-dernière course 96 se déroule à Estoril, au Portugal. Un lieu où il fait bon vivre en hiver. Jacques le sait pour y avoir accompli énormément d'essais privés. « J'ai appris cette piste par cœur, assure-t-il. Je crois connaître les moindres défauts de son revêtement. » Pourtant, il est battu par 0,009 de seconde par son coéquipier : 48,8 cm (19 po) de piste. Si peu, c'est frustrant. « J'aurais dû un peu plus m'appliquer dans le " tire-bouchon " (pif-paf) trop bête qu'ils ont créé de l'autre côté. Bon, ce que j'ai réalisé n'est pas mal non plus. Un petit peu plus vite à certains endroits, j'aurais pu finir dans un bac à gravier… Le plus important est quand même la course. »

Un duel si intense sous le même toit n'est pas très propice à une entente bon enfant. Bien sûr, les deux équipes formées par leurs ingénieurs et mécaniciens respectifs ne se dissimulent pas les bonnes formules de réglages ou les stratégies. Mais la rivalité existe bel et bien. Dans la course, c'est normal. Côté pilotes, on s'attend une épreuve difficile, sans cadeaux. Cela dit : « Ce n'est pas la franche camaraderie entre nous, mais il n'y a pas de haine non plus, souligne Jacques. Je n'ai jamais détesté Damon. »

Une manœuvre dangereuse

Le lendemain, Hill bondit en tête, bien résolu à ne pas laisser passer ce diable d'Alesi à l'amorce du premier virage. D'abord troisième, Villeneuve est doublé par un autre diable du jour : Schumacher. Damon s'échappe, tandis que Jacques a du mal à dépasser de nouveau la Ferrari. Il a néanmoins une idée derrière la tête quant au lieu favorable à une telle manœuvre, et attend son heure.

« J'avais dit à mon ingénieur qu'en cas de besoin, un dépassement était possible dans la courbe à droite commandant la ligne des stands. Il m'a pris pour un fou! " Si tu le fais, sûr que nous irons te ramasser à la pelle contre le rail! " Je ne m'y suis pas embarqué à la légère. Durant deux tours, j'ai observé comment Schumacher négociait ce virage. À mon avis, mon expérience des dépassements en Indy rendait la chose possible. Qu'est-ce que je risquais? D'un côté, je pouvais battre Damon, de l'autre, je perdais mes chances au championnat. Il fallait y aller! »

Seizième tour. Dans ce lieu de folie, spectateurs et téléspectateurs vont enfin avoir droit à un vrai dépassement, réussi grâce à une belle collaboration entre cerveau et tripes. « Nous sommes arrivés tous deux au freinage, Michael derrière une Minardi attardée. Je déboîte et me porte à sa hauteur. Naturellement, il est surpris. Nous avons roulé de front jusqu'à la fin du virage, lui à l'intérieur, moi à l'extérieur. Et je suis sorti légèrement devant lui! » Une fois sur la ligne droite, avant de s'élancer à la poursuite de Hill, Jacques appelle ses hommes par radio. Manœuvre réussie! Encore aujourd'hui, il se dit qu'il a eu beaucoup de chance qu'un troisième larron se trouve également dans ce virage.

Effectivement, l'avance de Damon se réduit après le second ravitaillement. Au troisième, Jacques prend le commandement du Grand Prix du Portugal et joindra l'arrivée avec presque 20 secondes d'avance sur son équipier chahuté par son embrayage. Jamais, pendant ses longs essais hivernaux d'adaptation à la Formule 1, il n'aurait imaginé vaincre de la sorte, s'offrir le record du tour dans son haletante remontée, et se rapprocher à neuf points du leader au championnat… à une épreuve de l'arrivée. Il suffirait qu'il gagne à Suzuka (Japon) et qu'un gros pépin prive Hill de nouveaux points pour qu'il reçoive la couronne mondiale à sa place.

Il commence sans aucune erreur le rendez-vous nippon par une position de tête au départ de la course, devant Hill et Schumacher. Troisième *pole position* de la saison. Juste avant ce tour d'enfer, il avait annoncé à Jock Clear qu'il allait faire mieux. « Impossible, avait rectifié l'ingénieur-copain. Si tu y parviens, je me tonds les cheveux. » Le Québécois a fait raser Jock dans la soirée!

La pression? Il dit ne pas en avoir. « Pour ma part, je n'ai rien à perdre, alors je suis serein. Comme toujours, il me faut attaquer. C'est l'unique pression que j'ai puisqu'il n'y a rien à perdre. Le rôle de Damon est plus délicat. Il doit se méfier de tout : mécanique, stratégie, adversaires, de moi, et, peut-être, de lui-même. Une seule erreur lui ferait perdre le titre pratiquement en poche. Au pire, je terminerai deuxième du championnat. Pas mal pour un débutant… »

D'habitude, Jacques ne rate pas ses départs. Cette fois, c'est à lui de le manquer. « Entièrement de ma faute. N'ayant pas pris assez de tours, mon moteur a hoqueté. J'ai actionné l'embrayage, remis les gaz, et là, le V10 s'est emballé. » Tandis que Damon se propulse en tête, Jacques pointe à la sixième place à l'issue de la première ronde. Il faudrait un sacré concours de circonstances pour le voir gagner. Revenu à la quatrième place, voilà que sa roue arrière droite fait mine de le doubler. Un écrou s'est dérobé et la Williams s'immobilise dans le bac à sable. La roue en cavale a tapé les rails, survolé un premier grillage de protection pour s'empêtrer dans un second. Un brin plus haut, elle aurait atterri dans le public…

« On m'a tout de suite prévenu que personne n'avait été touché. J'ai été soulagé. Mon objectif était de prendre des risques, l'occasion ne s'est pas présentée. Globalement, cette saison " découverte " a été très positive puisque me voilà vice-champion. Damon a mérité cette dernière victoire et son titre mondial. Il a effectué un excellent travail et a très bien piloté. C'est un grand champion. Ne pas avoir réussi mon coup me permet d'entretenir une grande motivation pour la saison prochaine. »

Huit succès pour le champion, quatre pour l'apprenti champion : 97 points d'un côté, 78 de l'autre, tandis que le double champion du monde, Schumacher, irrésistible de temps à autre –

il a quand même gagné trois fois durant cette saison – en empoche 59. Que nous réserve 1997? Difficile de prévoir à l'avance en Formule 1 puisque le facteur voiture, bien ou mal née, détient la clé de l'énigme. Ce qui est sûr, c'est que notre Québécois, avec l'expérience d'une année de compétition F1, partira favori pour chasser le titre mondial. Hill? Il a voulu monnayer sa suprématie de la saison 96 en exigeant un cachet de 10 000 000 £ pour l'exercice à venir. Trop gourmand, a estimé Frank Williams, assez radin il est vrai, sur ce chapitre. Damon quitte donc son écurie fétiche pour intégrer Arrows-TWR, celle de son ami britannique Tom Walkinshaw. Le coéquipier de Jacques sera Heinz-Harald Frentzen, d'origine espagnole par sa mère – il vit d'ailleurs sur une île des Baléares –, allemande par son père, transfuge de l'écurie Sauber, pilote discret et créateur de tapisseries à ses heures creuses. Jacques et H.H. se connaissent un peu. Cela remonte à leur « classe de maternelle » au Japon. Puis ils s'étaient perdus de vue quand le Québécois avait poursuivi son apprentissage en Amérique du Nord.

CHAPITRE 14

1997 : JACQUES, ROI DE LA FORMULE 1

Jacques possède désormais une aura en Formule 1. Il fait partie des valeurs sûres. Au Québec, les jeunes de sa génération qui n'ont pas vécu les exploits inoubliables de son père le portent aux nues. Réaliste, pas très démonstratif, calculateur, philosophe à ses heures, il a aussi son lot de sceptiques, de détracteurs. En quête de la moindre similitude avec Gilles, il n'est pas, à leurs yeux inquisiteurs, un authentique passionné prêt à tous les sacrifices pour courir, pas un vrai Villeneuve. Son nom lui a ouvert la porte d'un chemin prétracé. Jacques pratique le sport automobile, comme il l'aurait fait de n'importe quel autre métier. Aussi, ils le sentent davantage passionné par la musique et l'informatique. Il le sentent aussi très *jet set*, moins « authentique », plus accroché au Rocher de Monaco qu'aux vastes forêts des Laurentides. Bref, il est devenu pilote de la même manière qu'il aurait pu être skieur professionnel...

Selon l'enquête d'Éric Briquet parue dans *Auto hebdo* : « Ceux qui vouent toujours une admiration sans bornes à la mémoire de Gilles Villeneuve ne voient pas en son fils un digne héritier. En plus, Jacques n'hésite pas à répéter qu'il ne souhaite pas courir pour perpétuer une tradition ou terminer ce que son père n'a pas fini. Cela l'éloigne encore plus de cette frange de son public. »

Jacques, pas un vrai Villeneuve? S'il a une sensibilité pour la musique, ne la doit-il pas à ses parents? Les deux enfants de Gilles et Joann sont des artistes. Jacques joue de la guitare et du piano, Mélanie du piano et du violoncelle. Elle a même affronté une licence en composition musicale. « Gilles jouait du piano et de la trompette. Son père Séville, accordeur de pianos, avait une oreille très fine. Et ma mère était aussi entichée de piano. La musique était dans les gènes d'un côté ou de l'autre. Chez Jesse, leur demi-sœur, qui a fait de la danse, ce côté artistique ressort aussi. Elle est branchée sur la musique à présent. »

Joann entretient, elle aussi, un jardin secret artistique. Dessin, décoration... « Dans l'aquarelle, c'est le premier jet qui compte. Beaucoup trop rapide pour moi. Je préfère prendre beaucoup de temps pour effectuer un ouvrage, repasser sur des détails. L'huile, par exemple, convient mieux à ma personnalité. Peaufiner, recommencer pour obtenir enfin ce que je désirais au départ. Du coup, je préfère la couture. Après la mort de Gilles, j'ai reçu une formation de styliste-modéliste à Nice. La couture, c'est ardu, long, et impose parfois de repartir de zéro afin que le résultat final soit parfait. Ne pas faire un point en dehors, de la précision avant tout! J'ai toujours fait beaucoup de couture : jeune fille chez ma mère, jeune mère quand les temps étaient durs. Puis par goût. Gilles disparu, Jacques et Mélanie à l'école en Suisse, je me suis demandé ce que j'allais faire de mes journées. J'ai donc accompli ce que j'ai toujours voulu faire! Après m'être informée, j'ai déniché une école de styliste de mode qui m'a acceptée. »

Lorsque Jacques est arrivé en Formule 1, Joann ne brillait donc pas par sa présence sur les circuits. Craig Pollock évitait-il qu'elle mette son grain de sel dans ses affaires avec Jacques? Joann la discrète ne veut pas savoir. Mais après le traumatisme vécu en 1982, même loin de son fils, elle s'inquiétait. « Malheureusement, j'évacue la peur d'une mauvaise sortie de piste par de terribles migraines. Il faut se contrôler tout le temps quand on est viscéralement lié à des pilotes. C'est une maîtrise émotionnelle de tous les instants. Donc, il vient un moment où ce contrôle que l'on s'impose d'une façon répétitive s'expulse d'une façon ou d'une autre. La plupart de mes migraines sont causées par l'émotionnel. Certaines personnes me conseillaient de rester détachée, d'oublier, de penser à autre chose en m'enfermant dans ma bulle! Difficile, impossible. L'un était mon mari, l'autre mon fils, les deux hommes de ma vie. Oui, je ne peux m'empêcher d'être inquiète. Pour Jacques, encore plus que pour Gilles parce que je connais la réalité, l'ayant vécue douloureusement. Donc, tout ce que l'on peut me dire est sans effet. Cette angoisse doit s'évacuer d'une manière ou d'une autre. Chez moi, cela se traduit par la migraine. Et je ne suis jamais complètement tranquille pour autant! Je me surprends encore à répondre au téléphone avec précipitation, à n'importe quelle heure du jour ou de la nuit. Jamais, je ne le laisse sonner sans répondre. »

Jacques, d'Irvine : « Sa tête est vide! »

Cette année 97, Jacques est « l'ancien » de chez Williams, celui qui détient l'expérience et portera les plus grandes responsabilités. Son statut de vice-champion ne lui accorde pas le choix de son résultat final. Logiquement, il doit être champion à son tour si la concurrence ne réserve pas une quelconque suprématie… Apparemment, la FW 19 longuement testée en privé est un modèle de compétitivité. Aérodynamique, moteur, écoute du pilote par les techniciens, tout a évolué dans le bon sens et Jacques peut être confiant. « Je me suis donné à fond dans le travail de développement, la pression dont je suis l'objet est positive, tout est plus facile à vivre aujourd'hui que je n'ai plus rien à prouver, à démontrer. » Malgré une intersaison studieuse, il a soigné sa condition physique par des exercices appropriés et du ski alpin, puis s'est accordé une profonde relaxation dans son appartement de Monaco. Bref, Jacques est prêt à se lancer dans l'arène avec bravoure, conscient des enjeux énormes, des luttes sans merci qu'il devra livrer, des nombreux pièges qui l'attendent au tournant.

Le premier lui est tendu par Irvine (Ferrari) dans le premier freinage de Melbourne. Jacques, qui avait pulvérisé sa propre *pole position* 96 de trois secondes la veille, est contraint à l'abandon, d'entrée de jeu. Irvine n'en démord pas : l'avantage lui appartenait puisqu'il se trouvait à la corde. Il dit aussi avoir été surpris par le freinage précoce de Coulthard. Bref, le fantasque Irlandais ne s'estime pas fautif. « Moi je dis qu'il a commis un geste suicidaire, fait remarquer Villeneuve. Quand on tourne deux secondes plus lentement que son adversaire, on n'agit pas de la sorte. Quel idiot! Je n'ai même pas envie d'aller lui expliquer sa connerie, il ne comprendrait pas. Sa tête est vide! Je regrette de ne pas avoir pu marquer quelques points en cette occasion. Ceux perdus au début du championnat font parfois la différence à la fin. » Coulthard (McLaren-Mercedes) a empoché les dix premiers.

À la première occasion, le Grand Prix du Brésil, Jacques entend mettre du beurre dans ses épinards. Rien à redire pour ses essais qu'il achève en position de tête, 0,5 seconde plus vite que Schumacher. Reste à bien négocier son départ. À Interlagos, justement, la proximité du premier virage est très souvent source d'embrouilles. Il faudra redoubler de vigilance. Pourtant, à l'image de ce qui s'est produit en Australie, le voilà aux prises avec une autre Ferrari, celle de Michael cette fois. L'Allemand l'oblige à passer par l'extérieur, là où la poussière réduit l'adhérence. Freinage appuyé, glissade inévitable, la Williams fait une excursion sur le bas côté, perd une série de positions… et toutes ses illusions pour un bon résultat.

C'est sans compter ce qui se passe dans son environnement : moteur calé pour Barrichello, accrochage Hill-Fisichella et sauve qui peut dans le voisinage. Drapeau rouge pour tout le monde! Jour de chance pour le Québécois! Un second départ est donné. Réplique du premier pour la Williams n° 3, sauf que son pilote laisse Schumacher le précéder à l'abord du terrible goulet. Jacques peut compter sur ses pneus neufs et un peu moins d'appui que la Ferrari à l'arrière pour ne pas perdre le contact et le doubler à la première occasion. C'est chose faite avant la fin de la première ronde. Puis la victoire au bout de 72 tours malgré quelques soucis de pneus qui ont permis à Berger (Benetton) de terminer sur ses talons. Victoire quand même, record du tour et le plaisir d'arriver sur le circuit de Buenos Aires en tête du championnat du monde, *ex aequo* avec Coulthard, le vainqueur d'Australie.

De la même manière qu'à Melbourne, l'avant de la grille de départ du Grand Prix d'Argentine accueille les deux pilotes Williams, avec, pour Villeneuve, 0,7 seconde de mieux. Mais deux pilotes malades! Jacques souffre de gastro-entérite, Heinz-Harald de grippe. Affaibli, pâle et courant sans cesse de toilette en toilette pour avoir consommé fruits et légumes lavés d'une eau frelatée sur une île brésilienne, Jacques se demande s'il va pouvoir prendre le départ et, surtout, tenir la distance de la course sans totale déshydratation. Non seulement il le prend, mais il réussit à inscrire son sixième succès en Formule 1, en luttant fermement jusqu'au bout pour empêcher Irvine de lui ravir le commandement, profitant de ses ennuis de pneus et d'une médiocre stratégie d'arrêts pondue chez Williams. Désormais seul en tête du championnat du monde, il ne peut néanmoins qu'être satisfait du résultat. Le voilà même à égalité de victoires avec son père!

« L'an dernier, je me suis toujours battu pour le titre sans jamais pouvoir mener le championnat. Cette année, c'est déjà ça! Je dispose d'une excellente monoplace, pareil pour le moteur et l'équipe où l'on peut travailler dans une bonne ambiance. Ma seule inquiétude provient de leurs stratégies et du choix des pneus qu'il faut arrêter un jour avant la course. Quant aux six victoires, qu'on cesse les comparaisons avec mon père! Même si j'en gagnais bien plus, jamais je ne le ferais oublier. »

Avant le Grand Prix de Saint-Marin, place aux essais privés sur le circuit de Barcelone avec une vieille Williams et des pneus rainurés tels qu'ils équiperont les F1 la saison prochaine. À peine arrivé en Italie, Jacques ne dissimule pas son état d'âme par rapport à la future réglementation qui exigera également des châssis aux voies plus étroites, des freins normalisés, aménagements destinés à réduire la vitesse en virage.

« Une connerie monumentale! Les pilotes n'ont le droit que de se taire. Je vois mal ce qui pourrait empêcher ceux qui nous gouvernent de mettre ces idées de merde en pratique. Ils n'ont jamais mis leur cul dans une F1! Est-ce nécessaire de réduire la vitesse en virage, de dénaturer la F1 et de diminuer notre plaisir de conduire? Faute d'adhérence, les voitures glisseront plus mais rien ne dit que les meilleurs pilotes s'imposeront. Au contraire, la limite avancée produira un nivellement du pilotage par le bas et comme dans tout changement technique radical, les petites écuries pédaleront encore plus pour suivre. À la moindre roue bloquée, le pneu ne sera plus conforme, rainures effacées. Je me demande si la FIA n'a pas trouvé là une arme supplémentaire pour disqualifier qui elle veut, quand elle le voudra. Je ne suis pas niaiseux, mais il faut penser à tout. Si ces mesures entraient en vigueur en 98, je retournerais courir en Indy. »

Une nouvelle première ligne bleu et blanc, cette fois sur le circuit des *tifosi*. Villeneuve en est à sa quatrième *pole position* consécutive. Frentzen a échoué à 0,3 seconde. Pour Villeneuve, ce n'est pas la course idéale. Il perd le commandement au profit de son équipier à l'issue du premier ravitaillement où il s'est attardé pour faire contrôler sa boîte de vitesses. Les rapports sautent à qui mieux mieux! Frentzen jette son habit de malchance pour grimper tout en haut du podium. Jacques a renoncé aux deux tiers de l'épreuve.

Monaco restera un très mauvais souvenir pour les pilotes Williams relégués en fin de peloton pour être partis en course avec des pneus lisses sur revêtement mouillé. L'écurie, hélas, s'était fiée à des prévisions météo optimistes annonçant un assèchement rapide de la piste… Jacques et H.H. se sont bien évidemment arrêtés pour se faire placer des pneus plus appropriés, mais leur volonté de sauver les meubles les fit toucher les rails et abandonner. Schumacher triomphait, prenait l'avantage au championnat et Ferrari perdait le sien au classement provisoire des constructeurs.

Jacques, pendant le week-end, a surtout obligé Max Mosley, président de la FIA, à légitimer ses prochaines réformes. Puis, faisant allusion à son détracteur, il a ajouté : « Jacques suggère qu'avant lui tous les pilotes étaient médiocres. [...] Il est jeune, ambitieux. Il aime les risques. Mon travail est de penser à sa sécurité. Lorsqu'il aura 50 ans, j'aimerais qu'il vienne me remercier en reconnaissant : " Tu avais probablement raison, Max, parce que je suis encore là. " » Ayant pris connaissance de cet entretien avec la presse, Jacques le « libre-diseur » ne tarde pas à répliquer : « Il a le droit de formuler ses opinions. Mais je n'en démords pas : le nouveau règlement est ridicule. »

Le Grand Prix d'Espagne s'annonce sous de meilleurs auspices pour lui avec une cinquième position de tête. Reste le plus payant, la course. Avec une probabilité de pluie et l'inquiétude de voir Williams se tromper à nouveau en choisissant les pneus. « J'aimerais tant arriver à Montréal en tête du championnat! » Cela tombe à pic, Schumacher, son éminent adversaire, a toutes les peines du monde à bien se qualifier! Cependant, au signal du départ, sa Ferrari surgit de la quatrième ligne de grille pour se positionner deuxième... derrière la Williams du Québécois. Néanmoins, Michael ne sera pas menaçant en raison de gros problèmes de pneumatiques qui nécessiteront une stratégie à trois arrêts. Jacques, lui, domine son sujet jusqu'au bout. Il arrivera en conquérant au Québec! Les férus de statistiques l'ont remarqué : par cette septième victoire en Formule 1, il a battu Gilles. Son commentaire ne varie pas. « Je ne suis pas dans cette discipline pour battre le record de mon père! Il est une légende de la Formule 1 et rien ne pourra changer quoi que ce soit à sa renommée. »

Sa réussite, il la doit à lui seul

La « fièvre Villeneuve », suscitée autrefois par Gilles, et remise au goût du jour dès le Grand Prix du Canada 96, atteint son paroxysme dans les rues de la Belle Province. Le régional a à peine le temps de mesurer l'ampleur de ce phénomène dans les rues, les bars, les magasins, les médias, etc. de Montréal, qu'il doit effectuer un aller-retour éclair à Paris afin de répondre à une convocation du Conseil Mondial de la FIA à la suite des durs propos qu'il a tenus en Italie et à Monaco. C'est plus le « franc-diseur » qui est concerné que le contestataire du prochain règlement. On lui reproche son vocabulaire parfois insultant. La note n'est pas trop salée : seulement un blâme. L'avion privé de Bombardier le redépose à temps pour sa conférence de presse au Musée des Beaux-Arts, où il fait salle comble. « Rassurez-vous, je reviens sans interdiction de courir ni amende. On n'a pas cherché non plus à me museler ni demandé que je change d'opinion sur la réglementation 98. »

Il a courageusement tracé la voie de la contestation. Si Damon Hill ne suit pas le mouvement, certains partagent ses idées sans oser s'exprimer. Ce n'est pas monnaie courante en F1 de ruer dans les brancards et les instances fédérales font le nécessaire afin que la critique ne fasse pas école. Et si, d'aventure, elle devait aller un peu trop loin, les constructeurs-employeurs relaient la FIA pour étouffer la rébellion. Chaque décennie connaît sa petite contestation des pilotes. Début des années 80 avec Gilles Villeneuve, fin des années 90 avec Jacques Villeneuve... La plupart du temps, la FIA a le dernier mot. Le « politiquement correct » s'impose en F1! Et les gros salaires n'y sont pas étrangers. « Maintenant, place à la compétition! Je veux faire mieux que l'an dernier. »

L'idéal, pour lui, serait de l'emporter après sa prometteuse deuxième place en 96. Que Schumacher rafle la position de tête par 0,13 seconde ne peut influer sur le résultat final.

Certes, l'Allemand réussit un beau départ. Mais il reste 69 tours pour le réduire à l'état d'escorte... Deuxième, Jacques ne ramollit pas. Il sort le grand jeu sous les milliers d'yeux rivés sur lui. Soudain, trop rapide et retardant trop son freinage à la chicane, leur héros frappe le mur de béton et touche le fond de la déception. C'en est fini des rêves de victoire... Schumacher remporte cette épreuve tronquée par la violente sortie de route d'Olivier Panis (Prost-Mugen Honda) et rentre en Europe avec le leadership au championnat (par sept points) tandis que Ferrari revient au premier plan.

Exceptionnellement, Joann Villeneuve était présente sur le circuit portant le nom de son époux. Invitée sur le plateau télé de Patrick Tambay et de Jean-Luc Roy, Joann a assisté au Grand Prix de bout en bout, regrettant bien sûr l'abandon précoce de son fils, qu'elle aurait aimé voir gagner devant son public. Mais, à partir du moment où il s'en sort indemne, n'est-ce pas le plus important pour elle? « Ça faisait longtemps que je n'avais pas assisté à un Grand Prix! En fait, je n'allais pas non plus voir courir Jacques lorsqu'il était en IndyCar. Ce GP du Canada était mon premier déplacement depuis qu'il courait en F1. À Montréal, qui plus est. Une ville que j'adore, où je me sens chez moi bien qu'à cette époque, je passais le plus clair de mon temps à Monaco. J'allais assez régulièrement au Québec rendre visite à la famille, aux amis. Ce jour-là fut émouvant. Voir ces tribunes encourager mon fils me paraissait incroyable. J'étais très fière de mesurer à quel point il est devenu un pilote de premier plan. En si peu de temps. Sa réussite, il la doit à lui seul, à personne d'autre. »

Jacques le non-conformiste surgit teint en blond dans le paddock de Magny-Cours. L'avant-veille, à Monaco, son goût pour le changement, la tendance, une pointe de provocation, lui a fait pousser la porte d'un salon de coiffure. Une envie subite de casser son image de gentil intello aux petites lunettes cerclées. Sa prestation dans la France profonde est honorable tandis que son rival Schumacher gagne et reprend l'hélico avec 14 points de plus. « Il reste neuf courses. Ce n'est pas cuit au championnat, fait-il remarquer. Une victoire me replacerait. »

Justement, celle-ci survient au Grand Prix d'Angleterre, favorisée par les abandons de Schumacher et d'Hakkinen (McLaren), victimes d'une trahison de la technique... Dans cette lutte si serrée entre les hommes et leurs équipes, c'est elle – la fiabilité – qui décidera probablement au bout de la dernière ligne droite. Et dans cette course, Jacques n'a pas été épargné. Un écrou de roue avant desserré a failli compromettre son résultat. Mais son retard sur l'Allemand s'est réduit à quatre points. « Je viens d'encaisser les 10 points ratés à Montréal. Les occasions de passer devant Schumacher ne manquent pas. L'idéal serait que nous trouvions bientôt quelque chose pour gagner deux ou trois dixièmes au tour! »

Rien n'est jamais joué en Formule 1. Mais... impossible de bien se qualifier à Hockenheim pour le Grand Prix d'Allemagne! Il jongle avec les réglages, change de voiture en sautant dans le mulet de réserve : sa Williams se « traîne ». Cinquième à mi-course, il abandonne sur un tête-à-queue. Deuxième, Michael reprend une priorité de 10 points au championnat. « Notre problème, note Jacques, vient du fait que nous ne réutilisons pas en essais officiels et en course les solutions techniques valables expérimentées en privé. »

À Budapest, Jacques doit se contenter de finir deuxième derrière son ancien coéquipier Hill, imbattable avec son Arrows équipée de pneus Bridgestone, excellents sur cette piste. L'arrivée est proche. Plus rien à espérer. Soudain, la radio prévient le Québécois d'un ralentissement du leader. Son système hydraulique est en train de le lâcher... Jacques réactive aussitôt son allure et déboule derrière Damon à l'amorce du dernier tour. Il doit agir tout de suite! Sur son élan, sa Williams se déporte, mord le gazon et passe. Plus que quelques centaines de mètres et il franchit la ligne en vainqueur. « C'est triste pour Damon mais j'avais bien besoin de ces 10 points. » Gêné par l'usure de ses pneus, Schumacher n'a plus que trois points de bonus.

Une arme paralysante

Renversement de situation à Spa. Le circuit des Ardennes, région réputée pour être le pot de chambre de la Belgique tant il y pleut, réserve un orage avant le départ de la course. La Williams est parfaite, mais le choix de pneus sera une loterie. À ce jeu hasardeux basé sur le pessimisme ou l'optimisme des équipes, celle de Frank s'est rangée du côté des frileux en optant pour de trop profondes sculptures. Or, la piste s'assèche rapidement, donnant raison à l'équipement intermédiaire de Schumacher. Il triomphe tandis que Jacques, dans un premier temps pénalisé en vitesse de pointe, termine 5e, avec 12 points de retard. Décidément, les prévisions météo ne sont pas le fort de l'équipe Williams!

Monza (Italie) renversera-t-elle la vapeur? Quatrième temps des essais, départ moyen, Jacques reste une éternité bloqué derrière la Jordan-Peugeot de Fisichella. « J'étais plus rapide que lui, mais dès que je me mettais dans son sillage aérodynamique, mes appuis fichaient le camp. » Perte de temps, en plus, lors de son ravitaillement. Cela produit une cinquième place à l'arrivée. Heureusement, son rival allemand doit se contenter d'être sixième.

Le grand air de Styrie, région d'Autriche où se déroule le Grand Prix suivant, lui donne des ailes à défaut de le voir apprécier le nouveau tracé. De sa huitième *pole position* de l'année, Jacques commence par... rater son départ. Embrayage lâché trop tôt! Ses roues patinant, il coupe les gaz, est à deux doigts de caler. Le voilà enfin lancé à la poursuite de Hakkinen, de Trulli (Prost GP) et Barrichello (Stewart). Le premier casse son moteur très vite. Il aura les deux autres à l'usure et à la ruse pour épingler sa sixième victoire de l'année. Et le record du tour en prime! Schumacher, sixième, le voit s'approcher à un point au championnat.

La victoire du Québécois au Grand Prix du Luxembourg relève du miracle puisque, normalement, Hakkinen et Coulthard devaient signer un doublé devant un Villeneuve résigné par leur domination. Et puis, coup de théâtre à un tour d'intervalle : l'Écossais puis le Finlandais sont lâchés par leur moteur Mercedes. Encore mieux : Schumacher doit abandonner très tôt à la suite d'un accrochage. En tête du championnat, Jacques possède neuf points de plus que l'Allemand. « Difficile d'imaginer meilleur scénario, s'émerveille Jacques. Surtout en pensant que je n'avais pas la voiture pour gagner. J'ai été prévenu par radio des malheurs de Schumacher. Je l'ai vu rentrer aux stands sur l'écran géant de l'épingle. J'étais fou de joie! La suite? Il reste deux courses. Je vais aborder le GP du Japon en faisant de mon mieux pour prendre un petit avantage définitif. Évidemment, l'idéal serait d'y décrocher le titre. Je connais bien la piste. Elle devrait aussi convenir à ma voiture plus compétitive depuis quelque temps. »

À Suzuka, Villeneuve et Schumacher fournissent d'entrée de gros efforts pour s'offrir le meilleur épilogue à leur fort belle saison. Ils se partagent la première ligne de la grille. Michael doit absolument gagner. Il accomplit cette formalité. Jacques, cinquième pour avoir été bloqué par Irvine, parfait aide de camp de Schumacher, puis retardé par un ravitailleur lors de son deuxième arrêt, est en pleine tourmente. Quelle valeur accordée à ses deux points? À sa prestation elle-même? La veille, à 15 h, il a été convoqué en même temps que d'autres pilotes par les commissaires sportifs afin de répondre à cette question : pourquoi ne pas avoir ralenti sous les drapeaux jaunes du poste 22 durant la séance d'essais matinale?

Presque trois heures plus tard, les contrevenants sont fixés sur leur punition. Plus ou moins lourde selon récidive ou pas. Dans le cas Villeneuve, c'est l'exclusion du Grand Prix du Japon. Il avait déjà ignoré le drapeau jaune aux Grand Prix de Saint-Marin et d'Italie… Jacques était donc sous le coup d'un sursis et de neuf courses de mise à l'épreuve. Une arme paralysante pour qui dispute la couronne royale. Il a couru à Suzuka parce que Williams a introduit un appel auprès du Tribunal de la FIA.

Mais, surtout, « pour empêcher Schumacher de marquer trop de points. » Ce qui s'est, bien sûr, avéré inutile.

Finalement, Williams finit par retirer son appel pour permettre au Québécois de participer à l'ultime confrontation de la saison : le Grand Prix d'Europe à Jerez (Espagne). Par conséquent, il perd ses deux points de Suzuka et se retrouve en légère situation d'infériorité par rapport à Schumacher qui, lui, a bien encaissé 10 points. Schumacher 78 points, Villeneuve 77.

CHAPITRE 15
ANDALOUSIE, 26 OCTOBRE 1997

Que ce soit chez Williams à Silverstone ou Ferrari à Fiorano, on a tout préparé aux petits oignons. La performance autant que la fiabilité. Les Italiens ont démonté les « moustaches » avant déformables de leurs bolides, taxées de « pas très conformes » au Japon. Dans ce contexte délicat, Jacques se sent un peu seul. Il regrette de ne pas avoir un frère en Formule 1, susceptible de l'aider un peu. Peut-il seulement compter sur son coéquipier Frentzen comme Schumacher y a droit avec Irvine? Voire avec d'autres? Pour cette épreuve décisive où il lui suffit de terminer devant Schumacher, dans les points, pour être couronné, le Canadien s'est remis en forme physiquement et mentalement. Balayées, les tracasseries du Grand Prix du Japon. Il se sent fort dans sa tête, serein, capable de porter son rêve jusqu'à sa concrétisation.

Le ton des alliances est donné samedi matin aux essais. Irvine essaie de ralentir Villeneuve en pleine étude de réglages. Lorsqu'il quitte sa monoplace, le Québécois pas intimidé pour deux sous, fonce, visiblement en colère, lui dire qu'il est un idiot. Puis il revient vers son stand avec une moue d'impuissance. « Ce n'est pas la peine de perdre mon temps. De toute façon, il n'a jamais rien compris! »

L'après-midi, à l'heure où sévit le chrono, Villeneuve et Schumacher sortent leur meilleure cartouche… et Frentzen aussi. Trois chronos parfaitement identiques! Certains suspectent un quelconque scénario « arrangé » par la troupe d'Ecclestone afin de donner plus de piquant au spectacle. Comment l'agencer sur la grille de départ? La hiérarchie sera celle de la chronologie avec laquelle ces temps ont été réalisés durant la séance. Jacques a dégainé le premier.

Naturellement, l'enjeu énorme donne une dimension particulière au *briefing* des pilotes. Ils sont tous avertis, les deux candidats au titre comme ceux qui envisageraient une aide trop poussée. Aucun mauvais geste ne sera toléré pendant la course. À l'extinction des feux, la Williams de tête patine et laisse s'échapper Schumacher et Frentzen. Au huitième tour, ce dernier le laisse passer.

« Michael a le don de pouvoir aligner en course des chronos dignes de qualification avec régularité, reconnaît Jacques. Moi, n'ayant que deux trains de pneus neufs à ma disposition, j'étais parti avec des gommes déjà utilisées aux essais, donc moins performantes. J'ai peiné, bataillé physiquement pour essayer de suivre sa cadence infernale. Mes gommes neuves, je les gardais pour mes deux ravitaillements, pour la bagarre de la mi-course et de la fin. »

À la faveur du premier ravitaillement de Jacques, Frentzen mène la course durant cinq tours, du moins impose un ralentissement derrière lui de façon à favoriser le rapprochement de son coéquipier sur Michael. Bientôt, la jonction est faite, le rythme s'endiable. Tout le monde, sur leur passage, joue le jeu et n'entrave en rien les dépassements. Sauf Norberto Fontana (Sauber-Ferrari) qui, s'il favorise Schumacher en lui ouvrant généreusement la porte, empêche Villeneuve de se frayer un chemin l'espace de quelques virages. Coût du blocage sur un demi-tour : trois secondes. À en croire une rumeur de paddock, Ferrari bénéficierait d'une attention particulière de la part de certaines équipes, dont Sauber, sa cliente côté moteur. Des années plus tard, le petit Argentin donnera d'ailleurs une version assez « pimentée » de cette manœuvre. « Quelques heures avant le départ de cette fameuse course, raconte-t-il à un journaliste de son pays, Jean Todt est entré dans notre *motor home* et a demandé à Peter Sauber que Johnny Herbert et moi-même bloquions Villeneuve s'il arrivait derrière nous... » Ce que le patron helvète niera vigoureusement.

Le deuxième arrêt de la Williams est légèrement plus rapide que celui de la Ferrari. Mais Schumacher est toujours aux commandes. Jacques, à présent, le menace. Il n'a pas d'autre choix que de le doubler rapidement s'il veut profiter des atouts ponctuels de ses gommes neuves. Le titre en dépend. L'occasion se présente au 48e tour, à l'amorce du droite *Dry Sack*. Justement, la Ferrari élargit sa trajectoire vers le côté gauche…

« Je me suis placé à une vingtaine de mètres derrière lui et j'ai retardé mon freinage à l'ultime seconde raisonnable, nous précisa Jacques. J'étais à l'intérieur, cela devait passer. » Et c'est passé… mais avec quelques difficultés de dernière minute.

« Michael ne m'a pas fermé la porte. S'il l'avait fait, je l'aurais touché. Lorsqu'il s'est aperçu que je prenais un net avantage, il a donné un coup de volant vers l'intérieur dans l'espoir d'endommager ma voiture. Nous avons tiré droit mais il avait raté sa manœuvre! Ma Williams légèrement abîmée a pu poursuivre sa route. Je n'ai pas été très surpris de le voir foncer sur moi. Je m'y attendais un peu! Mais il me fallait prendre ce risque… »

Justice est faite sur-le-champ

La Ferrari, victime du geste suicidaire de son pilote, reste sur le carreau. S'ils avaient abandonné tous les deux et que l'enquête FIA avait invoqué un incident de course, Schumacher aurait été sacré champion du monde puisqu'il avait un point d'avance sur son adversaire. Mais là, justice s'est faite sur-le-champ. Tout le Québec et même le Canada respirent enfin. Joann peut se détendre devant son poste de télé. En connaisseuse des péripéties de course, elle sait que le plus dur est fait.

Il n'y a qu'à voir si rien ne cloche ou s'apprête à casser en quelques rondes « lentes ». Puis, Jacques augmente le rythme : ça tient toujours. Sauf ses pneus, dont l'usure s'accentue. Pour ne rien compromettre, il surveille son allure et veille à ne pas monter sur les vibreurs. Tout en restant à l'écoute de sa monoplace, il jette souvent un coup d'œil à ses rétroviseurs. Soudain, il y voit la McLaren de Mika Hakkinen grandir à toute vitesse.

« Au début de l'épreuve, et bien qu'il était plus rapide que moi, il n'a jamais voulu se mêler à ma bagarre avec Schumacher. Très correct. Durant le *briefing* des pilotes d'avant-course, il avait été clairement demandé à tous ceux qui n'étaient pas concernés par la bagarre pour le titre de ne pas intervenir de manière anti-sportive. Ils l'ont quasiment tous fait. À commencer par Mika. Alors, ne pouvant lutter contre son niveau de performances à ce moment de la course, j'ai voulu le laisser passer pour le remercier. Et comme Coulthard le suivait de près, tant qu'à faire, j'ai ouvert pour tous les deux! Maintenant que Schumacher n'était plus de la partie, une troisième place me suffisait pour être champion du monde. »

Les perruques blondes coiffant mécaniciens et ingénieurs fleurissent devant le garage Williams-Renault, où chacun peut enfin se lâcher, attendre son champion et le fêter dignement. Sept victoires, 10 *pole position*, 13 fois en première ligne de grille en 17 Grands Prix, du sacré bon boulot, le Québécois! Ses premières phrases de bonheur absolu? Pour certains : « C'est le plus beau jour de ma vie! » Pour Christian Tortora : « C'est fait! » Signification? « J'ai obtenu mon objectif, ce qu'avait commencé mon père est accompli. »

Joann s'interroge : « Peut-être… Mais cela pouvait également dire : " Maintenant, voilà, j'ai prouvé que j'y suis parvenu par moi-même! " Plus qu'autre chose, je pense. Parce qu'à ce moment-là de sa carrière, il recherchait à démontrer qui il était. C'était une démarche personnelle. Je ne pense pas qu'il faisait allusion à son père, du style : " Je suis arrivé là où mon père serait arrivé si la mort ne l'avait pas fauché, " Je ne crois pas qu'à cette époque de sa vie, Jacques nourrissait une quelconque " vengeance " au nom de son père. Des années après, oui!

Lorsqu'il s'est glissé dans la Ferrari de son père en portant son casque lors d'une course-démonstration. Ça a vraiment été autre chose. Il s'est élancé sur la piste à la recherche de son père. Mais quand il a gagné le championnat en 1997, non. Il désirait simplement souligner qu'il y était arrivé seul, au titre mondial.

« Cette couronne lui a permis de mûrir. Il a pu mettre de côté cette histoire de " mon père, pas mon père ", " moi, pas moi ". Non pas qu'il se posait lui-même la question, mais il en avait sans doute assez d'entendre les gens alimenter sans cesse ce parallèle inutile et infertile. La démarche était différente, chargée de curiosité technique et d'émotion certainement. Parce que, il faut bien en convenir : Jacques, comme Mélanie, n'ont que très, très peu de souvenirs de Gilles. Il n'était pas souvent à la maison. Puis il a disparu. Et donc, en grandissant, les anecdotes que les enfants connaissaient étaient plus ou moins celles qu'on leur avait racontées ou qu'ils lisaient. Les photos, qu'ils aimaient regarder, éclairaient leurs souvenirs. À un moment donné, je sais que Jacques questionnait beaucoup les personnes qui avaient connu son père, comme Patrick Tambay. Il a dû aussi en parler avec Christian Tortora. Parce que son père, il ne le connaissait que très peu, même à la fin. Même s'il est décédé alors qu'il avait 11 ans.

« Déjà, un enfant ayant l'habitude de voir son père chaque soir à la maison n'a pas le sentiment de le connaître vraiment. L'habitude s'installe, chacun vit sa vie, même en commun. Chez nous, c'était différent. Gilles n'était pratiquement jamais à la maison! Même du temps de la motoneige, il pouvait partir pendant un mois et demi. Donc, ce côté " je connais mon père ", il ne le ressentait pas vraiment. C'était son père, point. Difficile à expliquer, du moins à faire comprendre à des personnes dont le père rentre chaque soir à la maison ou effectue de courts déplacements. Gilles revenait chez nous de temps à autre et, pour Jacques, sa présence était plus grande que nature. C'était Gilles Villeneuve, un champion! Donc, en plus, lourd et difficile à assumer. En outre, le peu que Jacques connaissait de Gilles, il l'avait connu à travers la loupe grossissante, déformante, de la notoriété, du vedettariat. »

« Là-haut, mon père doit être fier de moi »

Lors des entretiens d'après-course – des centaines – l'une des questions les plus fréquemment posées fut naturellement celle concernant son père. Il ne pouvait y échapper! Avec quelques variantes, il répétait, en levant les yeux vers le ciel : « Là-haut, mon père doit être fier de moi. » Là-haut, Gilles repose en paix. En bas, Jacques venait enfin de se faire un prénom. Bien peu de personnes, à présent, feront le lapsus. Plus que lui, peut-être, était-ce à ses interlocuteurs de trouver leur compte dans cette conclusion mystique?

Comme Jacques le fait remarquer avec beaucoup de justesse, cette fin de championnat 1997 est la preuve qu'il faut bien se garder de craquer sous la pression, mais affronter les difficultés avec confiance, détermination et sang-froid. Dans un premier temps, le classement du championnat du monde affiche : 1. Villeneuve, 81 points, 2. Schumacher, 78, etc. Dans un deuxième temps, le Conseil mondial du sport automobile exclura carrément Schumacher et tous ses points acquis en une saison pour sa manœuvre fautive envers le Québécois lors de ce Grand Prix à Jerez. Il n'a pas retenu l'incident de course évoqué par l'Allemand. Du coup, Frentzen a été promu vice-champion avec 42 points. Ferrari conservant tous les points de ses deux pilotes en a concédé 21 à Williams-Renault, la meilleure écurie de tout le plateau.

De fête en fête, Jacques se retrouve à Montréal quelques jours plus tard. Là, c'est l'apothéose dès son arrivée à l'aéroport de Dorval, où se pressent admirateurs et journalistes. Convoi bruyant à coups de klaxons jusqu'au Centre Molson. La marée de supporters qui l'attendent le laissent d'abord souffler... l'espace de plusieurs minutes d'acclamation! Suivra la plus importante conférence de presse relayée par les médias jusqu'aux foyers de Monsieur et Madame Tout-le-monde. Quand le dernier projecteur fut éteint, Jacques put enfin rejoindre sa famille pour trinquer une dernière fois à sa réussite. À Jerez, les « siens », en son pays lointain, lui avaient manqué. Il nous avait dit : « Je ressens avec une pointe de tristesse l'absence de quelques proches restés au Canada. Des moments comme ceux-là sont importants. Il faudrait pouvoir les vivre avec ceux qu'on aime. »

Joann n'est pas peu fière de son champion de fils! Autant qu'elle le faisait en l'admirant après sa naissance, elle lui accorde bien des qualités. « Jacques? Jacques, Jacques! Il a une générosité de cœur extraordinaire, de la loyauté envers les gens d'une façon tout aussi extraordinaire. Il a de qui tenir puisque son père et moi cultivions ces vertus. Il est moins loyal que Gilles l'était en course. Parce que la famille Villeneuve a appris la leçon avec le temps et en se frottant aux autres pilotes. La compétition d'aujourd'hui n'est pas non plus celle d'hier, elle s'est durcie. Tous les coups ou presque sont permis. Après la disparition de mon mari, j'ai continué à inculquer aux enfants que l'honnêteté et la loyauté sont des valeurs primordiales. On en retire rien tout de suite. Le bénéfice vient plus tard. Sa générosité de cœur... Je crois que, pour les gens qu'il aime, Jacques est capable de s'investir dans un attachement presque aveugle. Une fois qu'il aime, il ne se pose plus la question. La notion de famille est très importante. Je ne suis pas sûre qu'il en mesure le degré d'importance. Mais il en donne des preuves tout le temps, même à distance quand sa vie le lui oblige. C'est une seconde nature et il est lié par le cœur. Quelles que soient sa vie, ses préoccupations de carrière, il garde toujours le contact avec un membre de la famille. Citoyen du monde, il a besoin de ce fil qui le lie à ses racines. »

Homme de vertus qui faisaient la grandeur d'âme des chevaliers d'antan, et qui paraissent aujourd'hui un peu désuètes, Jacques Villeneuve n'est évidemment pas fait que de qualités!

« Il peut être très, très dur, reconnaît sa mère. Il est aussi égoïste. Mais quel sportif de haut niveau, quel pilote de Formule 1 ne l'est pas? À plus forte raison celui qui est capable de décrocher un titre mondial! Je dirais également, et là encore c'est un défaut dans son cas : cette confiance inébranlable placée dans les gens qui l'entourent qui peut l'aveugler, l'embarquer dans une aventure médiocre, l'éloignant de la bonne orientation... »

Caractère rebelle? « Pas vraiment. On en a l'impression mais ce n'est pas ça. Il a tout simplement envie d'être comme il est, en harmonie avec lui-même! Cela n'a rien à voir avec une attitude volontaire pour choquer. C'est plutôt du genre, " C'est moi, Jacques, je suis fait comme ça! J'aime les cheveux rouges, jaunes, verts, les jeans trop grands, etc. " Et puis, c'est le confort avant tout. Jeans bien larges parce qu'il s'y sent bien. Je l'ai vu porter les mêmes chaussures pendant dix ans parce qu'il ne retrouvait pas les mêmes! Rebelle? Non. Il veut simplement se faire accepter comme il est, surtout pas jouer un personnage. D'autre part, – est-ce que c'est une qualité ou un défaut? –, il a aussi un côté " enfant ", vraiment gamin. Cela fait partie de sa personnalité. Certaines fois, on peut se demander : " Mais, attends, quel âge a-t-il? À 26 ans, on ne fait pas ça! À 35 non plus. " Pourtant, il est resté comme ça. Peu importe la peinture de surface. Je suis réellement fière de sa réussite, de la manière dont il y est parvenu, bref de tout son parcours. Cette réussite, il la doit à lui seul, pas à notre patronyme! »

Par-dessus tout, plus qu'un autre, Jacques possède un argument incontournable qui a certainement guidé une bonne part de sa vie, de ses mots, de son comportement. Il connaît la valeur de la vie et la durée de la vie. Quelque part dans sa tête, même s'il s'en refuse l'existence réelle, une triste cérémonie dont il ne mesurait pas la portée à l'époque, a peut-être laissé une trace indélébile.

CHAPITRE 16

1998 : LE RÉVEIL DES MCLAREN ET DES FERRARI

A priori, sa saison optionnelle transformée en troisième année ferme chez Williams doit se dérouler dans la lignée des précédentes, et ce, malgré les contraintes de pneus rainurés et de voies étroites imposées à tout le monde pour le bien des pilotes. Toujours pas d'accord, Jacques. Mais obligé de se soumettre. À Patrick Camus (*Auto hebdo*) qui lui fait remarquer qu'on ne peut tout de même pas reprocher aux F1 actuelles d'être trop sûres, il répond, fidèle à sa façon de s'exprimer sans fard : « Si, on le peut dans la mesure où l'on ne ressent plus aucune frayeur lorsqu'on sort de piste. On se sait, ou l'on se croit, blindé, invulnérable. Or, je suis persuadé que c'est la frayeur qui fixe la limite à ne pas dépasser. J'aime le danger, les risques, mais j'aime aussi les contrôler. À moi de me dire : " OK, cette fois, assez rigolé, calme-toi! " Or, je ne peux le faire qu'en fonction de mes propres repères, pas de ceux que l'on me fixe. » Du Gilles Villeneuve tout craché! Pourtant, on ne peut pas dire que Jacques pilote autant à l'instinct que le faisait son père…

Tout d'abord, logiquement, il faut s'attendre à des répercussions sur les performances. Avant que les ingénieurs parviennent à contourner les handicaps, petit à petit… « Les meilleurs seront toujours devant! » a prédit Patrick Head, le directeur technique de Williams. L'avenir dira dans quel ordre.

Fier du numéro 1 de champion en titre apposé sur la carrosserie de sa FW 20 à nouvelle livrée rouge, tachée de blanc et de jaune – les couleurs du cigarettier Winfield – Jacques n'a pas l'intention de souffler en 1998. Pas le moins du monde blasé par ses titres en IndyCar, en F1 et par sa victoire majeure aux 500 Miles d'Indianapolis, il entend défendre sa royale couronne et rêve de vaincre « chez lui », c'est-à-dire dans les rues de la principauté de Monaco, et à Montréal. Occasions ratées en 96 et en 97...

Cependant, assurance et détermination ne suffisent pas en Formule 1. Le pilote ne peut réussir seul sa conquête. Celle-ci dépend également d'une armée de techniciens et d'une monoplace! A-t-il toutes les bonnes cartes dans son jeu? Question voiture, la nouvelle Williams n'est qu'un « développement majeur » de la FW 19 championne du monde, dit-on à Grove, où est désormais bien installée l'équipe. Par ailleurs, un important programme d'adaptation aux nouveaux pneus a été exécuté. Seule interrogation? Adrian Newey, l'aérodynamicien en chef étant parti chez McLaren, personne n'a supervisé les études aérodynamiques et mécaniques comme ce fut le cas pour la monoplace de 97... Jacques n'est pas vraiment tranquille : « Newey est le genre d'ingénieur qu'il vaut mieux avoir avec soi que contre soi. »

Déception après les quatre premiers Grands Prix! Williams, l'écurie aux cinq couronnes « constructeurs » et aux quatre titres « pilotes » (Mansell, Prost, Hill, Villeneuve) de 1992 à 1997, n'est plus ce qu'elle était. Frentzen et Villeneuve sont respectivement cinquième et septième au classement provisoire. Résultats médiocres et un accrochage pour le Québécois. « J'étais persuadé que les McLaren seraient performantes sans toutefois nous imaginer aussi loin derrière! Je crois encore à mon *challenge* : battre n'importe quel pilote plus rapide. C'est-à-dire quasiment tout le monde au point où j'en suis aujourd'hui à cause de nos problèmes! »

Jacques doit « surpiloter » partout

Les deux plus gros problèmes concernent le train arrière de la monoplace, instable, et le manque de chevaux du moteur. Dans le premier cas, personne n'est capable de savoir d'où vient le mal, dans le second, les moyens mis sur le Renault/ Mécachrome (du nom de la société qui effectue son montage, son entretien et sa commercialisation tandis que Renault a mis en veilleuse sa participation en F1) ne sont pas ceux dont bénéficiait le Renault officiel de 97. Toujours juste en performances, Jacques doit « surpiloter » partout. « Si rien ne se passe au niveau châssis, aérodynamique et moteur d'ici la fin de la saison, on ne parviendra pas à sortir de la médiocrité. Un podium n'est même peut-être pas envisageable… »

Il y sera à deux reprises d'affilée aux Grands Prix d'Allemagne et de Hongrie, où il s'appropriera la troisième place. La première fois malgré un capteur de différentiel « piloté » défaillant; la deuxième, privé de direction assistée au bout de 10 tours. Il est vrai que dans les deux cas, Hakkinen n'était pas au mieux de sa forme : fuite d'huile à Hockenheim, amortisseur déficient à Budapest. Ce ne sera qu'une heureuse parenthèse dans cette saison décevante qu'il achèvera à la cinquième place avec 21 points.

Au fur et à mesure que s'égrainaient les courses, le Québécois était pressé de questions sur son avenir en F1. Certains le voyaient rester chez Williams, d'autres en partance pour McLaren – la meilleure équipe du moment – ou chez Bar-Tyrrell, dirigée par son copain Craig Pollock, lequel trépignait d'impatience de le voir intégrer sa nouvelle équipe. Pour la première solution, Frank Williams désirait sa réponse assez tôt. Jacques attendait de pouvoir juger leur capacité d'évolution. L'option McLaren était celle qui présentait le plus de garanties. Mercedes aurait vu d'un bon œil le recrutement de ce champion du monde parlant plusieurs langues et porteur d'une image mêlant jeunesse et anticonformisme. Pourquoi pas? Mais en tant qu'ami de Mika et David… Villeneuve refusait l'idée de devoir marcher sur l'un ou sur l'autre pour arriver à ses fins.

Bar (British American Racing)? « Choisir une équipe de second plan pour le seul plaisir d'un nouveau *challenge* est hasardeux, soutenait-il au début. L'équipe de Craig est encore trop jeune. Il y a beaucoup à faire avant qu'elle soit compétitive. Mon objectif est de gagner. » Néanmoins, plus le temps passait et plus l'hypothétique amélioration de sa Williams diminuait, plus son discours évoluait.

« Je choisirai en fonction de plusieurs paramètres et l'un d'eux sera la qualité des relations humaines, l'ambiance dans l'équipe. L'autre sera un programme sur plusieurs saisons et une garantie de stabilité technique. »

À force de ramer, l'ambiance de l'écurie Williams a perdu de son charme. L'entente harmonieuse qui régnait entre Head et Villeneuve n'est plus qu'un vague souvenir. De plus, l'équipe doit aborder 99 avec Supertec, une appellation que l'on doit à Flavio Briatore, dans un but purement commercial car ce moteur n'est autre que le « vieux» Renault, développé à Viry-Châtillon et construit par Mécachrome, pour passer l'année suivante au moteur BMW. Instabilité, donc. Et comme le couple Hakkinen-Coulthard est resté en place chez McLaren, Jacques a répondu favorablement au chant de sirène de son ami Craig. L'envie de changer d'air, d'évoluer dans une ambiance meilleure, le goût du défi, du risque…

« Le risque n'est pas énorme puisque Adrian Reynard, que nous connaissons depuis l'IndyCar, est en charge de la technique, le moteur est un Renault via Supertec, le budget sur cinq ans provient du manufacturier de cigarettes BAT (British American Tobacco), qui s'est déjà largement investi dans l'acquisition de Tyrrell, l'écurie de base, et Pollock s'est entouré de personnes connaissant bien la Formule 1, transfuges de Tyrrell ou d'autres écuries. Le côté relationnel et le *fun* seront un plus. Dans la vie, il faut savoir suivre ses instincts. En général, ils ne trompent pas. Partant d'une feuille blanche, nous ne pourrons que progresser. Quand on a envie d'être heureux, on peut l'être. Il suffit de s'organiser pour que ça marche. Craig est mon ami, je suis sûr que mon opinion aura plus d'importance qu'elle en avait chez Williams. De plus, beaucoup de choses ont été, ou seront, mises en place autour de moi. »

Jacques ignorait que la plus grande qualité qu'il venait de développer chez Williams en 1998 – la patience – allait être sa meilleure alliée, sa béquille, dès 1999, dans une F1 indigne de ses capacités révélées en 1997.

CHAPITRE 17
1999, 2000 ET LES SUIVANTES :
LE PAIN DÉSESPÉRÉMENT NOIR

Avec le recul, affirmer que la belle carrière de Jacques Villeneuve s'est achevée au volant de la Williams FW20, en fin de saison 1998, est tentant. Le budget de Bar eut beau être le quatrième de la Formule 1 l'année suivante, la 001 dessinée par Andy Green et Adrian Reynard, indiscutablement jolie, fine et assez performante, son championnat 99 sera le pire de toute sa carrière. Les nombreux atouts « sur papier » ont été mis à mal à cause d'un total manque de fiabilité. De Melbourne à Suzuka, soit en 16 occasions, la Bar est très souvent revenue honteusement devant son stand « à la ficelle » ou affalée sur la dépanneuse. Jacques ne s'est jamais autant investi pour en tirer quelque chose – en essais privés comme durant les week-ends de Grands Prix – malheureusement, il ne peut atteindre l'arrivée qu'en quatre occasions, sa huitième place de Monza étant son meilleur résultat. Tournée générale de zéros pointés! Il a touché le fond et connu le summum de la frustration cette année-là. Jacques, qui avait hâte de subir moins de pression de la part d'une écurie... était servi! Il espérait savourer un peu plus de temps libre? Avec ce qu'il leur tombait sur la tête, impossible de souffler un peu. Il fallait s'en sortir, calculer, corriger, essayer, jeter, refaire jusqu'à tard le soir. Pour des résultats dérisoires. Ou pas de résultat du tout. Le temps? Une fois la saison lancée, ils en ont manqué cruellement, bien sûr.

À l'origine, Jacques avait envie de « faire quelque chose qui porterait ses fruits au fil des Grands Prix et des saisons », construire une aventure, persuadé qu'en progressant régulièrement, une nouvelle équipe pouvait envisager de se battre pour les titres mondiaux au bout de cinq ans... Son fidèle ingénieur

Jock Clear l'avait suivi. Ils allaient malheureusement déchanter année après année. En dépit d'une montagne d'or dépensée pour les projets successifs, l'arrivée du moteur Honda en 2000, puis l'ouverture du capital proposée aux Japonais, une Bar 002 construite autour du V10 nippon, l'éviction de quelques techniciens désignés pour porter le chapeau, l'engagement d'autres, etc., la réussite n'a pas été à la hauteur des promesses.

Il n'y eut même pas la moindre trêve pour la carte postale de Montréal. À la sortie de piste de 99 a succédé la quinzième place à cinq tours de Michael Schumacher lors de l'édition 2000, à la suite d'un accrochage avec le frère de celui-ci, Ralf. « Nous sommes très loin d'un podium, reconnut Jacques qui continuait de jeter toute son énergie dans la bataille. La voiture n'est pas assez rapide. Question aérodynamique, nous sommes largués par rapport à la concurrence. L'arrivée de Honda est un réconfort. » Hélas! leur développement manquera d'intensité à son goût.

Septième place au championnat du monde 2000, 17 points. C'était mieux qu'après la première saison catastrophique, mais loin de satisfaire un ancien champion du monde. « J'ai l'impression de mieux piloter qu'en 97. Mais quand on est derrière, qui s'en rend compte? Tout le monde se moque de savoir que j'ai fait l'extérieur à un adversaire pour lui piquer sa 19e ou sa 15e place! »

Pendant l'été, au moment où se discutaient les prochains transferts, Benetton-Renault lui tira la manche, mais il choisit de rester fidèle à cette aventure, du moins à son inséparable ami Craig. « J'aurais eu du mal à voir Bar sur le chemin du succès sans moi. »

Quand les choses ne tournent pas rond, l'ambiance n'est pas très bonne. Et l'écurie qui voulait donner une leçon d'harmonie à un milieu F1 pas très… chaleureux, voit des histoires internes opposer ses dirigeants. Déjà vivaces en 99, elles reprirent de plus belle après la signature du nouveau contrat de son pilote-vedette. « Bizarre qu'on attende ma signature pour ranimer le règlement de comptes! J'ai la désagréable impression que l'on m'a menti, ou trahi. Cette équipe est l'objet de toutes les manipulations. On s'entredéchire pour s'octroyer un peu plus de pouvoir ou sauver sa peau. »

Heureusement, il y eut l'amitié

Quels changements de fond pour 2001? Malcolm Oastler est nommé directeur technique, Ricardo Zonta a laissé son baquet à Olivier Panis. Un duo de pilotes 100 % francophone dans lequel l'amitié s'installera rapidement. Surtout, la Bar 003 a perdu une trentaine de kilos par rapport à sa devancière. Et chacun se reprend à espérer, Jacques le premier. Son objectif est de gagner quelques courses et de finir le championnat en troisième position. Hélas, s'il put grimper sur la troisième marche du podium à Barcelone et à Hockheim, et même terminer quatrième à Monaco, le reste fut... laborieux. Qualifications autant que résultats. Il abandonnera avant l'heure à Montréal, lâché par sa transmission.

« Lorsque les choses ne marchent pas malgré les efforts, deux comportements sont possibles : soit on baisse les bras et, dans ce cas, sûr qu'on ne remonte jamais la pente, soit on continue d'attaquer, espérant que ça s'arrange. Ce que j'ai fait. Mais dès que j'ai compris que nous ne disposions pas encore d'une bonne monoplace, j'ai été écoeuré. On a pu critiquer mon détachement en dehors de la monoplace mais je ne vois pas meilleure méthode pour ne pas péter les plombs. »

Peu avant Noël 2001, une machination destitue Craig Pollock au profit de l'ambitieux et rusé Britannique David Richards, maître dans le domaine de l'intrigue et de la manipulation. Ancien copilote de rallye, notamment du Finlandais Ari Vatanen, le séduisant mal rasé fit une courte et infructueuse apparition à la tête de Benetton F1 en 1998. Il est, par ailleurs, gérant des droits commerciaux et de télévision du championnat du monde des rallyes en même temps qu'homme d'affaires accompli et homme de confiance de Bernie Ecclestone.

La direction de BAT, actionnaire majoritaire, commanditaire principal de Bar et par ailleurs commanditaire de l'écurie de rallye Prodrive dirigée par Richards et championne du monde 95-96 et 97 avec Subaru, a tiré les ficelles de ce chassé-croisé avec Pollock. Le rêve commun de Jacques et de Craig tourne court. La présence de Villeneuve est désormais fragilisée. Le « libre-diseur » va devoir souvent se contenir dans ses propos pour ne pas heurter ses interlocuteurs, ou ceux qui en recevront le rapport, plus ou moins déformé. Pollock, encore actionnaire, reprend son rôle de gérant du Québécois.

« Craig a payé le manque de compétitivité persistant de Bar. Il n'y était pour rien mais sa tête est tombée parce qu'il dirigeait. À y être, il fallait se séparer d'autres personnes. Avant ou en même temps. Si j'avais su ce qui se tramait quelques mois plus tôt, mon avenir en F1 aurait sûrement pris une autre orientation. En fin d'année, il était trop tard pour réagir. » Pollock a surtout payé le manque de patience des financiers parce qu'ignorant la difficulté de construire une équipe F1 performante. Il a payé aussi leur volonté de prendre appui sur des techniciens formés aux disciplines américaines, loin, très loin des contingences hyper sophistiquées de la F1. En fait, Pollock a payé le fait de ne pas avoir monté cette équipe seul! Sans doute, ne possédait-il pas la science infuse, mais il savait ce qui était bon et mauvais pour la F1. Certainement la face de cette aventure aurait-elle été très différente s'il avait pu appliquer sa méthode sans devoir s'en justifier, sans devoir composer avec la susceptibilité et les intérêts des uns et des autres.

En tout cas, à quelques semaines de la relance du championnat, ce complot de palais est un coup très dur pour le mental du pilote autant que pour sa troupe technique…

« Hors du champ des caméras, on travaillait beaucoup »

Geoff Willis, aérodynamicien très compétent provenant de Williams, entre dans la valse des directeurs techniques grâce à l'une des dernières initiatives de Pollock avant son éviction, et obtient les pleins pouvoirs. La meilleure chose qui pouvait arriver! Honda étend son partenariat avec des moyens financiers et humains à la hausse, la 004 a bouclé ses essais privés, on attend avec impatience les trois coups d'une saison 2002 marquée par le retour en force des puces électroniques.

Cela fait une éternité que Jacques, le pilote aux 11 victoires, n'a plus entendu « Ô Canada » récompenser ses efforts. La dernière fois remonte au 28 septembre 1997. Pourtant, à presque 31 ans, il ne désarme pas. Le succès tient à une monoplace bien sous tous rapports. Après trois ans sans atouts alors que le budget n'était pas ridicule, il a l'intention de commencer cette saison avec le même esprit, en se crachant dans les mains, prêt à exploiter toutes les occasions qui se présenteront sur la piste. Jacques a sa fierté.

« Il faut que ça marche! Pour Bar, et pour la suite de ma carrière. Certes, j'ai été champion du monde en 1997, mais après trois ou quatre saisons miteuses, c'est difficile de trouver un bon volant. Les équipes recherchent plutôt de jeunes pilotes à former et qui ne leur coûtent pas cher. Mes contacts avec Renault sont restés excellents. Je n'aurai aucun problème à travailler à nouveau avec eux. McLaren? Je n'irai à Woking (Surrey, Angleterre) que le jour où Ron Dennis aura une proposition de contrat à me proposer. Discuter au téléphone, dans le vide, non merci! Quant à Ferrari, inutile d'y penser, il n'y a jamais eu le moindre contact. Sans occasion, est-ce que j'irais jusqu'à quitter la F1 pour tenter d'y revenir ensuite? Je me vois mal partir pour une année sabbatique et revenir ensuite, manquant de compétition et de forme. Quand on décide d'arrêter, on arrête. Et l'on voit comment les choses se passent. Toujours envie de piloter au bout de quelques mois? Soit on trouve un bon volant parce que l'on n'est pas tombé dans l'oubli, soit rien d'intéressant ne se présente et l'on ne revient pas, soit l'on se dit que l'on peut très bien vivre sans la Formule 1. »

Pour en revenir à cette année, Jacques le dit haut et fort, l'équipe à battre, à son niveau, est Sauber. Les autres? Intouchables! Les helvètes possèdent une jolie voiture, un bon moteur (V10 Ferrari) et les mêmes pneus Bridgestone. « Nous devons pouvoir y arriver, même si notre monoplace manque encore un petit peu de performances. »

Malheureusement, l'amélioration tant attendue ne se produit pas. Monoplace loin du compte. Lourd et pas assez puissant, le V10 Honda poussera ses techniciens à travailler dur… lorsqu'ils comprendront qu'il n'est vraiment pas au niveau. Mais le bénéfice de leur coup de collier n'interviendra qu'en 2003. Comble de l'exaspération, il faudra attendre le Grand Prix de Grande-Bretagne, le 7 juillet, pour voir poindre les premiers points. Ceux d'une quatrième place (Villeneuve) et d'une cinquième (Panis). Il n'y en aura pas beaucoup d'autres. Un point, c'est tout, pour le Français en Italie, un autre pour le Québécois aux États-Unis. Les fruits de circonstances favorables... Même chez lui, à Montréal, il n'a pu s'offrir un petit plaisir. La surchauffe de son moteur l'a fait abandonner au 18e tour. De toute façon, il était 13e… Jacques terminera la saison 12e (quatre points), *ex aequo* avec Felipe Massa – le jeune encore écervelé de Sauber – Olivier 14e (trois points).

Pendant ce temps, Sauber-Petronas achevait l'exercice 2002 à la cinquième place des constructeurs (11 points), enterrant presque Bar-Honda, huitième avec sept points! La rage, il l'a souvent connue, Jacques. Au Grand Prix de Monaco, où il est parti avec un tour de retard pour avoir calé à cause de l'électronique. Heureusement, une fois engagé dans la lutte, quelqu'un de sa trempe continue, ne serait-ce que pour sauver ce qui peut encore l'être. « Je n'ai jamais été démobilisé, fait-il remarquer. Je me suis donné à fond. Toujours. Même en dehors des caméras, on travaillait beaucoup. » À l'extérieur de sa voiture, son calme restait olympien. Sacrée force de caractère ou fatalisme, impuissance?

2003 : une solitude lourde à porter

Évidemment, David Richards s'impatientait de pouvoir renouveler ses pilotes au plus vite. Surtout Jacques dont le salaire, à ses yeux, nuisait à la santé de Bar. Vingt millions de dollars américains par année, le 2e mieux payé en F1 après Michael Schumacher (77 000 000 $). Mais le contrat du Québécois courait jusqu'à fin 2003 et le patron ne pouvait pas lui reprocher une économie d'efforts. Alors, Richards s'est séparé de Panis pour accueillir le Britannique Jenson Button, qui venait de faire ses classes chez Renault. Sans Olivier, ami et confident, Jacques allait se trouver un peu plus seul en 2003. Pourtant, il assurait qu'il ne regrettait toujours pas de s'être lancé dans l'aventure Bar. Il regrettait seulement que ça n'ait pas marché comme c'était prévu dans le livre de bord.

Joann Villeneuve est beaucoup moins diplomate lorsque l'on évoque l'erreur de son fils d'être resté envers et contre tout chez Bar. Elle, son admiratrice inconditionnelle, aurait tant voulu qu'il fasse fructifier son titre mondial dans une grande écurie! Toutes ces années chez Bar sont à déplorer, même s'il y a reçu un salaire royal. Parce qu'il y a perdu des pans entiers de sa renommée mondiale. « Je savais dès le départ qu'une écurie n'arrive jamais sur les circuits en gagnant dès sa première saison. On commence à être performant au bout de trois, quatre ou cinq ans. On me dira que c'est facile de le dire maintenant, avec le recul! C'était mon avis de toute façon au départ et je n'étais pas la seule à raisonner ainsi. Christian Tortora et bien d'autres journalistes partageaient les mêmes craintes à l'époque. Mais, bon, d'un autre côté, Bar n'aurait jamais existé si Jacques n'avait pas plongé et accompagné Pollock. »

Délicat de refaire sur papier la carrière d'un pilote de Formule 1. Tout ce que l'on peut avancer, c'est qu'un titre mondial n'est pas donné au commun des pilotes peuplant les plateaux. Le talent, le travail et la détermination que Jacques avait développés pour décrocher ce titre ont également servi à faire avancer Bar, vainement, car le pilote n'est que l'un des éléments du succès, l'un des maillons d'une chaîne hyper complexe. Du coup, le regret de voir cette belle et prometteuse carrière gaspillée est évident.

Un travail qui n'a pas été reconnu

« Sa carrière aurait-elle pu être plus belle? Je réponds " oui ", aujourd'hui, avec le recul. Sa carrière n'était-elle pas aussi destinée à être ce qu'elle est? Et quel était vraiment son but? De gagner plusieurs titres mondiaux? D'en remporter un et de s'éclater? De gagner beaucoup d'argent? Son but réel était de faire de la course automobile pour assouvir une passion, de gagner le championnat du monde, de se faire plaisir. On ne peut en tout cas pas affirmer qu'il soit mécontent de sa carrière.

« Le plus difficile, je pense, a été de se rendre compte que tout le travail fourni chez Bar n'a pas été reconnu. Parce que les fruits du labeur initial ont été cueillis l'année où il ne faisait plus partie de l'équipe. Qu'on le veuille ou non, ils ont commencé à bien marcher grâce à tout le travail effectué en amont. Pas grâce à David Richards ou à Jenson Button. Je ne crois pas me tromper en disant que si Bar est devenue performante, ce n'est pas par la grâce d'un coup de baguette magique mais par le jus de crâne, toute l'expérience et la volonté consacrés depuis le début. Par la coopération de personnes de qualité recrutées à droite et à gauche qui ont aussi apporté leur pierre à l'édifice. Notamment Geoff Willis, malheureusement arrivé trop tard. Ce défaut de reconnaissance restera un élément négatif dans sa vie. »

D'autant plus qu'il avait jeté toute sa motivation et ses espoirs sur ce chapitre Bar. Quoi de plus beau pour un champion du monde, preuve de son talent de pilote donnée, que de participer à la construction d'une belle et grande équipe? Il se serait approché d'un nouveau titre mondial, l'aurait éventuellement décroché, et aurait passé le relais à un plus jeune. À deviner ce qui allait survenir, Jacques aurait certainement répondu favorablement à l'appel de Renault...

Le début de la saison 2003, la cinquième – une éternité – chez Bar, avait pourtant motivé Jacques de nouveau. Il prétendait avoir l'impression de débuter en F1 et faisait preuve d'une nouvelle ambition : « Mon titre mondial a prouvé que je méritais ma place dans cette discipline. À présent, je dois démontrer que ce titre n'était pas bidon! » Il dut vite déchanter. Si la 005 de Willis était performante, le Québécois accumulait les pépins techniques les plus idiots, les plus incroyables. Pire, il en était la seule victime chez Bar! Un manque de fiabilité si évident qu'il en paraissait douteux... La malchance existe-t-elle en F1? En dehors d'une crevaison, non. Et encore!

Pendant ce temps, Button, l'ami de la famille Richards, celui qui avait usé ses fonds de combinaison sur les baquets de kart en compagnie de son fils, marquait des points ici et là. Il était arrivé de chez Renault en conquérant, animé par l'insolence de la jeunesse, porté par l'Angleterre en mal de star, et ça marchait! Pas au point de gagner, mais Jacques qui se défonçait depuis des années pour faire avancer les choses... avait l'air de quoi? Évidemment, il se morfondait en traînant pendant longtemps ses seuls trois points arrachés au Grand Prix du Brésil. « Je comptais sur la première moitié de la saison pour avoir une idée d'où je serais en 2004 : au volant de cette monoplace ou à la maison. Eh bien, les lignes de départ défilaient et je ne voyais pas celles d'arrivée. »

Si Bar continue à progresser, même à petits pas, pourquoi ne pas rester? Mais l'échéance de son contrat s'approche et personne ne lui parle d'avenir. Surtout pas David Richards, qui a en tête de promouvoir le japonais Takuma Sato du rôle de pilote essayeur à celui de titulaire. Opération maxi-séduction pour Honda! Au Grand Prix d'Italie, le Québécois empoche trois nouveaux points, mais c'est dérisoire. Button en compte déjà 12. La comparaison, inévitable, n'est pas en sa faveur. Avec sa franchise habituelle, Jacques préfère pointer le doigt sur une technique encore perfectible. Un moteur Honda encore trop lourd malgré une nouvelle cure d'amaigrissement, un peu plus puissant certes, mais dans les hauts régimes, donc inconfortable à piloter. Critiquer un constructeur très impliqué dans le budget de l'écurie et dans une collaboration technique dépassant largement le cadre du moteur est malvenu...

Machiavel Richards aux manettes?

Son crucial manque de résultats paraît invraisemblable. Est-il vraiment causé par la malchance dans une équipe où on le sait peu désiré, où l'on veut à tout prix le dégoûter, le voir définitivement quitter avec son casque au soir du dernier Grand Prix? Le côté machiavélique de David Richards referait-il des ravages comme ce fut le cas au championnat de France des rallyes du temps où Prodrive alignait Bernard Béguin et François Chatriot? Le premier, champion de France, mais indésirable, s'était soudain mis à subir une cascade d'incidents techniques sur sa voiture, tandis que le second roulait sans problèmes et multipliait les résultats. J'avais estimé cela choquant dans les colonnes de *Midi Libre*, le quotidien pour lequel je travaillais alors. David Richards en avait pris connaissance et m'avait invitée à dîner à « L'ancien théâtre » de Nîmes avec deux ou trois autres journalistes pour nous jurer qu'il n'y était pour rien. Cette situation vécue par Villeneuve ressemble pourtant à s'y méprendre à celle dont Béguin avait souffert à l'époque...

La cote du Québécois s'effrite de plus en plus. Non seulement au sein de son équipe, mais aussi du public, qui ne croit que les chronos et les résultats secs, auprès de la presse, qui ne cherche ni à comprendre ni à savoir. Ou qui se laisse bien volontiers guider par quelques « confidences » bien orientées. Comment, dans ces conditions de courses en demi-teintes, ou carrément noires, intéresser le patron d'une des quatre meilleures équipes de la F1? Son contrat expire et, le 3 octobre, soit quelques jours avant le Grand Prix du Japon marquant la dernière étape de la saison, David Richards lui fait savoir que Bar-Honda n'aura pas besoin de lui en 2004. Pas tombé de la dernière pluie, Jacques n'accueille pas cette information comme une grande nouveauté. Il s'y attendait. Mais tout de même déstabilisant de voir qu'une écurie ambitieuse décide de promouvoir un Takuma Sato ayant encore bien des qualités à prouver. Soit, si tel est leur désir...

Il ne se trouve pas que là, leur bon vouloir secret! Le jeudi matin précédant le Grand Prix du Japon, devant un petit-déjeuner partagé avec Craig Pollock au Park Hyatt Hotel de Tokyo, Jacques lui confie son réel mal-être. Pour Honda, il a envoyé promener l'offre de Renault quelques mois plus tôt et le voilà sans volant à l'heure où les meilleurs sont pourvus. Son moral à zéro influe sur sa forme, il n'éprouve aucune envie de se glisser dans la Bar devant une armée d'hypocrites. Non, il ne courra pas.

Craig saisit son téléphone portable et appelle David Richards, quelque part dans le Shinkansen – train à grande vitesse – entre Tokyo et Nagoya pour l'avertir de cette défection et lui permettre d'organiser son remplacement. Sato s'exécute sans se faire prier, avec la bénédiction de Honda et le sourire d'un David Richards qui n'en souhaitait pas tant. Il a réussi sa manœuvre... Le soir du Grand Prix du Japon, Jacques Villeneuve se réfugiait dans son univers de jeux électronique et de musique de son appartement de Monaco.

CHAPITRE 18
2004 : TEMPS LIBRES, RANGEMENT, MUSCULATION ET PIGE POUR RENAULT

Jacques s'est entièrement donné à sa tâche pendant cinq ans, avalant la pilule en affichant toujours une image *cool*, positive. Néanmoins, le champion du monde qu'il fut a largement été discrédité faute de bons résultats. Un autre pilote que lui récoltera les fruits du travail passé, en l'occurrence Jenson Button. Au début, à Monaco, Jacques s'est replié sur lui-même et a simplement profité du temps libre pour s'adonner à ses violons d'Ingres que la F1, croqueuse de temps, lui faisait négliger. Parfois, la voix douce de Joann le sortait de ses pensées, essayait de l'égayer.

« La Formule 1 est un milieu très ingrat, reconnaît-elle. C'est comme ça, chacun le sait en y mettant les bottines. On ne s'attend pas à voir tout le temps les gens vous faire des louanges. Les pseudo-amitiés se font et se défont au fil des intérêts et des résultats. Chacun doit rendre des comptes à quelqu'un d'autre. Alors, en cas de difficultés s'éternisant… l'ouverture du parapluie est inévitable. Le pilote, en vitrine, est la tête de turc idéale, le fusible parfait. Champion du monde, c'est fantastique. Mais il suffit de se tromper d'écurie pour redescendre. Et plus on tombe de haut, plus la chute fait mal! Au contraire, monte celui que l'écurie dote d'un moteur supérieur et d'une fiabilité sans faille. Cela fait partie des règles du jeu de la F1. Tout pilote le sait en y arrivant. Donc, lorsque le choses ne tournent pas rond, ce n'est pas la grosse surprise. On ne le ressent même pas comme une ingratitude. C'est le milieu, le monde qui est comme ça. »

Jacques s'adapte à sa nouvelle vie en marge de la F1, sans toutefois se résigner à ne plus courir. Certes, il effectue du rangement, change de chalet à Villars-sur-Ollon, pratique le ski et le hockey avec assiduité pour se dérouiller, s'intéresse à son Newtown, le restaurant-brasserie qu'il a monté à Montréal. Il gratte à nouveau sa guitare et négocie l'achat de son ancienne FW19 avec Frank Williams. Il reste que, autant que Craig Pollock, il s'intéresse aux frémissements de la F1 de 2004. Avec une pointe d'inquiétude : la discipline a-t-elle la mémoire longue ou courte?

Pour le moment, l'argent qu'il ne gagne plus par la course ne l'empêche pas de dormir. L'adversité l'a blindé, mûri, sa philosophie le soustrait à l'angoisse du lendemain. Moins de moyens? Il se passera sans problèmes de locations onéreuses telles que yacht ou jet sans en être malheureux. Il en aura profité volontiers lorsque c'était possible, point. Une philosophie que Gilles n'aurait pas reniée!

Merci David Richards...

Pendant quelque temps, Jacques a cru que Frank Williams désirait le réintégrer dans son écurie. Ce dernier a sondé sa passion pour la course, son envie de se réhabiliter en Formule 1. Il désirait savoir s'il s'entraînait toujours pour supporter les contraintes du pilotage, le cas échéant. Mais allez savoir où se situe la vérité entre les mots diplomatiques de Sir Frank et ceux, plus abrupts, de son associé Patrick Head? Dans l'attente, finalement, cette année sabbatique lui fait le plus grand bien et il remercie David Richards de l'avoir soulagé de sa galère par anticipation. Malheureusement, son retour dans l'équipe Williams qui fit de lui un roi ne se répétera pas. Jenson Button lui est préféré et signe un contrat pour le dénoncer bruyamment par la suite. Le Britannique préfère demeurer où il est!

Entre-temps Jacques s'est moralement engagé avec Peter Sauber qui, durant l'été, a fait la démarche de le joindre par l'entremise de Craig Pollock. Les deux amis sont allés le rencontrer à Hinwil (Suisse) à la mi-août. Jacques Villeneuve inspire beaucoup de respect à l'homme au béret qui n'a jamais eu à diriger un ex-champion du monde. Il s'enquiert du degré de sa motivation, de son envie de reprendre le volant, de son sérieux à s'entraîner physiquement, avant de discuter salaire. Peter comprend que ce Villeneuve peut rendre un grand service à son écurie en quête d'une meilleure notoriété pour séduire des commanditaires, en retenir d'autres et, pourquoi pas, se lier à un grand constructeur? Il lui propose un contrat de deux ans (2005 et 2006) ainsi qu'une rémunération alléchante. Trois millions de dollars américains plus 100 000 $ par point. Banco! Ce n'est pas le Pérou, mais largement suffisant pour peu que les résultats apparaissent. Suit la traditionnelle visite d'usine. La proposition de contrat lui sera soumise d'ici peu et l'officialisation du recrutement interviendra après le Grand Prix d'Italie, vers la mi-septembre.

Une bonne nouvelle en appelle souvent une autre. Dans l'écu-rie Renault, dirigée par Flavio Briatore, Jarno Trulli n'est plus en odeur de sainteté depuis des semaines, ce malgré sa *pole position* suivie d'une victoire à Monaco. Parfois, le patron ita-lien trépigne et lui reproche publiquement d'être victime d'un syndrome Alonso : il n'est pas assez régulier dans ses perfor-mances, pas assez mordant pour aider Fernando à barrer la route aux pilotes Bar-Honda dans le championnat des constructeurs. Après deux Grands Prix sans le moindre point, Renault s'est même légèrement fait distancer par Bar, désormais installé à la deuxième place, très loin derrière Ferrari. Et puis, le contrat de Jarno tire à sa fin et le manège de l'Italien avec Toyota ne lui a pas échappé. Au soir du Grand Prix d'Italie, soit le 12 sep-tembre, Flavio demande à Jacques et à Craig d'étudier de toute urgence la possibilité de le remplacer durant les trois derniers Grands Prix 2004 : Chine, Japon et Brésil. Parallèlement, il active la procédure de séparation anticipée avec Trulli dès le lendemain. La future pige de Villeneuve pour Renault se conclut en même temps que le Québécois appose sa signature sur le contrat envoyé par télécopieur à Peter Sauber. Présent et avenir assurés!

Orchestré à la va-vite, ce coup de poker de Renault fait pourtant preuve d'un manque évident de réalisme. En plus de devoir faire refaire son passeport au dernier moment, Jacques n'alignera pas les milliers de kilomètres d'essais nécessaires à son adaptation, et dont on parlera à tort dans la presse. Il faut bien se dire que la Renault R 24 du moment n'est pas aussi docile, constante et performante que la R 25 à venir, championne indiscutable et indiscutée des championnats « pilotes » et « constructeurs » 2005. En forme, enthousiaste, bien qu'à court de compétition, Jacques franchira la ligne d'arrivée à trois reprises... mais à un tour du vainqueur et jamais dans les points. Il sait très bien qu'il n'est pas un magicien et qu'une F1 n'est pas une banale voiture de location. N'empêche, il aurait bien aimé pouvoir contrer l'ennemi au championnat. D'autant que Bar réussit cette saison à s'élever, à tirer bénéfice – sans lui! – du travail accompli ces dernières années...

CHAPITRE 19
2005 ET 2006 : LES ANNÉES SAUBER

Voilà notre homme gonflé d'espoir, enfin harnaché dans l'habitacle de la Sauber C24 animée par le moteur Ferrari (V10) se dissimulant en fait sous le nom du pétrolier malais Petronas. Les essais peuvent commencer! Contact, démarreur... Il rabat sa visière, enclenche le premier rapport, embraie et descend l'allée des stands du circuit espagnol de Valencia. Une fois sur la piste, Jacques monte vivement les rapports et s'apprête à maîtriser autant qu'à étudier le comportement de sa nouvelle bête sauvage. Les ingénieurs sont impatients de le voir revenir avec ses premières impressions. Pas de quoi rêver à une fontaine de points...

« En deux jours de roulage, nous étions tous sur la même longueur d'ondes. Cette voiture était une « daube » et nous devions nous préparer à vivre une saison très, très longue! »

En tout et pour tout, durant la saison 2005, quatre satisfactions arrachent un franc sourire à Jacques. D'abord, son prometteur départ depuis la deuxième ligne de la grille australienne : il est vrai avec une sensible différence au tour par rapport à Fisichella (Renault), en position de tête. Par contre, en course, il perd des poignées de secondes pour finir à un tour de Giancarlo. Quatrième (cinq points) à Saint-Marin, huitième au Grand Prix de France (un point), enfin sixième (trois points) à celui de Belgique seront ses seuls scores. Ce n'est pas du tout ce à quoi il s'attendait. Son jeune équipier, Felipe Massa, ne fera guère mieux avec deux points de plus et Sauber achèvera la saison en fin de classement des constructeurs en compagnie de Jordan et Minardi.

Qu'avait-elle de si dur à juguler, cette C 24? « C'était une voiture difficile à piloter, a confié Villeneuve à *Auto hebdo*. Il lui aurait fallu un train avant soudé à la piste pour s'en sortir. Felipe s'en contentait par son pilotage à l'emporte-pièce. Pour ma part, j'aime un train antérieur assez souple que je place où je veux. Sur certains circuits, ça allait. Sur d'autres, c'était catastrophique. Très bien quand on roulait avec des pneus très tendres qui " calmaient " le train arrière. En revanche, quand il fallait utiliser des pneus durs ou qui ne montaient pas en température, j'étais cuit. »

Pour Peter Sauber, « quelque chose ne tournait pas rond entre ce qui avait été mesuré en soufflerie et ce que l'on constatait sur la piste ».

Dès le début, la C 24 s'est révélée difficile à piloter. Malheureusement, l'équipe n'a pas assez roulé en intersaison pour corriger ses défauts avant le début des Grands Prix. Faute de budget et de temps, le développement fut pratiquement inexistant. À quoi bon posséder une soufflerie ultra-sophistiquée qui a coûté les yeux de la tête si l'on ne peut en tirer profit faute de moyens financiers et humains?

En fait, depuis plusieurs années, Sauber payait cher sa collaboration avec Ferrari, dont la facture dévorait une large part de son budget, et l'argent manquait pour le reste. « Lorsque nous demandions quelque chose dans l'espoir de progresser, nous nous heurtions à un mur », regrette le Québécois. À force de travailler avec les ingénieurs sur quelques voies moins onéreuses, une demi-seconde au tour fut laborieusement gagnée. Insuffisant pour envisager quelques belliqueuses percées dans la cour des grands…

Évidemment, pour Peter Sauber, qui négociait avec BMW le rachat de son écurie… ce manque de performances était rageant. D'un côté, il admettait que sa monoplace était imparfaite, de l'autre, il pestait contre ce pilote qu'il estimait trop lent et d'une autre génération. Un réel malaise s'était instauré dans l'écurie.

Avant de rédiger les communiqués de presse, on le consultait. Avait-il la langue trop pendue? Disait-il des vérités choquantes? Toujours est-il, lorsqu'il lisait les feuilles distribuées aux journalistes, Jacques constatait que ses propos avaient été édulcorés ou ne correspondaient pas du tout à ce qu'il avait dit... Bon prince, le soir du Grand Prix du Canada, le pilote du cru avait invité toute l'écurie Sauber à son restaurant Newtown de Montréal, bien qu'il n'ait rien eu à fêter, étant arrivé lointain neuvième.

Cette fois, Joann s'est hasardée jusque dans le stand de son fils. Sa connaissance de l'ancienne Formule 1 de la fin des années 70 et du début des années 80 lui a permis de constater à quel point cette discipline avait changé sur le plan des relations humaines.

« L'ancienne Formule 1 était plus sympathique! J'ai quitté le milieu quand il était encore chaleureux. Les pilotes se parlaient, partageaient des soirées, faisaient du tourisme entre deux Grands Prix lointains, jouaient au golf ou se retrouvaient au bord de la piscine de leur hôtel... Ils ne s'évitaient pas dans le paddock ou ne se regardaient pas en chiens de faïence. Il y avait encore de réelles amitiés entre eux. Quand on se croisait dans le paddock, dans les stands, on se faisait volontiers un salut de la main. Les journalistes aussi faisaient partie des gens qu'on côtoyait le plus spontanément du monde.

« Je me déplace rarement sur les Grands Prix, mais, aujourd'hui, j'ai observé que tout est enfermé, réglementé, et les gens ne se parlent plus. C'est clos à tel point qu'on se sent gêné d'être là. À l'époque de David Richards, je me suis retrouvée chez Bar, dans l'obligation de me présenter moi-même. Lui, ne serait jamais venu vers moi. Pareil chez Sauber, dimanche. Il a fallu que j'aille décliner mon identité. Je n'en revenais pas!

Aujourd'hui, les choses ont changé... trop lisse, trop froid. Ils ont ôté l'humanité. Derrière les rideaux des garages, il y avait des échanges, on bavardait, c'était sympathique. Déjà, à la fin des années 90, la chaleur humaine avait décliné. Certainement à cause de l'arrivée massive des grands constructeurs, des gros moyens, donc de l'accroissement des responsabilités et du besoin de résultats. Les jeunes pilotes ne saluaient même pas. Maintenant, ça s'est élargi à toute la confrérie. »

Plus dans le même monde

« À l'époque, quelqu'un comme Franco Lini, qui fut aussi directeur sportif de Ferrari, venait dîner avec nous. Lui ou un autre. On papotait volontiers sur le circuit. Ce côté hermétique n'existait pas. Quelle différence! Parfois, nous mangions seuls, parfois avec les mécanos. Ma surprise fut également énorme d'apercevoir, un jour que je me rendais chez Bar, les gens de l'équipe châssis déjeuner totalement séparés de ceux de l'équipe moteur. Chacune dans son *motor home!* Bon, je veux bien que les uns soient attachés à la cuisine anglaise et les autres à la japonaise, mais quand même! Où sont la complicité, l'humour, le plaisir que l'on doit pourtant trouver dans un travail pénible, exigeant? Après avoir vécu la F1 conviviale du temps de Gilles, je suis restée sur ma faim. Je n'étais plus dans le même monde. »

Une interrogation traverse l'esprit : Gilles Villeneuve, avec le caractère entier qu'on lui a connu, aurait-il pu faire carrière aujourd'hui dans cette F1 aseptisée, éduquée, rigide? « En dehors du fait qu'il aurait été trop âgé pour intégrer la F1 compte tenu de la vogue des gamins-pilotes, il aurait fait carrière malgré tout, j'en suis persuadée. Gilles aurait été différent des autres, mais il aurait eu sa place. Parce que son talent lui aurait permis d'accomplir ce qu'il voulait faire, de toute façon.

« Nous poserions-nous la question au sujet de Mozart? S'il était contemporain, produirait-il autant d'œuvres qu'à l'époque? Seraient-elles aussi majestueuses? Il le ferait car talent et passion seraient pareillement en lui. Les circonstances extérieures ne changeraient rien. De toute façon, Gilles aurait mis la même passion, aurait eu le même intérêt pour tout ce qui est pilotage, électronique, mécanique. Il serait arrivé en F1 avec l'électronique comme le font tous les pilotes de F1 aujourd'hui. Il aurait passé autant de temps avec les ingénieurs et les mécanos. Il a toujours fait partie intégrante de l'équipe. Nous vivions sur les circuits en grande partie pour rester auprès d'eux. Je suis sûre qu'il aurait eu la même attitude par rapport à la course automobile. Celle-ci étant différente, il l'aurait appréhendée différemment. Mais il se serait impliqué pareillement, aurait tout donné au sport. C'était dans sa nature, et s'il avait pu poursuivre sa carrière, je suis sûre qu'il aurait été champion du monde. Sans doute plus à la manière d'un Mansell ou d'un Alonso que d'un Lauda ou Prost. »

Réfractaire à la course à pied, à la musculation et aux assiettes diététiques, Joann peut volontiers imaginer que son mari se serait plié à toutes ces contraintes. « Il s'y serait mis comme Jacques l'a fait, parce que l'époque a changé! Du temps de Gilles, personne ne faisait de la course à pied ou de la musculation. Il avait la chance extraordinaire d'avoir une forme physique naturelle. Donc, il en avait un peu moins besoin que les autres pilotes. Mais l'époque changeant, il s'y serait mis par nécessité. C'est évident. »

De la même manière, un Mauro Forghieri, ex-Ferrari, aurait-il pu être un grand directeur technique dans la Formule 1 actuelle? « Bien sûr! Il faut bien se dire une chose : Mauro, avec tout ce qu'on peut lui prêter de folklorique, est un homme d'une intelligence supérieure. Il a été inventif au même titre que les directeurs techniques actuels. Il aurait eu une place d'exception. Le talent reste le talent, quelle que soit l'époque. Les données changent, pas le talent. L'homme intelligent, inventif et passionné s'adapte à l'époque. Quand on voit que Léonard de Vinci a inventé l'héli-coptère… bien sûr qu'il n'avait pas les moyens techniques de le faire! Mais l'idée était déjà là. Pour moi, c'est l'évidence que le talent brut doit percer en dépit des époques, s'adapter à la tech-nologie en vigueur. »

Sauf que dans les années 70-80, un patron technique se devait de tout savoir, de tout gérer, de concevoir une bielle de moteur autant qu'un triangle de suspension. Mauro, comme Patrick Head, autre tête pensante de l'ancienne génération, aurait dû se plier aux nouvelles exigences et reconnaître que l'on ne peut être spécialiste en tout à l'heure d'une F1 particulièrement sophis-tiquée. Il se serait lui aussi entouré de jeunes ingénieurs, aurait délégué, pour devenir chef d'orchestre et laisser de talentueux solistes s'exprimer. Même les Ross Brawn, figure technique de proue de Ferrari, Adrian Newey et autres durent passer par là au fil des années. L'heure du *one man show* est désormais ter-minée… Mike Gascoyne, le patron technique tout-puissant de Toyota F1 et Geoff Willis, celui de Bar-Honda devenue Honda après son rachat par le constructeur japonais, l'ont compris, à leurs dépens, donc un peu tard.

Le gars le plus optimiste

Il reste encore à Jacques un an de contrat à honorer avec Sauber. Mais que sera l'écurie suisse allemande en 2006? Depuis des mois, Peter, son fondateur, cherchait un partenaire moteur moins coûteux que Ferrari. Voire un partenaire capable de l'aider à supporter les énormes charges financières de son écurie. Gros commanditaire ou, pourquoi pas, constructeur aux reins solides puisque la Formule 1 ne veut plus d'artisans. Même le plus armé techniquement, humainement et financièrement, ne peut plus suivre par rapport à la débauche de moyens engloutis par les

géants de l'industrie automobile. De plus, la compagnie pétrolière Petronas souhaite poursuivre sa commandite sans toutefois
demeurer l'unique bâilleur de fonds pour le *leasing* « moteur »
de Ferrari. En discutant avec BMW pour une fourniture de
moteurs, Peter Sauber a peu à peu admis l'idée d'une reprise pure
et simple de son équipe par la firme allemande, dont le partenariat avec Williams a tourné au fiasco relationnel, donc sans
espoir sportif. La même culture unit Sauber et BMW. Le patron
technique de l'une est d'ailleurs un ancien de l'autre.

Dès la mi-saison 2005, Mario Theissen, l'ambitieux directeur
de BMW Motorsport s'employait activement à préparer l'inté-
gration des entités d'Hinwil (châssis/exploitation/soufflerie) et de
Munich (moteurs/boîte/électronique), sans compter la pièce
maîtresse de ce mariage : le lancement de la future monoplace
pour la saison 2006.

Le problème, pour notre Québécois, est que ce « repreneur » le
fait languir pour confirmer sa présence! Très vite, on apprend
que Massa, en fin de contrat et de « propriété » Ferrari, serait
remplacé par Nick Heidfeld, transfuge de Williams, donc pos-
sesseur d'un bon bagage BMW et d'un passeport idéal. Toujours
en attente d'un signe positif de Mario Theissen, Jacques se veut
néanmoins confiant. « Ma situation contractuelle est valable pour
2006. Sauber n'a pas été rachetée par BMW à l'état de faillite.
Ses engagements contractuels restent donc en vigueur. » Vrai. Il
n'empêche que BMW, par l'entremise de ses avocats, ne s'est pas
privée d'étudier tous les cas de figure pour se séparer de son
pilote-phare ni ce qui lui en coûterait. Non seulement trop cher
en argent mais trop cher en image. D'autant que les commanditaires de Sauber-BMW sont hyper favorables à la notoriété que
véhicule le Québécois. Mais bon… le seul fait de devoir s'appuyer sur une obligation contractuelle plus que sur l'envie de poursuivre une collaboration n'est jamais signe de grande confiance,
et ce, malgré les déclarations apaisantes de Mario Theissen.

Juste avant que commencent les essais d'intersaison 2005-2006, le Québécois, visiblement soulagé, ravi, reçoit enfin confirmation de son inscription au championnat du monde FIA 2006. Curieux, quand même, pour un pilote sûr de son affaire depuis des mois! « J'espérais cette issue, d'autant que ma collaboration technique avait été sérieuse. En dépit de ses points faibles, nous avions fait progresser la C 24. J'étais revenu en F1 pour gagner de nouveau. Ce fut mission impossible du fait du manque de compétitivité de la monoplace. J'ai fait ce que j'ai pu avec ce dont je disposais. Cette écurie étant méritante, j'espère que l'apport de BMW nous aidera à faire un bond en avant en 2006. »

Malgré tous les déboires, les frustrations et ce flou artistique entretenu autour de son avenir immédiat, Jacques « positive »! Il est heureux et confiant de revoir la copie sous l'éclairage nouveau d'un grand constructeur. Quand tout se présente bien, l'ambiance redevient sereine! Joann loue la bonne nature de son fils : « Jacques est la personne la plus optimiste que je connaisse! C'est l'une de ses grandes qualités. Il est d'un optimisme si grand que l'on peut se demander s'il joue un personnage. Il est réellement ainsi. Vraiment optimiste et doté d'une philosophie de vie positive. Ce sont ses grandes forces, d'ailleurs. " Change ce que tu peux changer et zappe sur ce que tu sais ne pas pouvoir changer. " Tenter le contraire, encore et encore, est une perte de temps et d'énergie. Il entretient cette attitude par rapport à la vie depuis 15 ou 16 ans. C'est un être calme, *cool*, au plus profond de lui-même. Mais que l'on ne s'y trompe pas : il possède une énergie beaucoup plus puissante que celle qu'il dégage lorsque vous le croisez! »

Passion des vieilles pierres et des gens

À présent que la carrière de ses deux premiers enfants est lancée et que sa plus jeune est au pensionnat, Joann Villeneuve a beaucoup plus de temps pour elle. Comme elle aime être très active, elle a voulu se consacrer à quelque chose qui la passionne. Installée à Montréal depuis trois ans, elle s'est lancée dans l'immobilier. « Nous verrons jusqu'où cela me mènera. Cela fait partie des métiers nécessitant une attraction, une passion à la base, que ce soit pour les vieilles pierres, les maisons et, naturellement, les gens qui y vivent. Parce qu'on doit aussi composer avec le déchirement qu'ont les gens de partir, de laisser un lieu intime où ils ont été heureux. Il y a un côté humain lié à ce métier qui n'est pas qu'une affaire de chiffres. »

Un vrai métier où elle s'investit à fond, pas une improvisation de veuve à l'abri des soucis financiers. Avec toute une série de cours préalables (droit, évaluation des acquis, etc.) de façon à décrocher une licence lui permettant d'exercer le métier, et ce, à l'âge où la plupart des femmes commencent à songer ou rêver d'un après de vie active...

« Ma vie fut active, très active, mais essentiellement consacrée à mon mari d'abord, puis à mes enfants. Pour la première fois, j'ai pu penser à une carrière qui me plairait et me ferait changer d'horizon. Je suis donc un peu en retard par rapport aux autres femmes, mais ce n'est pas grave. Dans l'immobilier, on ne prend pas nécessairement la retraite à 60 ans! On peut continuer très longtemps car c'est un métier personnel que l'on peut régler selon son horaire, sa discipline, sa cadence, ses envies et sa disponibilité. Si l'on veut un gros volume de ventes, ça peut être très exigeant. Si, au contraire, on planifie quelques transactions à l'année parce que l'on est vraiment animé par une passion des maisons et des gens, on prend plus de temps et de plaisir. Surtout du côté relationnel. »

Joann aura eu deux vies. Une comme tout le monde, avec un boulot, une autre exceptionnelle... « Une existence pas commune. Ce n'est pas nécessairement le résultat d'un choix, même s'il est toujours possible d'infléchir un peu le cours des choses. Il faut avoir l'esprit de risque, se dire : " Bon, j'y vais, on verra après ce que ça donnera. " Trop prévoir paralyse. Par chance, je n'éprouve pas le besoin de rester toujours au même endroit. Pour moi, ce n'est pas une priorité. Je dois déménager demain? Ça ne me dérange absolument pas! Bien sûr, j'ai un minimum de besoins, comme tout le monde. Besoin d'un endroit à moi. Au stade de ma vie, j'essaie de m'entourer de personnes avec qui je me sens bien, et de choisir ce qui me convient le mieux. Et puis, entre-temps, j'ai appris à vivre seule. Je disais à une amie angoissée par la solitude que j'avais du mal à la comprendre. Car je ne m'ennuie jamais toute seule. Bien sûr, nous avons tous des coups de cafard, mais c'est passager, l'ennuie ne s'installe pas. Je trouve tout le temps quelque chose à faire. »

Joann aurait pu se replier sur elle-même et se trouver mille excuses pour ne pas aller au-devant des activités. « Cette formation dans l'immobilier, je suis allée la chercher. Elle me convenait tout à fait! Le rythme de travail adaptable à soi est très important. Sujette aux migraines, dont certaines durent parfois quatre jours, je ne peux pas demeurer des journées entières assise derrière un bureau. Quoique j'ai récemment trouvé un traitement qui me soulage rapidement. C'est moins crucial. »

Sensible aux petits gestes

Si Joann s'accommode de la solitude... en se trouvant toujours quelque chose à faire, elle a du mal à vivre dans la solitude de cœur. Après la disparition de Gilles, elle a endossé le rôle de père à côté de celui de mère. Elle s'est consacrée entièrement à ses enfants. En a-t-elle tiré des satisfactions, des regrets, des remords? « Je ne sais pas. Une grande satisfaction est de voir que les personnes que l'on aime le plus sont heureuses. En tout cas, j'ai profondément le sentiment d'avoir fait tout ce que je devais faire, et de l'avoir bien fait. Mes enfants ont perçu l'amour, le temps que je leur ai accordés. »

Pris dans le tourbillon d'une vie passionnante, certains enfants oublient les petits témoignages susceptibles de toucher le cœur d'une mère. À moins que ce ne soit de la pudeur. « Même si on ne se voit pas souvent, on sait tous les quatre qu'on sera toujours là, les uns pour les autres. »

Une femme forte

Un soir, micro fermé et travail terminé, mon mari Patrick Camus, journaliste de F1 pour le compte d'*Auto hebdo*, prenait congé de Jacques en « blaguant » de tout et de rien. Pas tout à fait…, de Joann, qui allait passer quelques jours chez l'ami Torto dans sa petite maison plantée sous les pins du sud de la France où nous devions nous rencontrer pour discuter entre « nanas ». « Ah bon? Eh bien tu vois, ça me fait plaisir d'apprendre ça, je suis bien content de voir que ma mère bouge et recommence enfin à vivre! Elle le mérite… ». Jacques, un journaliste, un brin de confiance, peut-être due à cause de l'entretien qui s'était déroulé dans le nid douillet de son *motor-home* personnel… Et ça ne sera que plusieurs mois plus tard que ces mots reviendront à la surface.

Joann Villeneuve est une femme sensible et forte à la fois. Capable d'assurer l'héritage moral de Gilles, époux, pilote illustre devenu légende en disparaissant. Elle reçoit toujours des invitations, sa présence est indispensable lors de commémorations. N'a-t-elle pas l'impression d'avoir été pétrifiée dans une stèle de marbre à la mort de son époux? « Peut-être que certaines personnes aimeraient me voir vivre encore dans ce passé… » Pas de présent sans Gilles, pas de vie personnelle, pas de fiancé.

« On attend de moi que je monte la garde devant la porte du souvenir, à veiller sur un héritage sacré… Pas de compagnon! Voici maintenant 25 ans qu'il n'est plus de ce monde. Je ne renie évidemment pas notre vie d'avant, au contraire, elle sera en moi jusqu'à ma propre mort. Je peux également concourir à perpétuer cette mémoire. Mais sans pour autant rester figée dans cette vie, toute drapée du voile noir de deuil éternel telle une *mamma* sicilienne. J'ai l'impression qu'on aurait voulu conserver intact un élément de la vie de Gilles. Gardienne du temple Villeneuve? Oui, je le suis, mais ce devoir de mémoire ne doit pas occulter ma propre vie. Quand je regarde autour de moi, je suis la seule femme de pilote à qui ont ait exigé autant. Aucune autre veuve de pilote n'a eu à affronter ce phénomène public. »

CHAPITRE 20

LES DERNIÈRES COURSES F1 DE JACQUES

Depuis le 1er janvier 2006, Sauber est devenue BMW-Sauber. Enfin, plus BMW que Sauber dans la mesure où Peter ne conserve que 20 % des actions, et un rôle totalement décoratif, tandis que la firme allemande est décisionnaire, donc hautement responsable de la tournure des évènements. Jacques, à présent l'un des pilotes les moins chers de la F1 pour avoir fait passer l'amitié avant l'intérêt personnel de réussite depuis son départ de chez Williams, ne se plaint pas. Il est bien content de s'être maintenu une porte ouverte sur le privilège de vivre encore sa passion dans cette discipline de plus en plus orientée vers le « jeunisme »…

Ce sont à peu près les mêmes têtes qui s'activent à tous les niveaux de l'écurie mais la magie de la nouveauté – appellation, moyens, *challenges* revus à la hausse – a ragaillardi tout le monde, y compris notre Villeneuve. Pourquoi ça ne marcherait pas cette année avec cette BMW F1-06 qui a montré les meilleures dispositions pendant les essais d'intersaison? « Elle me permet de piloter " à l'instinct " et non plus sur la défensive comme je devais le faire avec les précédentes afin de pouvoir les récupérer d'un éventuel faux pas. » Le genre de monoplace invitant son pilote à tenter progressivement quelques audaces pour surprendre le chronomètre.

Tout semble plus simple cette année : un V8-BMW sans gros problèmes, aérodynamique moins pointue, moins de dépendance à l'électronique, réglages mécaniques sans histoires, etc. Apparemment, que du bonus. Reste, une fois de plus, à évaluer le potentiel de la monoplace en compétition, par rapport à la concurrence, puis les aptitudes de l'équipe à réagir et à développer au fil des Grands Prix.

Tout sourit à Jacques, et pas seulement dans sa vie professionnelle. Profitant de la trêve des confiseurs, le musicien qu'il est
aussi a produit sur un CD ses propres chansons, parfois en duo
avec Mélanie ou Jessica, ses sœurs, plus quelques jolies reprises.
« Accepterais-tu? » est une fort jolie surprise pour les mélo-
manes. La voix de Jacques n'est pas celle d'un débutant. Elle est
posée, le style bien à lui, un brin country, un brin « téléphone »,
sans se forcer, bref « C'est tout Jacques », comme dirait Joann. Il
se surprend d'aller à la rencontre d'un public avec ses musi-
ciens… mais ce temps n'est pas encore venu! La F1 est trop
prenante, accaparante, comme une carrière musicale d'ailleurs. Il
a seulement tracé un petit bout de chemin de son éventuelle
reconversion.

Le plus extraordinaire est que ce célibataire a fait la rencontre
de sa vie avant que la saison débute. Depuis des années, on
l'avait vu tout sourire, toute légèreté au bras de jolies jeunes
filles, principalement la Sandrine de ses débuts, puis l'Australienne Danii Minogue, enfin la ballerine américaine Ellie Green.
Et puis plus rien. Le célibataire se serait-il endurci? On aurait pu
le croire. Sauf que le 25 janvier 2006 fut un jour très spécial dans
sa vie d'homme…

Johanna, Jules et un CD dans la foulée!

À Paris, Jean Alesi invite le fils de son idole de jeunesse,
Gilles Villeneuve, à la remise de sa Légion d'honneur. Après la
cérémonie, l'ancien vainqueur du Grand Prix du Canada 1995
convie ses amis chez Prunier, un restaurant de l'Avenue Victor-
Hugo. Jusque-là, pas l'ombre d'un béguin! C'est en entrant dans
l'établissement pour le dîner que Jacques voit une apparition :
Johanna Martinez, la charmante hôtesse accueillant la joyeuse
bande de Jean. Le genre de coup de foudre qui vous prive de

toute conscience de ce que vous avez dans l'assiette, le verre, ou à côté de vous…

Quelques mots et les coordonnées échangées en fin de soirée, c'est parti pour tenir la route, et à quelle allure! Pour ses 35 ans, Jacques met le paquet dans ce qu'il appelle « le grand pas » de sa vie d'homme. Quel pas de géant! En plus de se marier en deux temps en Suisse et à Paris entre deux Grands Prix du printemps, il sera papa du petit Jules le 14 novembre suivant.

Tout ça, c'est le *must* de son année 2006. Côté F1, après un début de championnat prometteur et quelques points glanés ici et là, la « plaisante » BMW F1 06 dévoile quelques vilaines facettes de sa personne et, apparemment, les Allemands n'ont pas su trouver à temps les solutions adéquates pour bien se détacher de Toyota et mener la vie dure à Honda. La course « galère » est toujours d'actualité : départs dans le ventre mou du peloton où il faut se méfier des coups bas à droite et à gauche, dépassements laborieux avec leur lot de difficultés style moteur qui s'enfièvre; Heidfeld comme Villeneuve suscitent de plus en plus les critiques de l'impatient Mario Theissen, lui-même pressé de fournir de bons résultats au conseil d'administration de la marque. Au moment de s'envoler pour le Grand Prix du Canada, Nick a 10 points au compteur, Jacques sept.

Sans parler de victoire utopique, l'air du pays pourra-t-il redonner des couleurs au Québécois? Sur la rue, aucun souci. Ses divers bains de foule ont manifesté une notoriété intacte. Sur la piste? Huitième dans la bataille, il pourrait bénéficier, sait-on jamais, du malheur de quelque-uns de ses prédécesseurs et voir la ligne d'arrivée avec quelques bons points à la clé? Mais non! Surgissant derrière la Toyota-limace de Ralf Schumacher, il sort de la trajectoire pour doubler et perd l'adhérence sur un bon dépôt de gomme. Voiture impossible à maîtriser, il file droit contre le mur. Tous les Québécois ont mal pour lui et ce faux pas nécessite l'intervention de la voiture de sécurité pendant quatre tours. Bien connaître ses limites est une chose, deviner où se situent celles de sa monture en est une autre, bien plus difficile.

Heureusement, l'homme est amoureux, bientôt comblé par la paternité, moins réceptif aux rumeurs des paddocks qui le voient déjà remplacé par le rapide et doué jeune Polonais Robert Kubica, le pilote-essayeur maison, découverte de Mario Theissen. De toute façon, Nick Heidfeld n'échappe pas aux griefs du patron, mais il dispose d'un atout majeur : son contrat court aussi sur 2007, contrairement à celui de Villeneuve. Et personne, évidemment, ne lui parle d'avenir. Ni chez BMW ni ailleurs.

Et si Jacques vivait ses dernières courses en Formule 1? Joann accueille cette possible issue sans panique. Son fils a tant de ressources, tant d'envies inassouvies! « Je voudrais qu'il fasse exactement ce qu'il a envie de faire, le temps qu'il veut le faire. Et le jour où il arrêtera, il trouvera certainement quelque chose de très intéressant. Je ne suis pas inquiète pour sa reconversion. Mais, apparemment, et là, c'est un truc de famille, pour être heureux, il doit être passionné. Je le crois capable de choisir une autre voie qui l'enchantera le jour où il voudra suspendre défi- nitivement son casque. »

Le déclin de BMW se poursuit. L'ambiance a changé du tout au tout. La faute à qui? Les pilotes vivent quelques engueulades. Mario Theissen leur reproche leur manque de motivation et d'agressivité, comme s'ils avaient signé un pacte secret. Sans doute, leur monoplace est trop semblable dans la médiocrité…

Grand Prix d'Allemagne, 12e manche sur 18. « Le » Grand Prix de BMW! Celui qu'il faut absolument réussir, messieurs Villeneuve et Heidfeld! C'est justement dans ces cas-là que l'on se prend généralement les pieds dans le tapis. Pas assez agressifs entre eux, Nick et Jacques? Deuxième virage du premier tour… ils s'accrochent! Roue crevée, l'Allemand regagne son stand. Il abandonnera au 10e tour, freins endommagés. Et son compère? Jacques doit remplacer le museau de sa *Béhème*. Ce qui n'arrange pas le manque de stabilité de sa monture, visiblement trop peu chargée en appuis. À force de récupérer sa monoplace en sortie de virage, il finit par rater son coup dans le stadium et sort de piste sans ménagement. Autant sonné que déçu, on le conduit au centre médical. Il souffre de maux de tête, d'une raideur à la nuque, alors on le retient un peu pour le soumettre à quelques tests. À peine « relâché » qu'il revient au *motor-home* où le *debriefing* a commencé. Les reproches pleuvent. Les nerfs sont à vif, la réplique s'organise, le ton monte, les mots deviennent coupants. Jacques claque la porte et s'en va avec le sentiment qu'il n'y aura plus d'autre fois.

Des douleurs musculaires, le lendemain matin, le poussent à déclarer forfait pour le Grand Prix de Hongrie, le week-end suivant. Pas de problème, le jeune pilote du vendredi remplacera le Québécois. La chance de sa vie! Naturellement, et bien aidé par les conditions folles qu'imposent la météo et les nombreux incidents de course qui en découlent, Robert Kubica mettra tellement de cœur à l'ouvrage qu'il finira septième. Bien que disqualifié pour poids insuffisant de sa monoplace, il a convaincu Mario Theissen qu'il pouvait sauver les derniers meubles. Accessoirement, ce sera parfait pour rétablir la confiance des hauts dirigeants. Pas forcément des commanditaires, pour lesquels l'image et la notoriété de Jacques sont une aubaine, et sa disponibilité un « plus » évident.

Ça aurait pu être magique

Quelques jours après ce Grand Prix de Hongrie, la rumeur n'en est plus une. La séparation BMW-Villeneuve est inéluctable. Elle n'attendra pas le terme de la saison. S'appuyant autant sur la sortie de piste de Hockenheim que sur la brillante prestation de Kubica, sa « perle » polonaise, Theissen décide de rompre l'engagement contractuel qui lie Sauber à Jacques. Moyennant compensation financière dûment prévue. « Déçu, oui. Je ne le cache pas car j'espérais achever le travail commencé et continuer l'an prochain. Heureusement, j'ai d'autres projets. Eh bien, je vais avoir le temps de m'y consacrer.

« La page F1 est tournée, bien tournée. Sans regret car elle m'a permis d'y accomplir ce que je voulais par-dessus tout : être champion du monde. J'aurais pu l'être une deuxième fois? Une troisième? Michael Schumacher et Fernando Alonso ont démontré que cela ne dépendait pas du pilote mais de son environnement technique. Le pilote ne peut s'exprimer qu'à partir du moment où sa machine le lui permet. Une fois celle-ci performante et fiable, ce sera à l'homme qui la pilote et la règle de faire la différence en commettant le minimum d'erreurs. Mais sans sa coopération, il ne sera pas grand-chose… J'ai vécu ma passion, je me suis prouvé, et prouvé aux autres que je pouvais me fixer un objectif élevé et l'atteindre. L'essentiel de ma carrière est là. Et dans des images de course que je garderai à tout jamais. »

Formule 1 terminée, pas course automobile. *Nascar*, où il retrouvera son collègue de galère Montoya? « Pour le *fun*! » C'est sa priorité. Derrière une autre, plus importante car chargée d'un lourd symbole : l'épreuve des 24 Heures du Mans avec Peugeot et sa spectaculaire 908 HDI! Victoire visée en 2007 mais plus probablement atteinte en 2008. Elle ferait de lui le seul, l'unique pilote de tous les temps à avoir vaincu les quatre épreuves les plus cotées au monde : 500 Miles d'Indianapolis, Championnat Cart, championnat de Formule 1 et Le Mans.

Et c'est là, justement, en évoquant cette terrible et illustre course de 24 heures que Jacques aura la plus belle pensée qu'il nous ait offerte au sujet de son père. Celle que nous conserverons, car sincère, émise en dehors de tout contexte médiatique et protocolaire.

« Si nous avions pu nous aligner au Mans, lui et moi, ça aurait eu quelque chose de magique. Tu vois, maintenant je peux le dire, je n'ai pas abordé cette carrière pour faire mieux que lui, mais tout simplement pour faire comme lui… J'ai fait mieux parce que j'ai pu. Parfois, en pensant à lui, je me dis qu'il serait fier de ce que j'ai fait. »

« Je l'ai confié à Jean-Michel Desnoues (*Auto-hebdo*) après avoir piloté la Ferrari T3 au Festival of Speed de Goodwood (Angleterre) en juin 2004, j'ai réellement été en communion avec mon père ce jour-là. C'était pendant ma fameuse année sabbatique, l'occasion rêvée pour aller à sa rencontre. Je n'étais pas le pilote Villeneuve, il n'y avait aucune association parasite avec une écurie et des commanditaires, aucun blocage émotionnel comme c'est forcément le cas en compétition. Quand je me suis glissé dans son ancienne monoplace, toutes mes réflexions, toutes mes pensées lui étaient destinées.

« D'abord, le seul fait de démarrer son moteur m'a ému. Avant qu'on me libère sur l'allée des puits, j'ai surpris mon coude touchant l'échancrure de l'habitacle. Aussitôt, je me suis demandé comment il pouvait s'en accommoder... Je me suis mis à penser comme si c'était... Gilles dans la voiture. J'essayais de m'imaginer ce qu'il faisait avant un départ, ou ce qu'il ne faisait pas. Jamais, auparavant, je n'avais eu de telles pensées dans une voiture de course!

« Cette monoplace qui me paraissait d'une époque lointaine, au premier regard, devenait peu à peu familière. Lorsque j'ai enfin pris la piste, je me suis aperçu qu'il n'y avait pas, finalement, grande différence avec les voitures de ma génération. Sa Ferrari réagissait plutôt bien! Cette expérience m'a fait comprendre que dans ce genre de monoplace il était très facile de se faire mal. Connaissant son tempérament au volant, je crois qu'il a eu de la chance de vivre aussi longtemps! Même si, à mes yeux, même pas cinq ans de F1 c'était trop peu, bien sûr...

« Ce matin-là, et je ne le referai plus, j'ai porté son casque. C'était un hommage personnel. Mon petit clin d'œil de fils pour lui dire « merci et au revoir! » et tourner la page. Jusque-là, je ne l'avais pas vraiment fait. Pour bien réussir ma carrière, je sentais qu'il ne devait pas y avoir de confusion ou de référence à celle de mon père. J'ai toujours mis une barrière entre les deux. Non pas parce que je ne l'aimais pas, ou que j'avais un compte à régler avec lui comme certaines personnes ont pu le croire et en prendre ombrage, simplement pour me concentrer sur ma propre carrière, sans être tenté de prolonger celle de mon père.

« En grandissant, j'ai eu l'occasion de demander à certains de ses copains s'il aurait aimé que je coure moi-même. Il en nourrissait l'espoir, c'est pourquoi il était si exigeant avec moi. Il désirait me forger à son image! S'il avait eu la chance de vivre, je pense qu'il aurait été heureux de voir ce que j'ai réussi en Formule 1. Parce que c'était son ambition pour moi. » Jacques n'est pas encore tout à fait rangé des voitures de course. Son nouveau *challenge* en Endurance lui procurera-t-il le succès dont ses dernières années de Formule 1 l'ont privé?

Et pourquoi pas, en prime, un Jacques Villeneuve définitivement chanteur? Son nouvel album *Private Paradise* prouve à quel point la chanson l'inspire et le rend heureux. Jacques s'est même essayé à la scène dans son autre « chez lui » à Villars-sur-Ollon (Suisse) à l'occasion de la neuvième édition du Grand Prix des 24 Heures Formula Charity en faveur d'enfants malades.

En tout cas, il y a moins trois personnes au monde qui ne regrettent pas sa « retraite » anticipée de la F1 : Joann, sa mère, qui n'aura plus à se précipiter pour décrocher son téléphone, Johanna, sa jeune épouse, et Jules, dernier venu de la lignée Villeneuve. Celui qui, avec des ascendants de la trempe de Gilles, le grand-père, et de Jacques, le père, complètera sûrement un jour la saga des Villeneuve, coureurs et champions automobiles de père en fils. Déjà, Jacques a demandé à Joann à quel âge sa première petite moto lui avait été offerte... « Six ans? Il a pris note! ».

Prochain volet de la saga dans une vingtaine d'années?

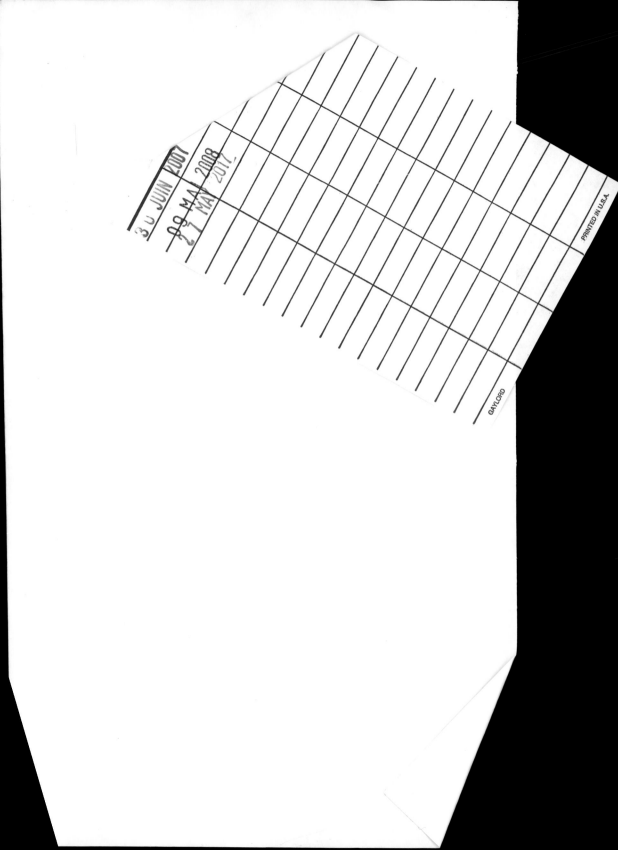